甘肃省职业教育教学改革研究项目成果（编号：2020gszyjy-88）

基于行动导向法的职业学校课堂学生学习评价探讨

张新宁　王　翔　张忙巧　著

西南交通大学出版社
·成　都·

图书在版编目（CIP）数据

基于行动导向法的职业学校课堂学生学习评价探讨 / 张新宁，王翔，张忙巧著. —成都：西南交通大学出版社，2021.5
ISBN 978-7-5643-8028-1

Ⅰ.①基… Ⅱ.①张… ②王… ③张… Ⅲ.①中等专业学校–课堂教学–教学研究 Ⅳ.①G718.3

中国版本图书馆 CIP 数据核字（2021）第 089946 号

Jiyu Xingdong Daoxiangfa de Zhiye Xuexiao Ketang Xuesheng Xuexi Pingjia Tantao
基于行动导向法的职业学校课堂学生学习评价探讨
张新宁　王　翔　张忙巧　著

责 任 编 辑	孟　嫒
封 面 设 计	原创动力
出 版 发 行	西南交通大学出版社 （四川省成都市金牛区二环路北一段 111 号 西南交通大学创新大厦 21 楼）
发行部电话	028-87600564　028-87600533
邮 政 编 码	610031
网　　　址	http://www.xnjdcbs.com
印　　　刷	四川森林印务有限责任公司
成 品 尺 寸	170 mm × 230 mm
印　　　张	17.5
字　　　数	340 千
版　　　次	2021 年 5 月第 1 版
印　　　次	2021 年 5 月第 1 次
书　　　号	ISBN 978-7-5643-8028-1
定　　　价	88.00 元

图书如有印装质量问题　本社负责退换
版权所有　盗版必究　举报电话：028-87600562

前言
Preface

行动导向教学理念和方法兴起于 20 世纪 80 年代，已被德国职业教育学校普遍接受和推广，是世界先进的教育方法之一。该方法倡导"以行动为导向，以能力为本位"，在教学活动中通过对行动的引导，提高学生的学习兴趣，培养学生的创新思维，使其形成关键能力。

从 20 世纪 90 年代末开始，我国的有关职业院校进行了相关探索与推广，推广应用行动导向教学理念与方法已经成为现代培训、职业教育的主流发展趋势。为促使受教育者不断开发自身潜能，使其学会认知、学会做事、学会共事和学会生存，适应不断变化的现代社会，对行动导向教学的内涵、特点及国内外研究情况进行总结有着积极和重要的意义，适应职业教育"以就业为导向，以能力为本位"的发展方向。

本书主要是甘肃省职业教育教学改革研究项目《基于行动导向下的中职思想政治课学生学习评价的探讨》（编号：2020gszyjy-88）课题成果之一，是本课题的进一步细化、拓展研究。本研究以行动导向的教学理论为指导，结合职业学校文化基础课，重点放在思想政治课和语文课的教学实际，探索应用现代教育技术培养学生分析问题、解决问题的能力，探讨创新能力的教学模式在公共基础课程中引入行动导向教学法的方式方法，以了解行动导向教学法。

本书编写分工如下：张新宁主要编写了第一章、第二章和第三章（第一节、第二节）思想政治部分内容（合计约 120 千字）；王翔编写了第四章、第五章（第三节）、第六章（第一节、第三节）思想政治部分内容（合计约 100 千字）；张忙巧编写了第三章（第三节）、第五章（第一节、第二节、第四节）、第六章（第二节、第三节、第四节）语文部分内容（合计约 120 千字）。

编 者

2020 年 12 月

目录 Contents

- 001　第一章　绪　论
  - 003　第一节　研究背景
  - 005　第二节　国外研究现状分析
  - 008　第三节　国内研究现状分析
  - 012　第四节　研究意义

- 015　第二章　行动导向教学法理论分析
  - 017　第一节　行动导向教学法概述
  - 023　第二节　行动导向教学法的组织形式
  - 025　第三节　行动导向教学法的理论基础
  - 033　第四节　行动导向教学法的教学与应用原则
  - 039　第五节　行动导向教学法的主要方法

- 045　第三章　基于行动导向法的课程标准与典型课程开发
  - 049　第一节　中等职业学校思想政治课程标准开发
  - 057　第二节　典型课程职业道德与法治课程标准开发
  - 080　第三节　中等职业学校语文课程标准开发

- 111　第四章　行动导向法应用研究方案
  - 113　第一节　研究资源
  - 119　第二节　研究对象和研究方法
  - 122　第三节　研究内容和研究假设
  - 123　第四节　变量分析和实验统计方法

129	第五节	教学评价量表设计

139　第五章　"基于行动导向法的职业学校课堂学生学习评价探讨"实践探索 ——教学设计

141	第一节	公共基础课行动导向教学流程
145	第二节	公共基础课行动导向教学模式
155	第三节	思想政治课行动导向教学设计典型案例
172	第四节	语文课行动导向教学设计典型案例

179　第六章　"基于行动导向法的职业学校课堂学生学习评价探讨"成果展示

181	第一节	基于行动导向教学法思想政治课典型阶段论文
212	第二节	基于行动导向教学法语文课典型阶段论文
235	第三节	基于行动导向教学法语文课、思想政治课阶段调研报告
266	第四节	研究成果总结

274　**参考文献**

第一章 绪论

第一节　研究背景

20世纪90年代以后，我国的生产力结构开始发生重大变化：依靠熟练动作、密集劳动等创造价值的劳动越来越多地被自动化、机械化所替代，科学技术被广泛应用于现代生产领域，日渐成为重要生产力。随着我国经济与世界经济的接轨以及经济发展速度的持续增长，现代教育的教育观和人才观已经由重知识向重能力发生了转移。1994年4月，联合国教科文组织召开的第二届国际技术与职业教育大会指出：21世纪对人的素质要求在变化，不仅是知识、技能水平的提高，更重要的是能生存、应变、发展。

现代社会是一个知识"爆炸"、信息密集的社会，教育者很难把所有"存储"的知识、技能、信息通过一次性的学校教育全部传授给受教育者，受教育者也不可能指望一次性学习所得到的知识、技能受用终身。随着生产力结构和劳动力市场的发展和变化，社会对劳动者的从业能力也提出了更高、更新的要求，除要求劳动者具备和掌握多个岗位的知识技能外，还要求劳动者具备独立制订工作计划、获得信息、独立思考、分析判断决策、学习新技术的能力，交往合作、团体协作、适应环境、适应变化、承受挫折的能力以及良好的社会责任感等优良品质。所以，培养受教育者不断开发自身潜能，学会认知、学会做事、学会共事和学会生存，适应不断变化的现代社会是教育的重要目标。

职业教育是与经济结合最为紧密的一种教育，也是与就业结合最为紧密的教育。当前我国仍然处于经济结构的转型阶段，在由劳动密集型向技术密集型转化的进程中，中低端的制造业仍然占据主体地位。从另一个角度说，不论是高中端的制造业，还是中低端的制造业，都需要技术精湛的从业人员。劳动和社会保障部有关统计资料显示，我国目前有技术工人约7000万人，其中初级工所占比例为60%，中级工比例为35%，高级工比例仅为5%；而在西方国家，高级技工占技术工人的比例通常要超过35%，中级工占50%左右，初级技工占15%。市场急需大量高级技工人才，有些工种的高级技工的工资甚至比博士、硕士生的工资还要高。由此可以看出，中国的发展需要数百万的高素质的劳动者，需要数百万的专门人才。这就对职业教育的发展提出了更高的要求。

2002年，国务院通过了《国务院关于大力推进职业教育改革与发展的决定》，把发展职业教育作为经济社会发展的重要基础和教育工作的战略重点，并进一步明确了职业教育改革发展的目标。2005年11月，温家宝在全国职业教育工作会议上发表了题为《大力发展中国特色的职业教育》的讲话，他指出："我国职业教育的根本任务，就是培养适应现代化建设需要的高技能专门人才和高素质劳动者"，并且指出职业教育是"以就业为导向，以能力为本位"。

随着职业教育培养目标的清晰和教学改革的深入，人们对职业教育关注的焦点越来越多地集中于教学过程。更准确地讲，是集中于教学方法的选择和改进，即教学方法如何改进才能有效地提高学生的综合素质、综合职业能力，才能有效地促进学生不断开发自身潜能、提高适应市场变化的能力。为实现这一目标，研究适应新时期的新教学方法，把现代教育理念有机地引入教学过程，改革课堂教学组织形式就成为职业教育界教学改革的重点和热点。

第二节 国外研究现状分析

一、欧洲近代的行动导向教育思想

1. 裴斯泰洛齐的爱的教育理论和要素教育理论

裴斯泰洛齐（Johann Heinrich Pestalozzi，1746—1827）是瑞士民主主义教育家，他提出了"教育心理学化"，论述了智育、德育、体育及劳动教育中的要素问题的思想，创立了要素教育理论和爱的教育理论，是要素教育思想的代表人物。裴斯泰洛齐觉得任何事物都是由最基本的要素构成的，教育也不例外，所以教育也应该始于最简单的、最基本的要素，遵循由易到难，循序渐进的规律，以适应儿童对事物的学习、接受能力，使儿童各种能力得到和谐、全面发展，支持学生在学习过程中采用"用脑、用心和用手"的学习方法。注意学生的全面发展，在教学过程中将德、智、体、美、劳融为一体，既重视发展学生的智力，培养学生的认识能力，又要求学生具备健康的体魄和优秀的品德，掌握一定的生产劳动技能，能够独立生活。裴斯泰洛齐的爱的教育理论和要素教育理论是行动导向概念的理论基础。

2. 夸美纽斯的泛智教育理念

夸美纽斯（Johann Amos Comenius，1592—1670）是捷克著名的泛智思想教育家。他的《大教学论》《母育学校》等有关著作的论述中第一次真正意义地使用了"行动导向"概念。夸美纽斯强调泛智教育的同时，要求注重教学内容选择的实用性，他认为人生是有限的，知识的学习是无限的，不能要求受教育者通晓一切科学与艺术，而是应当学习那些在生活中有所帮助的知识与内容，为生活而学习。

3. 卢梭的自然教育思想

卢梭（1712—1778）是法国教育家，自然教育思想的代表人物。卢梭认为，教育要顺应自然，教育的目的是培养"自然人"，所以教育必须遵循自然，顺应人的自然本性。

二、德国行动导向教学理念的发展

行动导向教学理念是在德国"双元制"教育改革中产生和发展形成的。20 世纪 80 年代以后，作为世界职业教育楷模的德国为了满足经济社会发展对人才培养所提出的要求，对职业教育进行了重大改革，开展了行动导向教学（Handlungsorientierter Unterricht）的讨论。德国在 1996 年的一次州文化部长联席会议上首次提出"要以学习领域为基本原则组织与职业相关的教学内容"，并确定行动导向教学作为职业培训教学体系的重要组成部分的决议，并于 1999 年正式颁布，要求职业学校要按企业生产任务的要求组织教学，要用职业行为体系代替专业学科体系，要求职业教育的目标要全面包含"知识、技能和关键能力"，因此，确定了应用行为导向教学法的学习领域课程方案，至此在德国职业教育界形成了有关行动导向教学的理念。行动导向教学在德国的研究与实践经历了以下几个阶段。

1. "双元制"模块课程形成阶段

经过多年的研究与实践，德国的职业学校最终在"双元制"中引入模块式课程方案，形成了"双元制"模块课程。

2. 行动导向教学理念应用推广阶段

20 世纪 90 年代以后，以职业活动为导向的教学理念在德国的职业教育中得到发展，一些州开展的行为导向的学习改革实验取得了成功，于 1996 年推广行动导向教学。1999 年，德国联邦州文教部长联席会议通过了"学习领域框架型教学计划"，确定了行为导向的学习领域课程方案。

3. 行动导向教学的"法制"阶段

德国由联邦职教所授权制定和修改了职业培训条例，规定根据经济结构性调整和劳动力市场变化的情况将所培养的人才类型进行细分,并依据人才类型的不同在职业培训采取分流型、单一型和综合型等多种教学模式,由此确立了行动导向教学在德国职业教育的地位。

可以看出,德国是世界上最为重视职业教育的国家,也是职业教育比较发达的国家。德国职业教育界于20世纪80年代起,开展了行动导向教学法的讨论,这对德国职业教育发展产生了深刻的影响,并取得了巨大的成功。目前,这种方法已经成为当代国际职业教育、培训的主流发展趋势。

第三节 国内研究现状分析

2004年,教育部与德国文教部开展职业教育交流,将行动导向教学理念引入我国。之后,有关培训机构、职业院校学习行动导向教学理念,开展教育教学改革,探索行动导向的教学方法与应用。2006年之后达到了一个白热化的程度,取得了一定成果。目前,我国很多职业院校都在专业课程的教学中引入了行动导向的教学法。从文献资料搜索到的情况来看,国内对其研究主要分为以下几个方向。

一、德国职业教育模式对我国职业教育改革的启示

该研究方向的论文主要是从改革我国职业教育教学的视角出发,以探讨德国行动导向教学理念为目的,进行了研究与讨论,并提出职业教育教学改革的启示与建议,启示中国职业教育教学模式。主要论著如下:2004年12月,河北大学刘凤彪撰写的硕士学位论文《借鉴德国"双元制"职业教育模式加速我国职业教育的改革与发展》;2007年12月,天津大学汪静撰写的硕士学位论文《德国"行动导向"职业教育教学发展研究》;2007年,徐朔在《职业技术教育》发表的《职业教育的文化视角——兼论德国职业教育经验》期刊论文等。

二、德国职业教育综合能力与我国职业教育的比较研究

该研究方向的论文对德国的"行动导向"或"双元制"职业教育分别从不同的角度进行阐述,并将德国的"行动导向"或"双元制"职业教育与我国的职业教育理论进行比较研究,以启示我国职业教育教学改革。主要论著如下:2004年7月,天津大学陈滕波撰写的硕士学位论文《中德职业教育综合职业能力开发的比较研究》;2005年12月,大连理工大学吴海霞撰写的硕士学位论文《中德中等职业教育比较研究》;2006年10月,华东师范大学张

浩明撰写的硕士学位论文《职业教育中行动导向教学模式的研究——中德职教现状对比及其启示》;2007年,高育奇发表在《教育与职业》的期刊论文《德国职业教育特色及其对我国职业教育的启示》;2010年,刘玉东发表在《职业教育研究》的《德国职业教育与中国职业教育特点比较》。

三、行动导向教学理论研究综述

该研究方向的主要专家学者有姜大源、赵志群、张治忠、曾昕、彭勇华、吴全全等。如由赵志群编著,科学技术出版社2003年出版的《职业教育与培训学习新概念》,从技术革新最新进展、劳动组织变革和人力资源开发相互制约的关系出发,研究了国外职业培训和教育理论与实践。

德国的制造业一直处于世界领先位置,在很多人的印象里,"德国制造"就是信誉和质量的代名词,这很大程度上与德国非常重视职业教育有密切的联系。德国的职业教育一直为世界所瞩目,被誉为德国第二次世界大战后经济崛起的秘密武器。这是因为德国的职业教育外部有政府法律和政策的扶持,内部则得益于其教学方法的持续改进。德国的职业教育界从20世纪80年代起,开展了行动导向教学法的讨论,这对德国职业教育发展产生了深刻的影响,并取得了巨大的成功。行动导向教学模式在培养和提高学生的全面素质和综合职业能力方面起着十分重要的作用。因此,行动导向教学模式在德国职教界受到了极其广泛的重视,被誉为德国职业教育的"锐利工具"。

自20世纪80年代以来,"行动导向"即以行动或工作任务为主导方向的职业教育教学改革策略,逐渐成为德国职业教育与培训改革的主流,并被为世界各国职业教育与培训界人士接受和推崇。

我国职业教育界十分关注德国职业教育教学方法的改进,学习借鉴德国职业教育的研究成果和实践经验。"行动研究"的概念约在1982年引入我国,直到1990年才有系统介绍,1995年前后开始了较系统的反思与研究。华南师范大学的刘良华博士是在著名学者叶澜教授指导下进行"行动研究"的佼佼者。刘良华的专著对"行动研究"进行了深刻阐述,提出了"'偏见'支持下的'行动引起反思""在行动中求知""重构知识观"等论点。其他一些与课程和教学有关的"行动研究"的论文有:霍秉坤、黄显华的《课程行动模式之探讨》、王建军的《课堂行动研究》、汪霞的《课程行动研究:理念、基础与需要》、张民选的《行动研究与课程教学改革》。此外,典型的教学实验有:"上海华东师大的青浦教改实验——经验筛选法""大学—小学教师合作研究—教育性评语"以及北京师大外语系的"行动研究课程"等,可惜都未涉及职业教育。这些专著和实验,为推广行动导向的教学提供了深入研究的理论和实证基础。教育部职业技术教育中心研究所研究员姜大源教授是德国职业教育与职业教育行动导向研究的专家,发表和出版了多篇关于职业教育、德国双元制和行动导向主题的文章和书籍。目前,这种方法已经成为中国现代职业教育、培训的主流发展趋势。但同时,我国职业教育界在对德国职业教育的研究和借鉴上仍然存在着许多问题。其中最大的问题就是我国职教界虽然一直非常重视德国双元制教学模式的借鉴和引进,对德国职教发展涉及的各个方面的理论研究也很多,但是结合国情,针对不同的专业探索与专业特点相适应的教学方法,对于利用什么教学方法来实现对学生综合职业能力的培养研究却相对较少。

人们普遍认为,中国教育发展的根本出路在于发展职业教育,而在职业教育内部只有重视教学工作、深化教学改革、提高教学质量和办学效益,才能增强职业教育自身的活力,适应现代化建设的需要。2005 年温家宝总理在全国职业教育会议的发言中就明确提道:"要深化职业教育的教学内容、教学方法改革,培养目标、专业设置、课程教材、学制安排等,都要适应企业和社会需求,着眼于提高学生的就业和创业能力。教学内容要注重学以致用。要改变传统的以学校课堂为中心的做法,职业教育的课堂有些要设在学校,有些可以设在工厂车间、服务场所和田间地头。"

随着职业教育规模的迅速扩大,职教在整个教育体系中的地位也越来越重要,一个国家职业教育程度的高低,直接影响劳动力生产水平,进而对国家的经济发展产生深远的影响。

我国职业教育改革已经进行了多年,尤其是教育技术在课堂教学中推广应用和校园网的普及以来,许多在教学第一线的教师,针对以往在课堂教学过程中忽视学生学习主体性,学生能力培养与发展,非智力因素对学生学习的作用,学生个性发展等问题,在课堂教学方法、教学组织形式、教学技术手段等方面都进行了积极的改革探索与研究实践活动,并且在这些方面取得了很多新的认识和经验。

但是,公共课课堂教学中的一些弊端并没有取得根本性的改革,主要体现在传统的以分科课程为基础的综合课程模式没有根本的改变；课堂教学理念和实践活动与传统的课堂教学理论相比，没有取得实质性的突破；过分地强化教师在教学活动中的中心主导地位，学生在学科学习活动中必须服从教师教学设计。这种教育教学方法存在严重的理论与实践脱离的现象，在这样的课堂教学中，学生的个性、独立实践能力、创新精神和创造能力难以实现。

所以中等职业学校公共课课堂教学的进一步改革势在必行，中等职业学校必须适应社会发展的需要，从生源实际出发，从学生的兴趣着手，创新公共课课堂教学组织形式，充分体现以学生的全面素质为基础，以职业能力为本，以实践能力为导向的公共课教学理念。

第四节　研究意义

近年来,我国职业教育界众多专家、学者对国外许多先进教育教学思想和理念进行了一系列的研究,特别是在学习与借鉴德国"双元制"职业教育经验、改革我国职业教育的过程中,行动导向的教学组织形式,逐渐为我国广大职教领域里的教师、管理者和研究人员所接受,成为一种倍加推崇的教学模式。行动导向教学的基本意义在于:强调学生是学习过程的中心,教师是学习过程的组织者与协调人。在行动导向教学法的研究中,学生也参与到教学实践中来,也就是说,学生既是行动者也是学习过程的参与研究者。整个学习过程遵循"资讯、计划、决策、实施、检查、评估"这一完整的行动过程序列,在教学中教师与学生互动。尤其是在职业学校中,针对典型职业目标,学生在教师引导下,通过"独立地获取信息、独立地制定计划、独立地实施计划、独立地评估计划",在与该职业工作过程相应的学习过程中,自己"动手"实践,通过自我调节的学习行动去掌握职业技能、习得专业知识,从而构建属于自己的经验及知识体系。

随着社会经济和科学技术的发展,一方面,学校教育在普及文化科学基础知识的过程中,应用技术和劳动能力的教育占有越来越重要的地位;另一方面,教育对个体的社会化作用越来越大,个体要想找到符合自己状况、且又有较好发展的职业,必须依赖职业教育和培训的全过程,其中,新的符合职业教育特点的教学模式起着关键作用。它包含着教学目标的规范性,教学内容的针对性,教学方法的科学性和评鉴方法的客观性。

充分揭示教学方法的内涵及特征,研究和确立职业教育教学方法,对于探索适合我国国情的教学改革道路具有重要的意义。

职业教育要达到构建高素质、技能型、技术应用型人才体系的培养目标,最终要落实在课程内容和教学方法上,而教学方法尤为重要,特别需要理论的指导和支撑。本书研究的理论意义在于,行动导向教学模式的重要性已经逐渐被职业教育界所认识,但将行动导向教学法应用到公共基础课的教学中的系统研究还为数较少,尤其是中等职业教育。探索适合我国国情的、适合中职公共基础课教学的实践教学方法，是中职学校公共基础课教师应该完成的任务，相信也能对相关课程的同行提供一定的借鉴意义。

另外，当前我国职业院校不断发展，已经逐渐形成规模。政府高度重视发展职业教育并给予了大量的资金投入支持，在这种情况下，各职业院校的硬件将会得到不断完善，由此，研究教学方法的软环境建设，是一个具有深远实际意义的课题，同时，对我校探索构建职业教育理论和实践教学相结合的思想政治和语文课程体系也有一定的指导作用。

第二章 行动导向教学法理论分析

第一节　行动导向教学法概述

一、行动导向教学法的由来

行动导向学习最早可以追溯到 16 世纪罗马圣路卡艺术与建筑学院的"项目教学法",它继承了 17 世纪初瑞士教育家斐斯泰洛齐的"头心手并用"教育理念。行动研究作为一种正式的科学研究范式,起源于 20 世纪 30 年代的美国,其原创代表人物为德裔美籍学者勒温,到 20 世纪 50 年代形成研究高潮。第一代研究的领袖为科里和弗谢,强调教师应成为"研究者"来参加教学研究并改进教学实践,后续研究从美国转向英国。第二代研究者的代表人物是英国的斯腾豪斯,他主张教师成为"行动研究者",提出了"课程行动研究"五项"过程原则",指导"校本课程开发"活动。20 世纪 80 年代,埃利奥特和凯术斯成为第三代领军人物,他们在英国和澳大利亚从事研究埃利奥特的"师生互动与学习效能研究",强调"隐性学习"在具有相对明确目标的教学行动中的作用。强调教学是"反思性实践"与"反思性教学"的作用,20 世纪 70 年代,德国职业教育领域采用基于学科课程的教学范式,难以培养出经济发展所需要的人才,因此教育界对学科系统性教学进行了批评性认识,强烈呼吁加强学生职业能力的培养,在德国联邦政府的支持下,行动导向教学在职业教育界传播开来。

德国职业教育界于 20 世纪 80 年代起,开展了行动导向教学的讨论,这对德国职业教育发展产生了深刻的影响,成为德国职业教育改革的方向。行动导向教学法的提出,起源于近年来我国职业教育对国外许多先进的教育教学思想和理念的研究。

"行动导向"为德语 handlungsorientiemng 的汉语译名。这一德语单词经历了由"行为导向"到"活动导向"再到"行动导向"的翻译演变过程。

将其译成"行为导向"易与对立的教学理论,如"行为理论"和"行为主义"混淆而导致误解;"活动"的概念过于宽泛,易被理解为无明确学习目标的"活动教学",未突出职业教育的职业特色和蕴含的深刻哲理,因此将其译为"活动导向"不如"职业活动导向"更明确、清晰;"行动"二字能反映德国职业教育界将教师和学生都视为教学实践的行动研究者,强调原德语单词强调的"互动"意义,所以译为"行动导向"似乎更确切,不易产生歧义且符合最新教育理论。强调在于"强调学生是学习的过程的中心,教师是学习过程的组织者与协调人,教学遵循'资讯、计划、决策、实施、检查、评估'这一完整的'行动'过程序列,在教学中与学生互动,让学生在自己'动手'的实践中,掌握职业技能、学习专业知识,从而构建属于自己的经验和知识体系"(姜大源,2002)。据此,"行动导向"具体教学方法包括但不拘泥于项目教学法、模拟、表演、案例研究、角色扮演等,而随着社会的发展、科技的进步,这些方法更可以融入信息技术手段,使"行动导向"教学与时俱进。

二、行动导向教学法的内涵

行动导向又称实践导向、活动导向、行为引导,是当今世界上的一种先进职业教育理念。行动导向教学在教学过程中强调以学生为中心,以职业行动能力为目标,以职业情境为前提,以学习情境行动过程(资讯、计划、决策、实施、检查、评估)为途径,让学生通过独立地"获取信息、制定计划、实施计划、评估计划",通过"做中学、学中做"的学习方式,习得职业专业知识、掌握职业岗位技能,构建属于自己的经验与知识体系。它在强调对学生专业技能教育的同时,突出了学生创新精神及创造能力、团队精神及协作能力、沟通能力、学习能力、工作态度等方法能力、社会能力和创新精神的培养。

三、行动导向教学过程概述

行动导向不是具体的教学方法,而是综合性的学习方案,其基本特征体现在"行动过程完整"和"手脑并用"（理论实践一体化学习，其教学方法实施的基础是：用心＋用手＋用脑）两方面。

（一）核心思想

行动导向教学的目的在于促进学习者职业能力的发展，其核心在于把行动过程与学习过程统一，即学习过程的工作化+工作过程的学习化。它倡导通过行动来学习和为了行动而学习，是"由师生共同确定的行动产品来引导教学组织过程，学生通过主动和全面的学习，达到脑力劳动和体力劳动的统一"（Meyer，1989）。它通过有目的地、系统化地组织学习者在实际或模拟的专业环境中，参与设计、实施、检查和评价职业活动的过程，通过学习者发现、探讨和解决职业活动中出现的问题，体验并反思学习行动的过程，最终获得完成相关职业活动需要的知识和能力。在行动导向学习中，行动是学习的出发点、发生地和归属目标，学习是连接现有行动能力状态和目标行动能力状态之间的过程。

（二）主要内容

行动导向的教学过程是针对"双元制"（学校教育+企业培训）职业教育体系中促进职业能力发展的教学活动，既包括职业学校里传授职业知识的理论趋向的教学，也包括企业或跨企业培训机构中培养职业行动能力的实践性活动。

通俗讲，行动导向教学是以"行动导向驱动"为主要形式，在教学过程中充分发挥学生的主体作用和教师的主导作用，注重对学生分析问题、解决问题能力的培养，从完成某一方面的"任务"着手，通过引导学生完成"任务"，从而实现教学目标。从学生接受知识的过程看，知识来源于实践，在实践中得到感性认识，经过反复实践才能上升到理性认识，并回到实践中去。行动导向教学要求教师在教学中要把大任务分解成小任务，教师要分层次地给学生下达行动指导性。

四、行动导向教学法的典型特征

杨克和迈耶（Jank Myer，1991）从七个方面概括了学校教育中行动导向教学法的典型特征：

（1）行动导向的学习是全面的。该全面性体现在以下几个方面：

第一，教学要促进学生包括头、心、手以及其他感官的全面发展。

第二，根据实现预定行动目标的需要，而不是学科体系来选择教学内容，当然，并不排除学科课程结构化的学习过程；只要有助于实现教学目标，并不限定学习活动的形式。

第三，选择全面性的教学方法，包括小组和结对作业、项目教学、讲述、舞台表演、造型、角色扮演、演练、试验、社会调查等。

（2）行动导向的教学是学生主动的学习活动。

（3）行动导向学习的核心是完成一个可以使用或者进一步加工或学习的行动结果。

（4）行动导向学习应尽可能地以学生的兴趣作为组织教学的起始点，并且创造机会让学生接触新的题目和问题以不断地发展原有的兴趣。

（5）行动导向学习要求学生从一开始就参与到教学过程的设计、实施和评价之中。

（6）行动导向学习有助于学校的开放。

（7）行动导向学习试图保持动脑和动手活动之间的平衡。行动导向的教学在理论上从这样的假设出发，即动脑和动手活动之间不是直线性的上升发展，而是两种成分之间动态的交互影响伴随着整个学习过程。

在行动导向的学习中，也就是学习者在亲自行动的过程中，通过行动分析和设计、实施、检查、评价各环节，通过对自身经验的反思和批判性检查，验证、丰富和更新自己的行动模式和认知结构，达到提升行动能力、解决职业活动中的问题的目的。

在行动导向的学习中，行动是学习的出发点、发生地和归属目标，学习是连接原有行动能力状态和目标行动能力状态之间的过程和桥梁。除了重复进行的简单工作活动之外，职业性的行动不仅能为从业者提供学习的机会，而且在职业活动过程之中还存在着促进专业化能力发展的学习机会。

从这个意义上讲，在职业教育领域，行动导向的学习和职业行动能力发展的工作是合二为一的，是一个不断进步和终生学习的具体过程。它的整个教学过程是一个包括获取信息、制订工作计划、做出决定、实施工作计划、控制质量、评定工作成绩等环节的完整的行为模式（见图2-1-1）。

图 2-1-1 六步法

六步法中六个步骤的详细解释如下。

1. 计划（引入课题）

首先，做好准备工作。设计学习领域和学习情境之前，教师先把课堂上最基本的教学媒体——工作过程设计好，并准备好设备、器材、参考资料、参考用的学习（工作）流程以及学习（工作）表单等。

其次，向学生提出项目任务。常常由教师提出一个或几个项目任务设想，然后同学生一起讨论，最终学生自行确定或师生共同确定项目的目标和任务。也可由教师提供相关信息并设疑，由学生提出和确定项目任务。

然后，分组。分配具体任务时，要注意成员之间的水平差异、性格特征。

最后，制定计划。先由学生讨论，制定项目工作计划，确定工作步骤和程序，最后得到教师的认可。

2. 决策（收集、筛选信息）

学生从书本、网络上查找有关信息，并整理、加工、筛选信息，提出设想或探索的路径或方向。

3. 实施计划

学生确定各自在小组中的分工以及小组成员合作的形式，然后按照已确立的工作步骤和程序进行工作。

4. 展示成果

工作计划基本完成后，由小组讨论推举代表进行成果展示。

5. 检查评估

先由学生对自己的工作结果进行自我评估，再由教师进行检查评分。师生共同讨论、评判项目工作中出现的问题、学生解决问题的方法以及学习行动的特征，通过对比师生评价结果，找出造成结果差异的原因。

6. 评估应用

作为项目的教学成果，应尽可能具有实际应用价值。因此，项目工作的结果应该归档或应用到学习或教学（生产）实践。

第二节 行动导向教学法的组织形式

常见的行动导向教学法的组织形式有：交际教学法、构建主义学习、问题导向学习、项目教学法等（见图 2-2-1）。

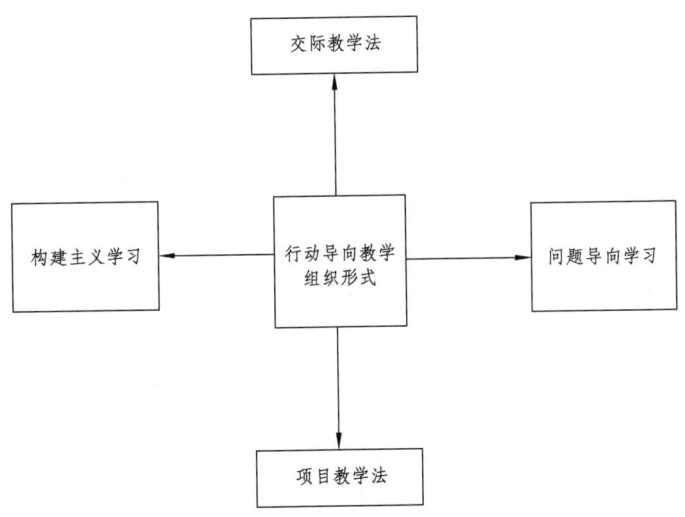

图 2-2-1 常见行为导向教学法的组织形式

一、交际教学法

交际教学法产生于 20 世纪 70 年代，通过对教学过程中涉及人类交往范畴的各种干扰因素中所包含的潜在信息的分析，对这些信息进行解码并将其纳入教学准备之中。交际教学法旨在通过促进师生互动和构建以学生为导向的教学活动，达到实现全面性和整体化的学习，满足教与学两方面的要求。

二、建构主义学习

将学习目的定位在一个重复发生的过程中，主体对来自被感知物体的经验真相进行建构。这不仅对教学活动中的师生关系而且也对学习内容的确定性产生重要影响。其中，学生的学习活动经历了一个建构—重构—解构的循环过程：首先，学生对于新的学习内容的理解及其应用是通过对认知对象自主和自决的建构，并将其整合到自身原有知识结构中。教师的责任在于营造一个适宜的环境。其次，知识重构的过程重在学生个人的发现，通过自由和自主决定把重构的知识和原有知识结构相联系，教师的作用是把专业知识的转化为便于学生建构的可能形式。最后，知识的解构过程则是学生在与他人交流的过程中，从另外的视角对所获得的认知结构进行不断的建构和重构。

三、问题导向学习

学生在学习过程中通过发现问题和设计解决问题的方案获得实际的应用能力和相应的知识，以培养学生的方法能力。其学习步骤包括遭遇困难、分析困难、表述困难、提出方案、解决问题、总结成果、评价方案。问题导向学习鼓励学生探索和发现，教师并不提出解决问题的方案或途径，只是掌握学习进度并在学生遇到问题时给予鼓励和指导。

四、项目教学法

项目教学法指师生以团队的形式共同实施一个完整的项目工作而进行的教学活动，行动导向教学的所有要求几乎都能在项目教学法中得到满足。其中，项目以工作任务的形式出现。通过工作任务的完成，能得到一个具体的、具有实际应用价值的产品。一般分为五个教学阶段：① 确定项目任务；② 制定计划；③ 实施计划；④ 检查和评估；⑤ 归纳或成果应用。

第三节　行动导向教学法的理论基础

教学模式是在一定教学思想、教学理论和学习理论的指导下，在某种教学环境和资源的支持下，教与学活动中各要素之间稳定的关系和活动进程结构形式。

行动导向教学法的理论基础是多层次的、多方面的，从两个角度呈现，最直接的是学的理论与教的理论。

一、学习理论

学习理论是探讨人类学习的本质及其形成机制的理论。在各种流派的学习理论中，对行动导向教学影响较大的学习理论，主要有行为主义学习理论、认知主义学习理论、人本主义学习理论、建构主义学习理论、行动导向学习理论以及劳动过程导向论和工作过程知识。

1. 行为主义学习理论

行为主义学习理论是20世纪60年代前占主导和统治地位的学习理论，其主要观点如下：

（1）学习是刺激与反应的联结过程，是反应概率的变化。如果在一种反应之后伴随一种积极的强化物，那么，在类似环境里发生这种反应的概率就增加。

（2）反应有两种，即应答性反应（由刺激引发的反应）和操作性反应（由有机体发出的反应）。前者是有机体被动地对环境做出反应，后者是有机体主动地作用于环境。人类从事的绝大多数有意义的行为都是操作性反应。

（3）学习应是小步子、自定步调、积极反应、及时强化的。强化是学习成功的关键。行为主义学习理论的特点是强调知识、技能的掌握，重视外显行为的研究。行为主义学习理论应用在学校教育实践上，强调对外部环境的控制，就是要求教师掌握塑造和矫正学生行为的方法，拟定行为目标，为学生创设一种环境，呈现丰富的感性材料，注重学生行为的变化和强化，尽可能在最大程度上强化学生的合适行为，消除不合适行为。

2. 认知主义学习理论

认知主义学习理论的主要观点是：

（1）重视人在学习活动中的主体价值，充分肯定了学习者的自觉能动性。

（2）强调认知、意义理解、独立思考等意识活动在学习中的重要地位和作用。

（3）重视人在学习活动中的准备状态，即一个人学习的效果，不仅取决于外部刺激和个体的主观努力，还取决于一个人已有的知识水平、认知结构、非认知因素。准备是任何有意义学习赖以产生的前提。

（4）重视强化的功能。认知主义学习理论由于把学习看成是一种积极主动的过程，因而很重视内在的动机与学习活动本身带来的内在强化的作用。

（5）主张人的学习的创造性。布鲁纳提倡的发现学习论就强调学习者学习的灵活性、主动性和发现性。它要求学习者自己观察、探索和实验，发扬创造精神，独立思考，改组材料，自己发现知识、掌握原理原则，提倡一种探究性的学习方法。强调通过发现学习来使学习者开发智慧潜力，调节和强化学习动机，牢固掌握知识并形成创新的本领。

3. 人本主义学习理论

人本主义学习理论在 20 世纪 60 年代开始盛行，其主要观点如下：

（1）学习有助于人性的形成，它的根本目的是人的"自我实现"。

（2）人生来就有学习的动力，对世界充满好奇心。教师的基本任务是要允许学生按照自己的需要学习，满足他们的好奇心。

（3）有效的学习在于使学习具有个人意义。一个人只会有意义地学习他认为与增强自我有关的事情。信息对学习者是否具有个人意义，是信息保持的决定因素。

（4）学习者是学习的主体，应受到尊重。只有当学习者受到尊重时，他们才能更好地实现自我实现的目标。

（5）情感是有效学习的重要条件。现代教育的悲剧之一是认为唯有认知学习是重要的。

（6）意义学习主要包括四个要素：整个人（包括情感和认知两方面）都投入到学习活动中；学习是自我发起的；学习是渗透性的，它会使行为、态度，乃至个性都发生变化；学习是由学习者自我评价的。

（7）大多数意义学习是从做中学习。人本主义学习理论的特点是强调个性的培养，重视情感问题的研究。但是它过分强调学习者的中心地位，容易忽视教育与教学的效能，忽视教师在教学中的主导作用。虽然如此，人本主义教学理论对行动导向教学模式有重要的借鉴作用。行动导向教学模式既重视学习者心理发展与教材结构逻辑的吻合，又重视相关学科在经验基础上的综合和与情感领域的整合，提出了以学生为本，面向全体学生，人格至上，情感优先发展，学会合作与分享，学会认知与创造的教育理念，充分体现了教育的人本思想。

4. 建构主义学习理论

建构主义学习理论是20世纪80年代后风行世界的学习理论，其主要观点如下：

（1）学习是一个积极主动的建构过程。学习者不是被动地接受外在信息，而是根据先前的认知结构主动地、有选择性地感知外在信息，建构当前事物的意义。

（2）知识是个人经验的合理化，而不是说明世界的真理。因为个体先前的经验毕竟是十分有限的，在此基础上建构知识的意义，无法确定所建构出来的知识是否就是世界的最终写照。

（3）知识的建构并不是任意的和随心所欲的。在建构知识的过程中，必须与他人磋商并达成一致，并不断地加以调整和修正，在这个过程中，不可避免地要受到当时社会文化因素的影响。

（4）学习者的建构是多元化的。由于事物的复杂性、多样化，学习情感的特殊性、差异性，以及个人的先前经验存在独特性，每个学习者对事物意义的建构将是不同的。

建构主义学习理论认为，学习活动不是由教师向学习者传递知识，而是学习者根据外在信息，通过自己的背景知识，建构知识的过程。在这个过程中，学习者不是被动的信息吸收者和刺激接受者，他们要对外部的信息进行选择和加工，而且知识和意义也不是简单地由外部信息决定的，外部信息本身没有意义，意义是学习者通过新旧知识和经验反复地、双向地相互作用而建构成的。每个学习者都以原有的经验系统为基础对新的信息进行编码，建构自己的理解，而原有知识又因为新经验的进入而发生调整和改变。所以，学习并不单纯是信息的量的积累，它同时包含由于新旧经验的冲突而引发的观念转变和结构重组。学习过程并不单纯是信息的输入、存储和提取，而是新旧经验之间的双向的相互作用过程，这个过程的别人无法替代的。因此学习过程应该以学习者为中心，学习者必须主动地参与整个学习过程。

建构主义学习理论还认为，知识是个体与他人经磋商通过意义建构的方式获得的。科学的学习必须通过对话、沟通的方式，大家提出不同看法以刺激个体反省思考，在交互、质疑、辩论的过程中，以各种不同的方法解决问题，澄清所生的疑惑，逐渐完成知识的建构，形成正确的知识。

建构主义学习理论提倡在教师指导下的、以学习者为中心的学习；建构主义学习理论包含情境、协作、会话和意义建构四个要素。

建构主义学习理论指导下的教学模式中，教师与学习者的关系与过去相比发生了很大变化。学习者必须通过自己主动的、与他人互动的方式学习新的知识，教师不再将自己的及课本现有的知识直接教给学习者，而是植根于学习者的先前经验来进行教学。而且，在教学活动中，知识建构的过程在教师身上同样发生着，教师必须随着情景的变化，更新自己的知识和教学方式以适应学习者的学习。在这个过程中，师生之间是一种平等、互动的合作关系，教师应成为教学环境的设计者，学习的组织者和指导者，课程的开发者，意义建构的合作者和促进者，知识的管理者，要从台前退到幕后，要从"演员"变为"导演"。

建构主义学习环境下教师角色的转变，并不意味着教师不重要了，也不意味着教师在教学中的作用降低了，而意味着教师起作用的方式和方法已不同于过去。相反，为了促进学习者对知识的建构，教师在课前所做的工作更多，对教师能力的要求更高。教师不仅要精通教学内容，更要熟悉学习者，掌握学习者的认知规律，掌握现代教育技术，充分利用学习资源，设计开发有效的教学资源，善于设计教学环境，能够对学习者的学习给予宏观的引导与具体的帮助。

行动导向教学强调发挥学生的内在动机和教师的激励作用，营造某种特定的"环境"或"情境",为学习者搭建施展个性、发挥能力的舞台,教师则转变成现场的"导演"和"教练"的角色,使每个学生直接从所处的环境、对教学内容的思考与运用产生体验和反省。因此可以说,建构主义理论在行动导向教学模式的建构中得到了充分体现。

5. 行动导向学习理论

行动导向学习理论是起源于改革教育学学派的学习理论,它与认知学习有紧密的联系,都是探讨认知结构与个体活动间的关系。不同的是,行动导向以人为本,认为人是主动、不断优化和自我负责的,能在实现既定目标的过程中进行批判性的自我反馈。学习不再是外部控制(如行为主义),而是一个自我控制的过程。

在现代职业教育中,行动导向学习的目标是获得职业(行动)能力,包括在工作中非常重要的关键能力。在行动导向理论中,"行动"是达到给定或自己设定目标的有意识的行为,学习者能从多种可能性中选择行动方式。在行动前他能对可能的行动后果进行预测,通过"有计划的行动",学习者个人可以有意识地、有目标地影响环境。在行动导向学习中,"计划性"和"解决问题"具有重要的意义。要想达到学习目标,必须扫除一定的学习障碍,这里,有针对性地解决问题是关键,其基础是具备相应知识基础和实用的战略。行动导向学习的核心是有目的地扩大和改善个体活动模式,其关键是学习者的主动性和自我负责,即学习者在很大程度上对学习过程进行自我管理。行动导向强调学习者对学习过程的评估和反馈,即学习评价。评价的重点是获取加工信息和解决问题的方法,包括自我评价和外部评价。行动导向学习理论将认知学习过程与职业行动结合在一起,将学习者个体活动和学习过程与适合外界要求的"行动空间"结合起来,扩展学习者的行动空间,提高个体行动的"角色能力",对创新意识和解决问题能力的发展具有极大的促进作用。

6. 劳动过程导向论和工作过程知识

德国不来梅大学技术与教育研究所以劳耐尔(F. Rauner)教授提出的劳动过程导向论也为行动导向教学提供了理论基础。可从广义和狭义两方面理解,广义的工作过程指的是实现确定目标的生产活动和服务活动的顺序。狭义的工作过程则是指向物质产品生产。工作过程导向的目的在于克服学科体系结构化内容的学习,而转向有利于与工作过程相关内容的学习。

以劳耐尔教授为首的职业教育学专家认为，工作过程是"在企业里为完成一件工作任务并获得工作成果而进行的一个完整的工作程序"，"是一个综合的、时刻处于运动状态但结构相对固定的系统"。所以，工作过程的意义在于，"一个职业之所以能够成为一个职业，是因为它具有特殊的工作过程，即在工作的方式、内容、方法、组织以及工具的历史发展方面有它自身的独到之处"。

现代工业心理学和技术学研究表明，在高新技术工作岗位，技术工人所需要的知识，约有一半是介于经验性知识和学科理论知识之间的一种特殊知识。以德国著名的技术与教育研究所为首的欧盟10国科研项目，将其命名为"工作过程知识"（Working process knowledge）。"工作过程知识"是在工作过程中直接需要的（区别于学科系统化的知识）、常常是在工作过程中获得的知识（包括理论知识）（费舍尔，2000）。工作过程知识是职业性技术最重要的组成部分。

二、教学理论

对现代教育技术影响较大的教学理论，主要有赞可夫的发展教学理论、布鲁纳的结构—发现教学理论、巴班斯基的教学最优化理论和加德纳的多元智能理论。

1. 赞可夫的发展教学理论

赞可夫的发展教学理论的基本观点：一是以最好的教学效果促进学习者的一般发展，应把一般发展作为教学目标；二是只有当教学走在发展前面的时候，才是好的教学，应把教学目标确定在学习者的"最近发展区"之内。

赞可夫的发展教学理论的基本原则是：高难度进行教学；高速度进行教学；理论知识起主导作用；使学习者理解教学过程；使全班学生包括后进生都得到发展。

2. 布鲁纳的结构—发现教学理论

布鲁纳的结构—发现教学理论的基本观点：一是学习一门学科最重要的是掌握它的基本结构；二是任何学科都能用在智育上是正确的方式，有效地教给任何发展阶段的任何儿童；三是要学习好，必须采取发现法。

布鲁纳的结构—发现教学理论的基本原则是：动机原则，结构原则，启发原则、反馈原则。

3. 巴班斯基的教学最优化理论

巴班斯基的教学最优化理论的基本观点：一是应该把教学看成一个系统，用系统的观点、方法来考察教学；二是教学效果取决于教学诸要素构成的合力，对教学应综合分析、整体设计、全面评价；三是教学最优化，就是在现有条件下用最少的时间和精力，取得最大的效果。

应该说，教学过程最优化不是一种特殊的教学方法或教学手段，而是科学地指导教学、合理地组织教学过程的方法论原则；是在全面考虑教学规律、教学原则、教学任务、现代教学的形式和方法、该教学系统的特征以及内外部条件的基础上，教师对教学过程做出的一种目的性非常明确的安排，是教师有意识地、有科学根据地选择一种最适合于某一具体条件的课堂教学的模式和整个教学过程的模式，组织对教学过程的控制，以保证教学过程在规定的时间内发挥从一定标准看来是最优的作用，获得可能的最好效果。如此，"最优的"可进一步理解为一所学校、一个班级在具体条件制约下所能取得的最大成果，也是指学生和教师在一定场合下所具有的全部可能性。最优化是相对一定条件而言的，在这些条件下是最优的，在另一些条件下未必是最优的。巴班斯基的最优化理论充分体现了辩证法的灵魂——对具体事物进行具体分析。

4. 加德纳的多元智能理论

加德纳的多元智能理论的基本观点如下：

（1）人类思维和认识的方式是多元的，即存在多元智能，如言语语言智能、数理逻辑智能、视觉空间智能、音乐韵律智能、身体运动智能、人际沟通智能、自我认识智能和自然观察智能。

（2）智力是在某种社会文化的价值标准下，个体用以解决自己遇到的真正难题或生产及创造出某种产品所需要的能力。

（3）智力不是一种能力，而是一组能力；不是以整合的方式存在，而是以相互独立的方式存在。

（4）每一种智能在人类认识世界和改造世界的过程中都发挥着巨大的作用，具有同样的重要性。

（5）每个学习者都或多或少地具有上述八种智能，只是其组合的方式和发挥的程度不同。

（6）每个学习者都有一种或数种优势智能，只要教育得法，每个学习者都能成为某方面的人才，都可能获得某方面的专长。

综上所述，行动导向教学模式就是在对这些理论的借鉴、发展和融合的基础上，经过多年的实践和总结、提升才逐步形成的。

上述这些理论，是对教学规律的客观总结和反映，说明了应采用何种最有效的方法引导学生进入最佳的学习状态，采用何种方法来选择和组织教材、呈现教材以利于学生学习，从而为本书的研究奠定了坚实的理论基础——本书正是在上述理论指导下，为达到新形势下职业教育培养目标而编写的。

第四节 行动导向教学法的教学与应用原则

一、行动导向教学法的基本教学原则

从某种意义上来说，教学模式也就是学习模式。行动导向的教学要遵循能力本位原则、自主活动原则和领域学习原则。

（一）能力本位原则

传统教育中，学生把学习的知识不断储存在大脑中，教育是以学生储存的知识多少为目标。由于这种知识是人类对历史经验的积累和总结，因而这种科学的、系统的学科体系具有极大的概括性，所以在教学中往往片面地重视现代化的、抽象的概念和推理，因而传统教育培养的是知识型人才。

能力本位原则就是指在行动导向型教学中，学生的一切学习活动都是以提高能力为目标。学生在学习活动中首先提高学习的能力，同时又要把所学的知识通过脑、心、手的联合作用，在轻松愉快和潜移默化的过程中，不断地内化为能力，增长才干。

1. 能力

能力是人的综合素质在现实行动中表现出来的、正确驾驭某种活动的实际本领、能量和熟练水平，是实现人的价值的一种有效方式，也是左右社会发展和人类命运的一种积极力量。它既包括体力、智力、道德力、审美能力、实践操作能力等一般能力，也包括从事各种专业活动的特殊专业才能和为社会而奉献的创造能力。

2. 能力本位

能力本位要求充分正确地发挥人的能力，这里的"正确发挥"是指能力发挥的性质、方向、方式和目标。这自然要求以道德为前提，否则，能力越大越坏事。因此我们强调能力本位，也强调人的努力、道德品质和绩效。

3. 关键能力

行动导向教学强调的是能力型人才的培养，为适应信息化时代和劳动力市场的需求，行动导向型教学则培养具有关键能力的人才。关键能力是指从事任何职业都需要的一种综合职业能力，它泛指专业能力以外的能力，或者说是超出某一具体职业技能和知识范畴的能力。它的特征是，当职业发生变更或者当劳动组织发生变化时，劳动者所具备的这种能力依然存在，它使劳动者能够在变化的环境中很快地重新获得所需要的职业技能和知识。关键能力包括专业能力、社会能力、方法能力。

（1）专业能力。

专业能力由专业关键能力和专业工作能力组成。专业关键能力是人们在全球化经济中必须具备的，比如外语能力、计算机应用能力、信息处理能力以及不断学习新技术的能力。它是从事各专业工作都应具有的能力。专业能力是适应某一行业相关工种业务和技术的能力，是学生通过学习领域的学习在理论与实践相结合的过程中培养的能力。

（2）社会能力。

社会能力指个人所具备的情感、态度和社会交往、沟通、与人合作、乐于助人的能力以及职业道德、社会责任感、组织表达、勇于承担责任和社会参与的能力。行动导向型教学要求学生在团队活动及社会交往中培养与人合作的能力，在教学过程中通过展示技术的训练培养表达能力，在综合性的实践活动中培养社会能力。

（3）方法能力。

方法能力指具备从事职业活动所需要的工作方法和学习方法，在行动导向教学中，让学生自主地进行学习，针对某一教学内容让学生自己寻找资料、研究教材、提高学习的能力。同时，方法能力还指学生在自行制订工作计划、提出解决实际问题的思路和评估工作结果等活动中形成工作方法和解决问题的方法的能力。

（二）自主活动原则

自主活动就是指学生作为学习的主体，在教学过程中自主地、主动地、积极地进行学习。在活动中，学生的脑、身、手共同参与学习，从而在获得知识的同时，提高能力，增长智慧。

在传统教学中，教师是教学的主导，老师决定了教学过程的计划、内容，同时控制着教学进度。学生则是围绕着教师，因而处于从属的地位。学生重复教师教学的内容，缺乏自主的活动，学生的学习主动性受到压制。整个教学是以"教师""书本""课堂"为中心，学生与社会生活脱离，与实践脱离，学生的兴趣、爱好和特长得不到发展，从而使个性的发展受到阻碍。

行动导向教学则把学生从传统的课堂中解放出来，倡导"以人为本"的教学，坚持以学生为中心，把学生当作学习的主人，让学生自主地学习。在教学中，老师则引导学生进行学习。因而自主活动具有以下教学特点：

（1）教学与活动结合起来，让学生在活动中自主学习，通过活动引导学生将书本知识与实践活动相结合，以加深对知识的理解和运用。

（2）在老师创设的情景下进行学习，结合使用各种媒体，用以激发学生对学习的好奇心、新奇感，让学生提出问题或感到惊讶，为他们提供发挥其才能和智慧的机会和条件，充分挖掘其学习潜能，促进学生个性的充分发展。

（3）教学是在充分信任和尊重学生的前提下进行。针对不同类型的学生要引导他们尊重自己、相信自己，树立学习的自信心。对学生取得的微小进步予以肯定和鼓励，使他们对成功充满信心。

（三）领域学习原则

领域学习原则就是根据行为活动的要求，在教学中把与行为活动相关的知识都结合在一起作为学习领域进行教学的原则。即根据某一活动领域的要求，把各传统学科的相关内容（专业基础、专业理论、专业课和实习课）结合在一起，组成一个个学习领域让学生进行整体学习，这样不但提高学习效率，还可让学生在教学中加速知识内化为能力的过程。学习领域是建立在教学论基础上、由职业学校制定的学习行动领域，它包括实现该专业目标的全部学习任务，通过行动导向的学习情境使其具体化。一个学习领域由能力描述的学习目标与任务陈述的学习内容加以确定，并给出相关的学习时间。所以，一个学习领域的组成包括学习目标、学习内容和学习时间三个部分。一般来说，一个职教公共基础的课程由10~20个学习领域组成。

以公共基础课思想政治课、语文课为例，其学习领域设置如表2-4-1、表2-4-2所示。

表 2-4-1　公共基础课思想政治课学习领域设置表

项　　目	学习领域	第一学期	第二学期
一年级	中国特色社会主义	36	
	心理健康与职业生涯		36
二年级	哲学与人生	36	
	职业道德与法治		36
合　　计		144	

表 2-4-2　公共基础课语文课学习领域设置表

项　　目		内　　容	学　时	
基础模块	专题一	语感与语言习得	9	144
	专题二	中外文学作品选读	18	
	专题三	实用性阅读与交流	18	
	专题四	古代诗文选读	36	
	专题五	中国革命传统作品选读	18	
	专题六	社会主义先进文化作品选读	18	
	专题七	整本书阅读与研讨	18	
	专题八	跨媒介阅读与交流	9	
职业模块	专题一	劳模精神工匠精神作品研读	27	54
	专题二	职场应用写作与交流	18	
	专题三	微写作	9	
	专题四	科普作品选读	9	
拓展模块	专题一	思辨性阅读与表达	不做统一规定	
	专题二	古代科技著述选读		
合　　计			198	

　　中职思想政治课程由基础模块和拓展模块两部分组成。基础模块是各专业学生的必修课，包括中国特色社会主义、心理健康与职业生涯、哲学与人生、职业道德与法治四部分内容。拓展模块是选修课程，是必修课程的拓展和补充，不少于三十六学时，由各地根据实际情况开设。

　　语文课程由基础模块、职业模块和拓展模块三个部分构成。基础模块是各专业学生必修的基础性内容；职业模块是为提高学生职业素养安排的限定选修内容，按专题组织；拓展模块是满足学生继续学习与个性发展需要的任意选修内容。

"学习领域"的课程方案在于强调学生是学习过程的中心，教师是学习过程的组织者与协调人，教师通过"咨询、计划、决策、实施、检查、评估"六步教学法，让学生"独立地获取信息、独立地制定计划、独立地实施计划，独立地评估计划"、使学生在自己"动手"的实践中，掌握职业技能、习得专业知识，从而构建属于自己的经验、知识或能力体系。

以行动为导向是"学习领域"课程方案的教学实施原则。无论是从教学的理论层面，还是从教学实践的操作层面，以行动为导向的教学都被认为是将专业学科体系与职业行动体系集成化实施的教学方案，是德国职业学校教学改革新的一页。尽管"学习领域"这一方案可以通过广泛地采用不同的教学方法和教学组织形式来实现，但其基本原则、核心思想仍然是"行动导向"。

二、行动导向教学法的应用原则

行动导向教学法不是一种具体的教学方法，而是一种创新的职业教学理念。

教学是让学生在活动中，用行为来引导学生，启发学生的学习兴趣，让学生在团队中自主地进行学习，培养学生的关键能力。在这种教学理念的指导下，老师要对不同的教学内容、不同的目标对象，在教学实践中创造出诸如"头脑风暴法""案例教学法""项目教学法""技能操作竞赛""引导文教学法"等具体的教学方法。

因此，要应用和实施行动导向教学法，首先要从创新教学方法入手，逐步深入。在这种创新教学理念指导下，老师首先要转变角色，要以主持人或引导人的身份引导学生学习，教师要使用轻松愉快的、充满民主的教学风格进行教学。老师要对学生倾注感情，也一定要把自己的脑、心、手展示给学生。老师要运用好主持人的工作原则，在教学中控制教学的过程，而不要控制教学的内容；要当好助手，要不断地鼓励学生，使他们对学习充满信心并有能力去完成学习任务，培养学生独立工作的能力。

在实施行动导向教学法时,老师要让学生在活动中学习,并要按照职业活动的要求组织好教学内容,把与活动有关的知识、技能组合在一起让学生进行学习,教学要按学习领域的要求编制好教学计划、明确教学要求,安排好教学程序。上课前,要充分做好教学准备,要事先确定通过哪些主题来实现教学目标,教学中要更多地使用卡片、张贴板和多媒体教学设备使学生的学习轻松高效。

在实施行动导向教学法时,老师要为学生组织和编制好小组,建立以学生为中心的教学组织,让学生以团队的形式进行学习,培养学生交往、交流和协作等社会能力。要充分发挥学生的主体作用,让学生自己去收集资料和信息,独立进行工作,自主进行学习,自己动手来掌握知识,在自主学习过程中学会学习。

作为一种教学原则,行动导向法从教学组织形式上,发展和促进了学生的交往互动能力、自我反思和行动调节能力以及协作学习能力。在具体的教学中,确定了学生在教与学活动中的主体地位,强调学生独立、自主地参与从计划到评价的完整学习活动过程,帮助学生形成全面分析、及时决断和系统化解决问题的能力。在教学内容的选取上,打破了分门别类的教学课程结构上的束缚,能够根据行动能力发展的需要,灵活地安排学习内容、组织学习活动。就教学目标而言,行动导向的学习活动强调"头、心、手"多器官的协调开发,协调培养学生的行动能力和智力结构,促进学生的全面发展。同时,该方法能促进不同专业教师间进行拓展性协作,促进双元制职业教育学校和企业间的合作。整体而言,行动导向教学法促进了师生之间的平等交往,有助于学生在获得知识和行动能力的同时,形成平等、民主、团结、合作的意识,提高自身的综合关键能力。

第五节 行动导向教学法的主要方法

行动导向教学有一套可单项使用，也可综合运用的教学方法，可以根据学习内容和教学目标选择使用。

目标单一的知识传授与技能教学方法有谈话教学法、四阶段教学法、七阶段教学法、张贴板教学法、头脑风暴法。

行为调整和心理训练的教学方法有角色扮演法、模拟教学法。

综合能力的教学方法有项目教学法、引导课文教学法、思维导图法、案例教学法、项目与迁移教学法。

一、目标单一的知识传授与技能教学法

（一）谈话教学法

谈话教学法是通过师生之间的谈话进行教学的方法，适合个体化教学辅导。这里教师是教学活动的引导者和组织者，学生是受动者。

谈话教学有明确的学习目标，在教学活动开始时，教师应当让学生详细了解这一学习目标。在行动导向的教学中，教师还常常与学生共同确定学习目标，这是自我管理学习的重要特征。

在教学培训实践中，谈话教学法常在学习单元中的特定教学阶段采用，用于学生收集、整理信息资料和交流学习工作经验等，如文秘专业学生交流在不同行业的岗位上的实习经验，制造加工专业学员在培训中制订生产加工计划等。

（二）四阶段教学法

四阶段教学法由四个步骤组成：准备（教师设置问题情境，讲解学习内容的意义，激发学生参与学习的积极性）；示能（教师演示工作过程，讲解工作要求及操作程序，告诉学生怎样做）；模仿（学生按教师示范步骤重复教师操作，教师必要时解释做什么和为什么这样做，并观察学生

模仿过程获得反馈信息);总结(学生在初步建立的行动框架基础上可独立完成教师布置的任务,通过不断协调、扩充行动模式,达到符合要求地完成工作的目的,教师监督练习过程、检查练习结果、纠正错误并归纳总结)。

实施四阶段教学法应注意两个问题:一是不要把工作步骤的结束等同于整个教学活动的结束;二是不要把该教学作为完全独立、完整的学习过程而排斥其他教学方法,它只是帮助学生获得行动调节的基本框架。

(三)七阶段教学法

该教学法由七个阶段组成:热身准备、现状分析、目标表述、寻找解决方案、选定解决方案、表述学习结果、回归现实。每一阶段都包含四个核心情境:确定任务要求、实施小组工作、展示学习成果、反思学习过程。其中,小组工作和学习者(或小组)的反思行为是教学组织中的两个关键环节。小组工作成功与否取决于:小组成员是否积极投入;其贡献是否具有互补性;活动规则是否有效;对待异己意见能否换位思考。学习者(或小组)的反思行为包括:自我检查并修订小组准备提交的解决问题的建议方案;小组报告除介绍工作成果外,还应准确、全面地说明小组成员所经历的过程;教师不仅负责学习进度的监控和提供咨询,必要时还要提供小组学习所需要的信息,帮助小组成员自我约束并对信息进行深入分析,以促进小组成员工作能力的形成。

(四)头脑风暴法

头脑风暴法是教师引导学生就某一课题自由发表意见,教师不对其正确性进行任何评价的方法。头脑风暴法是一种能够在最短的时间里获得最多思想和观点的方法,是聚合思维训练的一种好办法,已被广泛应用于教学、企业管理和科研工作中。

在职教实践中,可通过头脑风暴法,讨论和收集解决实际问题的意见和建议。通过集体讨论,集思广益,促使学生对某一教学课题产生自己的意见,通过同学之间的相互激励引发连锁反应,从而获得大量的构想,经过组合和改进,达到创造性解决问题的目的。

（五）张贴板教学法

张贴板是一种特制的大头针随意钉上写有文字的卡片或图表的硬泡沫塑料或软木板，是一种典型的"可由师生共同构建的教学媒体"。张贴板教学法是在张贴板面上，钉上由学生或教师填写的有关讨论或教学内容的卡通纸片，通过添加、移动、拿掉或更换卡通纸片进行讨论，得出结论的教学方法。

张贴板教学法的突出优点是，可以最大限度地调动学生的学习积极性，有效克服谈话法不能记录交谈信息和传统的黑板字内容难以更改、归类和加工整理的缺点，在较短的时间里获得最多的信息。张贴板上的内容既有讨论的过程，又有讨论的结果，既是学生集思广益和系统思维的过程，又是教师教学活动的结果。

二、行为调整和心理训练的教学方法

（一）角色扮演法

在现实生活中，每个人每天都在扮演不同的角色，处理不同的问题。认识自己的角色类型，了解该角色的内涵，就能促进自己妥善处理面对的各类人和事。角色扮演有两层含义：一是角色定位，二是进入角色。

行动导向教学中引入角色扮演法，目的就是培养学生学会如何正确地确认角色，学会了解角色内涵，迅速进入角色，圆满完成角色承担的工作任务，为学生进入未来的职业岗位乃至适应今后的变化，奠定一个良好的基础。

（二）模拟教学法

模拟教学就是尽力为学习者创造一个使学习反馈充足的环境。在职业教育领域引入模拟教学法，主要基于下列两方面的因素，一是在实习教学时有一些专业要进入生产现场，但现场环境复杂，既不安全，又不利于学习训练，且一些机构设备昂贵，操作不宜掌握，不适宜学生实际操作。因而，应该采用模拟训练，避免产生不良后果。二是为了使有些专业的学生在接受技能训练或者学习相关知识的时候，能够置身于未来从事职业的社会环境之中，可以把繁杂的文字叙述、规定、要求等融入模拟训练中，促进学生的理解与掌握，激发学生学习的兴趣和积极性，产生良好的教学效果。

三、综合能力的教学方法

（一）项目教学法

项目教学法是一种几乎能够满足行动导向教学所有要求的教学方法。

项目教学法是师生通过共同实施一个完整的"项目"工作而进行的教学方法。在职业教育中，项目是指以生产一样具体的、具有实际应用价值的产品的工作任务。在技术领域，很多小产品或一些复杂产品的模型都可以作为项目，如模型汽车（机加工专业）、报警器（电子专业）、测量仪器（仪器仪表专业）以及简单的工具制作等。在商业、财会和服务行业，所有具有整体特性并有可见成果的工作也都可以作为项目，如销售专业不同场合的商品展示、产品广告设计、应用小软件开发等。

（二）引导课文教学法

引导课文教学法是指借助引导文（提示性文字或声像材料），学习者对学习性工作过程的自行控制，引导学生独立进行学习的教学方法。它有助于学生关键能力的培养，是项目教学法中最常用的方法，包括六个步骤（见图2-5-1）：第一，获取信息。学生通过项目工作任务书或样图了解任务要求，获得有关目标的整体印象并借助基于工作过程设计的提示性问题与解答提要，理解学习性工作任务的要求。第二，制定计划。学生通过对系列化的有关工作设计的提示性问题，确定具体工作步骤并形成工作计划，拟定检查、评价工作成果的标准。第三，做出决定。学生上交工作计划和成果评价标准，师生根据相应提示步骤召开专业性会谈，找出设计方案的缺陷并确定知识缺陷，通过附加学习项目加以补充。第四，实施计划。由学生独立开展工作活动，教师只在发现错误时才提供适当指导和帮助。第五，检查计划。学生依据拟定的评价标准，自行检查工作成果是否合格并逐项填写检查单。第六，评价成果。学生将评价成果交给老师，教师评估学生工作成果，师生讨论评价结果并提出不足及改进建议。总体而言,学生独立的学习与工作是引导文教学过程中的一大亮点。

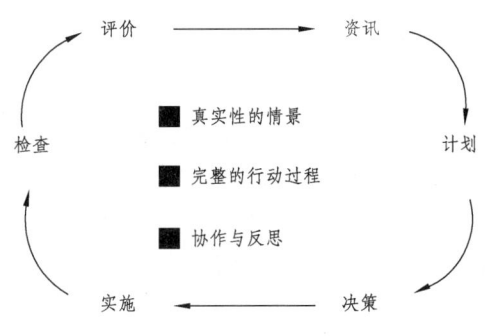

图 2-5-1　引导课文教学法步骤

（三）思维导图法

思维导图,是用来组织和表征知识的工具,通常将某一主题的有关概念置于圆圈或方框之中,然后用连线将相关的概念和命题连接,连线上标明两个概念之间的意义关系。思维导图是一种开发人的思维潜力、提高思维能力的简单高效的工具。

人类的大脑思维呈现出的是一种放射性的树状结构,我们在总结思维时往往采取诸如一、二、三、四这样的直线型方式,相互之间没有关联、没有重点。而思维导图则采取一种独特的画图方式,将思维重点、思维过程以及不同思路之间的联系清晰地呈现在图中。这种方式在处理复杂的问题时,一方面能够显示出思维的过程,另一方面可以很容易地理清层次,帮助人们掌握重点,能够启发联想力与创造力。

（四）案例教学法

案例教学法是通过对一个具体教育情境的描述,引导学生对这些特殊情境进行讨论的一种教学方法。

在案例教学中,教师与学生承担着更多的教与学的责任,要求有更多的投入和参与。就教师来讲,有责任去选择和组织要讨论的材料,要从大量的资料中选择出适当的案例,如果手头没有现成的可以覆盖所教内容的案例的话,还要自己动手撰写这些案例,并以一定的方式把它呈现出来。就学生来讲，要对教师提供的具体事实和原始材料进行分析、讨论。教学过程中，每一个个体都需要贡献自己的智慧，没有旁观者，只有参与者。学生一方面从同学间的交流、讨论中提高对问题的洞察力，另一方面也及时从教师及同学那里获得反馈。这种教学方法为学生将来的职业岗位设置了一个近乎真实的场景，缩短了教学与实践之间的差距。

同时，案例教学为教师与学生提供的是同样的决策信息，从这些信息出发，不同的观点和解决问题的方案在课堂上交锋，虽然最终也没有确切的结论，但解决问题的种种可能性及障碍已经被师生充分地预见和了解到了，而且还得到了大家认真的分析，展示了学生不同的思维和解决问题的思路等。

（五）项目与迁移教学法

项目与迁移教学法是以实际工作为出发点和导向，以迁移和应用为目的，通过项目方法来培养学生关键能力的系统方案。

项目与迁移教学法把关键能力分成五大类，即组织与完成生产、练习任务；信息交流与合作；应用科学的学习与工作方法；独立性与责任心；承受力。项目与迁移教学法有再现、重组、迁移和应用四个等级，按照一定的模式和程序，以小组作业或独立工作的方式有目的地对学生进行关键能力的培养。

综上所述，行动导向教学法不是一种具体的教学方法，而是一种创新的职业理念，为调到学生学习的积极性，可以开发更多的方法。

第三章

基于行动导向法的课程标准与典型课程开发

中等职业教育担负着培养德智体美劳全面发展的高素质劳动者和技术技能人才的任务，是国民教育体系的重要组成部分，与普通高中教育具有同等重要的地位。

2008年和2009年，教育部先后印发了中等职业学校德育和语文课程教学大纲，指导了十多年来中等职业学校德育和语文课程改革的实践，规范了课程设置与教学实施，加强了文化基础教育，促进了学生综合职业能力的提高，对培养高素质劳动者和技术技能人才起到了重要作用。

当前职业教育已进入转型发展期，要实现由政府举办为主，向政府统筹管理、社会多元办学的格局转变，由追求规模扩张向提高质量转变，由参照普通教育办学模式向企业社会参与、专业特色鲜明的类型教育转变。

面对新时代提高全体国民素质的新要求，适应新时期培养大批德才兼备技术技能人才的新需求，现行中等职业学校德育和语文课程教学大纲还存在一些不适应和亟待改进之处，如党的十八大以来的新精神新要求有待充实体现，反映中等职业教育育人要求的课程目标有待具体化、细化，意识形态属性较强课程的设置有待完善，传统教学大纲的体例结构和内容要求也不能满足新时代教学改革的需要等，必须进一步加强中等职业学校思想政治、语文（以下简称中职二科）课程建设。

本次研制工作深入总结了十多年来我国中等职业学校课程改革的宝贵经验，充分借鉴了普通高中课程改革的优秀成果，努力使中职二科课程标准成为既符合中等职业教育实际，又是普通高中和衔接义务教育的指导性教学文件，为培养担当民族复兴大任的时代新人奠定坚实基础。

为贯彻党的十九大精神、全国教育大会精神，全面落实立德树人根本任务，进一步深化中等职业学校课程改革，提升教育质量，2020年教育部颁布了中等职业学校思想政治、语文课程标准，完善了课程设置，优化了结构体例，填补了我国中等职业教育长期以来有教学大纲无课程标准的空白，具有基础性和战略性意义。

中职二科课程标准坚持社会主义办学方向，充分反映了习近平新时代中国特色社会主义思想，全面融入社会主义核心价值观。强化育人功能，基于学科本质凝练了体现课程特色育人目标的学科核心素养，明确学生学习该课程后应形成的正确价值观念、必备品格和关键能力。彰显职业教育特色，既与普通高中课标基本保持一致，与义务教育有机衔接，又充分体现职教特色，注重教学内容与社会生活、职业生活的联系，利用或创设职场情境，突出实践取向，注重职业道德、劳动精神、劳模精神和工匠精神教育，培育学生职业素养，注重与专业课程相互配合，形成协同育人合力。

第一节　中等职业学校思想政治课程标准开发

教育部颁布了中等职业学校思想政治课程标准（以下简称中职思政课标），填补了中职思想政治课程有大纲无标准的空白，下文简要介绍中等职业学校思想政治课程标准研制过程。

一、中职思政课标研制背景

中等职业教育担负着培养德智体美劳全面发展的高素质劳动者和技术技能型人才的任务。2008 年，教育部印发了《中等职业学校德育课程教学大纲》（以下简称中职德育大纲），指导了十多年来中职学校德育课程改革的实践，在规范课程设置与教学实施，加强学生思想教育，完成立德树人根本任务，培养高素质劳动者和技术技能型人才等方面提供了重要保障，发挥了重大作用。随着时代发展，党和国家对教育事业发展提出了许多新要求，教育事业改革发展也取得了重大成就，中职德育大纲在许多方面出现了不适应和不足之处，需要顺应新时代要求，深化思政课程改革。

新时代的要求主要体现在党和国家育人新要求和课程教学改革新要求两个方面。党和国家对育人新要求方面，进入新时代，中国共产党确立了习近平新时代中国特色社会主义思想，用以指导我国特色社会主义建设。党的指导思想的新变化，对我国职业教育提出了用习近平新时代中国特色社会主义思想铸魂育人，培育德智体美劳全面发展的社会主义建设者和接班人的新要求。同时，十八大以来，中国共产党围绕"为谁培养人、培养什么人、怎样培养人"等重大问题，强调立德树人是教育的根本任务，提出了大力培育并践行社会主义核心价值观、开展爱国主义教育、弘扬中华优秀传统文化等一系列育人新要求。思想政治课作为中等职业教育立德树人的关键课程，必须充分体现党和国家意志，在课程目标、课程内容等方面，应将上述育人新要求充分吸收、纳入，为亿万中职学生铸魂、扎根，促进他们健康成长。

在课程教学改革新要求方面，近年来，国家对职业教育发展提出了新的更高的要求，2014年6月，国务院印发《关于加快发展现代职业教育的决定》，要求"到2020年，形成适应发展需求、产教深度融合、中职高职衔接、职业教育与普通教育相互沟通，体现终身教育理念，具有中国特色、世界水平的现代职业教育体系"。2019年1月，国务院颁布的《国家职业教育改革实施方案》提出要推进教师、教材、教学三项改革。在建设体现融合、衔接、沟通等特征的现代职业教育体系过程中，深化课程教学改革是必经途径。

2017年11月，教育部在进行了大量准备性工作的基础上，加快推进中职思政课标研制工作。本次研制工作以习近平新时代中国特色社会主义思想为指导，注重贯彻党的十八大、十九大以来提出的育人新要求和关于大力发展职业教育的方针、政策，切实结合中职教育特点，紧密联系中职学生实际，深入总结十多年来中等职业学校德育课程改革的宝贵经验，并借鉴普通高中课程改革的优秀成果，着力提升课程思想性、科学性、时代性、系统性、指导性，取得了丰硕成果。

二、顺应时代要求，重构中职思政课程

（一）课程名称新变化

中职德育大纲将"职业生涯规划""职业道德与法律""经济政治与社会""哲学与人生"四门必修课和"心理健康"等若干门选修课一并命名为"德育"课，较好地反映了上述课程共同的德育属性。但是，由此也带来了中职学校德育课程教学与德育工作混淆的问题。中职学校德育课程和德育工作都简称为"德育"。但是，实际上德育课程教学是学校德育工作的一个重要组成部分，无形中产生了"大德育"和"小德育"不分的困惑，给中职学校工作带来诸多不便。为贯彻落实习近平总书记关于"在大中小学循序渐进、螺旋上升地开设思想政治理论课非常必要，是培养一代又一代社会主义建设者和接班人的重要保障"的指示精神，本次课标将"德育"课改名为"思想政治"课，在贯彻落实习近平总书记指示精神的同时，不仅顺利地消解了中职学校德育工作中"大德育"与"小德育"混淆的困扰，而且与普通高中和普通高校思想政治课名称统一，有利于进行大中小思政课一体化建设，促进中职思政课程与初中和高校思政课程之间的联系，形成系统性教育效果。

（二）课程性质新定义

中职德育大纲没有统一的德育课程性质、任务，而是在各门必（选）修课程教学大纲中各自分述课程性质与任务，既重复又散乱，不利于对思政课程的总体把握，不利于中职师生的教与学，影响了思政课程立德树人效益最大化。在研制本次中职学校思政课标时，由于有培育学生思想政治学科核心素养主线贯穿课程体系始终，中职学校思想政治课的基础模块中四门必修课和拓展模块若干门选修课，很自然地构建成了一个有内在逻辑关系和有机联系的课程体系。因此，中职思政课程有了统一的课程性质、任务，是本次中职思政课标研制的思想性成果。

中职思政课标对思政课程性质做了如下定义：思想政治课程是落实立德树人根本任务的关键课程。中等职业学校思想政治课程是各专业学生必修的公共基础课程。本课程以立德树人为根本任务，以培育思想政治学科核心素养为主导，帮助中等职业学校学生确立正确的政治方向，坚定理想信念，厚植爱国主义情怀，提高职业道德素质、法治素养和心理健康水平，促进学生健康成长、全面发展，培养拥护中国共产党领导和我国社会主义制度、立志为中国特色社会主义事业奋斗终身的有用人才。

思想政治课程是中等职业学校德育工作主渠道，与初中道德与法治、高校思想政治理论课等课程相互衔接，与学校其他教育教学活动相互配合，共同承担思想政治教育立德树人的任务。

分析思政课程标准性质的定义，可以看出其内涵蕴含了以下三层内容。

第一，明确了中职思政课要培养什么人，即"培养拥护中国共产党领导和我国社会主义制度、立志为中国特色社会主义事业奋斗终身的有用人才"。这是中职思政课性质中最核心的规定性。

第二，用两个关键词明确了思想政治课程在中等职业教育中的重要作用，一个是"关键课程"，表明思政课在中职各门课程完成立德树人根本任务中，担负着领军作用；一个是"主渠道"，强调思政课在学校德育工作铸魂育人方面作用突出、不可替代。

第三，明确了思想政治课程在中等职业教育中的独特地位，思政课程是"各专业学生必修的公共基础课"。这句话有两个重点，一是"各专业学生"，强调了思政课的普适性，二是"必修"，强调了思政课程的不可或缺性。

（三）课程任务新规定

思政课程性质决定思政课程任务，课程任务是课程性质的延伸。课程性质回答了培养什么样人的问题，课程任务则回答了如何培养人的问题。

中职思政课标规定本课程的主要任务是：紧密结合社会实践和学生实际，讲授马克思主义基本原理、马克思主义中国化理论成果，用习近平新时代中国特色社会主义思想铸魂育人，对学生进行思想教育、政治教育、道德教育、法治教育、心理健康教育、职业生涯和职业精神教育，引导学生通过自主思考、合作探讨的学习过程，理解新时代中国特色社会主义经济建设、政治建设、文化建设、社会建设、生态文明建设内容和要求，培育政治认同、职业精神、法治意识、健全人格、公共参与等核心素养，树立共产主义远大理想和中国特色社会主义共同理想，坚定中国特色社会主义道路自信、理论自信、制度自信、文化自信，自觉培育和践行社会主义核心价值观，为学生成为担当民族复兴大任的时代新人、成为德智体美劳全面发展的社会主义建设者和接班人奠定正确的世界观、人生观和价值观基础。

中职思政课标课程任务的规定有其内在的逻辑结构，即知、信、行、达四项逐级递进的任务。

1. 知

本课程的学习，使中职学生了解马克思主义基本原理，特别是习近平新时代中国特色社会主义思想，同时，对学生进行思想教育、政治教育、道德教育、法治教育、心理健康教育、职业生涯和职业精神教育，为培育学科核心素养奠定必要的知识理论基础。

2. 信

通过以议题为引导的创新性学习方式，引导学生通过自主思考、合作探讨的学习过程，理解新时代中国特色社会主义经济建设、政治建设、文化建设、社会建设、生态文明建设的内容和要求，并逐步培育政治认同、职业精神、法治意识、健全人格、公共参与等核心素养，树立共产主义远大理想和中国特色社会主义共同理想，厚植爱国主义情怀。

3. 行

以课程内容的实践性活动为载体，运用所学的思想政治学科理论知识，以及由此逐渐形成的正确观念，思考、解决社会实践活动中遇到的各种问题，进而自觉践行社会主义核心价值观，坚定中国特色社会主义道路自信、理论自信、制度自信、文化自信。

4. 达

通过本课程实施，完成使学生"成为担当民族复兴大任的时代新人、成为德智体美劳全面发展的社会主义建设者和接班人"的任务。

（四）课程结构新调整

中职思政课标课程结构是在继承中职德育大纲中合理部分的基础上，以中等职业学校公共基础课程方案为依据、以思想政治学科核心素养与课程目标为指导、结合中职学生特点和职业教育人才成长规律确定的。

中职思想政治课程由基础模块和拓展模块两部分组成。基础模块为必修课程，拓展模块为选修课程。四门必修课程中"哲学与人生""职业道德与法治"两门课程名称和部分内容基本继承、沿用了中职德育大纲合理部分。中职思政课标中必修课程"中国特色社会主义"是对中职德育大纲中的"经济政治与社会"的调整扩展，使课程内容涵盖中国特色社会主义理论，特别是习近平新时代中国特色社会主义思想，力求使中职学生全面了解、准确把握马克思主义中国化的最新成果与丰富内涵，做到内化于心、外化于行。中职思政课标中必修课程"心理健康与职业生涯"则是整合中职德育大纲的选修课"心理健康"和必修课"职业生涯规划"而来。上述四门必修课程结构的调整，有利于促进正处于"拔节孕穗"期的中职学校学生茁壮成长，是中职思政课标研制的重要的时代性成果。

此外，考虑到我国区域经济社会发展有较大差异，中职思政课标规定，拓展模块的选修课由各地根据实际情况开设。

三、凝练核心素养，实现两大创新突破

（一）凝练思想政治学科核心素养

2014年，教育部印发《关于全面深化课程改革 落实立德树人根本任务的意见》，提出"组织研究提出各学段学生发展核心素养体系，明确学生应

具备的适应终身发展和社会需要的必备品格和关键能力"。经过三年研究，2016年9月，课题组正式发布了《中国学生发展核心素养》研究成果。该研究成果的最大价值在于将党的德智体美劳全面发展的教育方针具体化，它在宏观教育目标、理念与具体教育教学实践之间，搭建了一座互通的桥梁——学科育人目标，让国家宏观育人目标、中观学科育人目标和微观课程教学三者之间建立起有机联系，使宏观目标得以通过微观教学实现。学生发展核心素养通过课程设计、教学实践和教育评价三个途径落实。推动学生发展核心素养的实施是新一轮课程教学改革的核心与动力。

中等职业学校思想政治课程标准研制组根据《中国学生发展核心素养》研究成果，充分把握思想政治学科特点和中等职业教育特色，将党的教育方针具体化，提出了涉及本学科学习的价值观念、必备品格和关键能力，凝练出中等职业学校思想政治学科五大核心素养，即政治认同、职业精神、法治意识、健全人格和公共参与。这是中职思政课标研究的重大突破和创新性，是一项具有科学性的成果。

中职思政学科五大核心素养的培育是贯穿中职思政课程体系建设的主线，在中职思政课标课程目标、课程结构、课程内容、教学建议、学业水平检测与评价等各环节研制中，都充分凸显了中职思政学科核心素养的统领作用。

（二）提出学业质量评价标准

学业质量标准是以中职思政学科核心素养为主要维度，结合课程内容，对学生学业成就表现的总体描述。将学业质量标准有机融入课程标准，是本次课标的另一重大突破和创新性成果。

中职德育大纲通过各门课程分别提出了各自的评价和考核办法。但是，没有学业质量标准内容。中职思政课标以学科核心素养培育为指导，提出了本课程学业质量标准。该标准主要考察、评价学生在学习学科内容后，学科核心素养的发展状况和达成程度。依据学生学业成就表现的关键特征，即对知识掌握的深浅、情境的复杂程度、解决任务的难易程度等不同，将学业质量划分为两级水平。水平1为中职学生学习思政课程后应达到的基本要求，水平2为中职学生学习思政课程后达到的较高要求，可作为升入高职院校考试命题的重要依据。中职思政课标学业质量标准最具有价值的是把学生思想认识、价值判断和行为倾向变为可观察、可测量、可评价的具体成就表现，使教师、学生对学习成果及其表现获得清晰明确的认识。由此，我们可以看出，中职思政课标学业质量标准最突出的特点是更关注教学育人目标的实现，更加强调提高学生综合运用知识、解决实际问题的能力。这一特质具有强大的指导性，必将给中等职业学校思政课程的教学与评价带来全新变化，产生巨大影响。

四、紧扣中职实际，突出职业教育特色

研制中职思政课标，必须处理好思政课共性和职业教育个性之间的关系，使二者有机融合，形成一个在思政学科学理及内容中充分渗透职教特色、彰显职教个性的课程标准。

（一）核心素养突出职教特色

与普通高中思想政治课核心素养不同，根据职业教育特点，中职思政课结合中职学生实际，提炼了中职思政课特有的"职业精神"和"健全人格"两项核心素养。

"职业精神"核心素养的提出，是为了培育中职学生具有积极的劳动态度和良好的劳动习惯，具有正确的职业理想、科学的职业观念、良好的职业道德和职业行为，使他们懂得劳动最光荣、劳动最崇高、劳动最伟大的道理。在今后的职业生涯里弘扬精益求精的工匠精神，坚定通过职业发展实现人生出彩的信念，增强遵守职业道德和提高职业技能的自觉性，追求高尚道德品质，成为高素质劳动者和技术技能人才，成为中国特色社会主义事业建设者和接班人。

"健全人格"核心素养的提出，是为了培育中职学生积极的心理品质和自尊自信、理性平和、积极向上的心态，能自我调节和管理情绪，做到自立、自强、坚韧乐观，提高心理健康水平和职业心理素质。在今后的职业生涯里学会正确与他人相处，学会竞争与合作，提高适应社会、应对挫折的能力。

（二）课程内容突出职教特色

课程内容承载着学科核心素养培育的重任。中职思政课标研制组把握

职业教育特点，努力使课程内容贴近中职学生生活实际，突出职教特色。一是运用图表，采用分列式法，清晰呈现教学内容要求和教学提示，并使二者一一对应，使读者一目了然；二是尽量降低教学内容的学习难度；三是对每门课程教学内容进行单元分解，对每个单元教学要点及教学时数安排提出建议，既有助于教材编写组专家编写教材，也有助于师生教与学；四是每门课程图表上方有导语，概述本门课程教学要点，提示教师如何教，图表下方有学业要求，概述通过本课程学习，学生应达到的要求，提示学生如何学。上述变化为中职学校顺利实施思政课标提供了有益的帮助。

（三）教学方法突出职教特色

思政课要上得生动活泼，使学生喜闻乐见，想上、爱上，创新思政课教学模式和方法是关键。中职思政课标中，充分运用了国内外优秀教学研究成果，并结合我国中职学生实际，在创新教学模式、优化教学方法、发展学生认知、注重学生情感体验和道德实践等方面狠下功夫，有了突破性进展。

一是坚持问题导向，每个单元教学提示都以中职学生现实生活中熟悉或可能遇到的问题为议题，议题内容既包含学科课程具体内容，又展示价值判断的基本观点；议题形式既具有开放性、引领性，又体现教学重点、针对学习难点。引导学生对议题多角度观察、多途径探究，在比较、鉴别、思考、探究中加深对思政学科知识的理解，更好地解决思想政治教育中内容固化、形式僵化、路径单一等问题。

二是强化以学习者为中心的活动设计，思政学科内容采取思维活动和社会实践活动等方式呈现，结合中职学校专业特点，通过一系列活动及其结构化设计，实现"课程内容活动化""活动内容课程化"。这些活动包括案例教学、情境教学、现场教学、社会调查、社会实践等，目的是使学生在各种活动实践中提高运用知识分析、解决问题的能力，完成从了解知识到运用知识再到影响行为这一个内化进阶任务，从而形成正确价值观念、淬炼必备品格、提升关键能力，达到培育思政学科核心素养的目的。

第二节 典型课程职业道德与法治课程标准开发

一、前 言

(一) 课程性质

职业道德与法治是中等职业学校学生必修的一门思想政治课程,旨在提高中职学生的职业道德素质和法治素养,对学生进行职业道德和法治教育,帮助学生理解全面依法治国的总目标和基本要求,了解职业道德和法律规范,增强职业道德和法治意识,养成爱岗敬业、依法办事的思维方式和行为习惯。

(二) 设计思路

遵循中职学生成长成才的规律,以培养学生良好的道德行为方式、良好的法律行为方式、良好的心态与行为调节能力为己任,以全面提高学生的思想道德素质、法律素质和心理素质且可持续发展终身受益为课程归宿。

二、课程教学目标的确定

通过对职业道德与法治的学习,帮助学生了解文明礼仪的基本要求、职业道德的作用和基本规范,陶冶道德情操,增强职业道德意识,养成职业道德行为习惯;指导学生掌握与日常生活和职业活动密切相关的法律常识,树立法治观念,增强法律意识,成为懂法、守法、用法的公民。按照知识目标、能力目标、情感态度与价值观,课程的培养目标定位如下:

（一）知识目标

（1）了解礼仪的基本要求，理解礼仪的意义。了解道德的特点和作用，公民道德和职业道德基本规范，理解遵守道德特别是职业道德的意义。

（2）了解实体法和程序法的作用，理解依法治国的基本要求，尊重和保障人权的意义。

（3）了解有关违法行为的危害和违法要承担法律责任、犯罪的危害以及对犯罪的惩罚，理解守法的意义。

（4）了解相关的民事、经济法律常识，理解其意义、作用。

（二）能力目标

（1）自觉践行礼仪规范，做讲文明、有礼仪的人。自觉践行公民道德和职业道德基本规范，做有道德的人。

（2）维护社会主义法制尊严，履行保障宪法和法律实施的公民职责，依法维护自己的权益。

（3）自觉依法律己，同各种违法犯罪作斗争。

（4）在民事和经济活动中按照法律规范做事，依法维护权益，履行义务、承担责任。

（三）情感态度与价值观

（1）尊重自己和他人，平等待人，真诚礼貌；以讲礼仪为荣，以不讲礼仪为耻；追求高尚人格，维护自己的文明形象。认同公民道德和职业道德基本规范，以遵守道德为荣，以违背道德为耻，崇尚职业道德榜样，追求高尚的道德人格。

（2）增强法治意识，崇尚民主、公正、平等；自觉守法，以守法为荣，以违法为耻；尊重法律规则，履行法律义务，崇尚公平正义。

三、课程内容建构

课程内容建构见表 3-2-1。

表 3-2-1　课程内容建构

序号	学习项目	学习模块	知识要求	能力要求	情感态度与价值观	参考学时	
						理论	实训
1	导言（课程介绍）	职业道德与法治课程	说出该课程的内容和要求以及学习该课程的意义和方法	体会该课程的重要性	尊重自己和他人，平等待人，真诚礼貌；以讲礼仪为荣，以不讲礼仪为耻；追求高尚人格，维护自己的文明形象	1	
2	感悟道德力量	道德与法律	列举正确认识自己的方法；说出树立自信心的方法	能正确地分析自己，找到自己的优缺点，找到培养自己自信心的方法		3	
		礼仪修养显个性	记住个人礼仪的基本要求；说出遵守个人礼仪的道德意义；列举提高个人礼仪修养的方法	语言文明；能规范自己站立、坐等姿态			
		交往礼仪营造和谐人际关系	说出交往礼仪的基本要求；记住几种常见交往礼仪的礼仪规范	能按照交往礼仪规范的要求规范自己的言行举止			
3	展示自己的职业风采	职业礼仪塑形象	记住职业礼仪的基本要求；说出职业礼仪的道德意义、作用	恪守职业道德、遵守职业礼仪规范		2	
		职业礼仪展风采	记住礼仪应注意的问题	提高遵守职业礼仪规范的自觉性；做讲文明、有礼仪的人			
4	道德是人生发展、社会和谐的重要条件	恪守道德规范、加强道德修养	记住我国公民的基本道德规范并加以解释；记住家庭美德的主要内容、社会公德的基本规范	加强个人品德修养，遵守公德	认同公民道德和职业道德基本规范，以遵守道德为荣、以违背道德为耻，崇尚职业道德榜样，追求高尚道德人格	2	
		引领人生发展、促进社会和谐	说出良好道德的重要作用	辨认人们的行为是否符合道德标准，并规范自己的行为			

续表

序号	学习项目	学习模块	知识要求	能力要求	情感态度与价值观	参考学时	
						理论	实训
5	职业道德是职业成功的必要保证	遵守职业道德是从业之本	解释什么是职业道德；说出职业道德的重要作用；记住职业道德的基本规范	理解职业的意义，端正职业目的，树立积极的职业态度	认同公民道德和职业道德基本规范，以遵守道德为荣、以违背道德为耻，崇尚职业道德榜样，追求高尚道德人格	4	
		爱岗敬业、立足成才	说出爱岗敬业的意义，概述如何才能做到"乐业、勤业、精业""干一行、爱一行、专一行"	树立"乐业、勤业、精业""干一行、爱一行、专一行"的工作态度			
		诚实守信，办事公道	说出诚实守信办事公道的基本要求和作用；记住如何做到诚实守信	培养自己诚实守信的品质			
		服务群众，奉献社会	说出服务群众奉献社会的基本要求	增强奉献意识			
6	养成良好的职业行为习惯	在职业道德修养中提升职业境界	列举养成职业道德的方法	学会运用内省的方法		2	
		在践行职业道德中养成良好的职业行为习惯	说出如何养成良好的职业行为习惯	从小事做起，培养职业道德			
7	弘扬法治精神，建设法治国家	努力做遵纪守法的好公民	概述纪律和法律保护我们学习生活秩序和健康成长的要点	养成遵纪守法的好习惯	拥护依法治国方略，增强法治意识、权利义务观，崇尚民主、公平、平等	2	
		维护社会主义法治尊严	概述依法治国的基本要求	参与维护社会主义法律			
8	维护宪法权威，当好国家公民	维护宪法权威	依宪治国是依法治国的核心	自觉维护宪法的尊严		2	
		坚持公民权利与义务的统一	记住公民的权利和义务	懂得依法行使权利和履行义务			

续表

序号	学习项目	学习模块	知识要求	能力要求	情感态度与价值观	参考学时 理论	参考学时 实训
9	崇尚程序正义，依法维护利益	崇尚程序正义	说出诉讼的基本程序	懂得诉讼的基本程序		2	
		依法维护自己的合法利益	说出公民的基本诉讼权利	懂得依法维护自己的合法利益			
10	预防一般违法行为	自觉维护社会公共秩序	懂得违法行为的社会危害性	拒绝违法行为，加强自我防范		2	
		杜绝不良行为	归纳未成年人不良行为的危害	杜绝不良行为			
11	避免误入犯罪歧途	运用刑法武器依法制裁犯罪行为	总结什么是犯罪	辨别犯罪行为	认同法律、自觉守法，以守法为荣、以违法为耻	2	
		同犯罪行为作斗争	建立预防犯罪的意识	建立见义勇为，见义智为的意识			
12	依法公正处理民事关系	依法参与民事活动	复述民法的基本原则、民事主体	列举承担民事责任的方式		5	
		依法保护人身权	说出人身权的内容及侵害人身权要承担的法律责任	归纳如何维护人身权			
12	依法公正处理民事关系	依法保护公民的财产权	说出财产权的内容及侵害财产权要承担的法律责任	归纳如何维护自己及他人的财产权			
		正确利用合同参与民事活动	记住依法订立有效合同的条件	辨认有效合同			
		维护在家庭中的权利与义务	列举未成年人在家庭中的权利和义务	养成为家庭分担责任的习惯			
13	依法生产经营，保护环境	依法生产经营，保护环境	记住如何依法签订劳动合同	列举劳动者的权利和义务	尊重法律规则，履行法律义务，崇尚公平正义	3	
		依法保护人类共有的家园	说出保护环境的重要性	养成保护环境的习惯			
	机动					2	
	合计					34	

四、教学活动参考设计

教学活动参考设计见表 3-2-2，具体教学项目见表 3-2-3 至表 3-2-15。

表 3-2-2　教学活动参考设计

教学项目	工作任务	参考学时		备注
		理论	技能	
教学项目一	通过案例讲解明确该课程的主要内容、要求、意义、作用	1		
教学项目二	通过设计课堂活动和练习等来正确认识自己，塑造自己的良好形象	3		
教学项目三	结合案例讲解和依据漫画、故事等形式记住遵守职业礼仪规范的方法	2		
教学项目四	结合案例、视频资料、课堂讨论等方式概述公民的基本道德规范及个人品德修养	2		
教学项目五	通过视频资料和案例理解职业道德的重要作用	4		
教学项目六	结合案例和课堂活动，讨论职业道德养成的重要性，学会运用内省的方法达到慎独的境界	2		
教学项目七	结合案例和课堂活动，讨论法律和纪律的区别，认识养成遵纪守法习惯的重要性，并初步认识社会主义法律	2		
教学项目八	通过案例和视频资料了解我国的宪法，增强公民意识，依法行使权力和履行义务	2		
教学项目九	通过案例、视频资料记住诉讼的基本程序，了解公民的诉讼权利	2		
教学项目十	通过案例、视频资料和课堂讨论，学会辨别什么是违法行为，学会抵制不良行为	2		
教学项目十一	通过案例、视频资料和课堂讨论，理解什么是犯罪行为，树立自觉预防犯罪的意识	2		
教学项目十二	通过案例、课堂讨论等形式，理解公民的人身权有哪些和如何正确参与民事活动	5		
教学项目十三	通过案例和视频资料，学会签订劳动合同，理解环境保护的重要性，树立环保意识	3		
机动学时		2		

表 3-2-3 项目一"导言"工作任务单

姓名：　　　　学号：　　　　班级：　　　　专业：

学习小组	第　　组	小组名单		学时	1
学习情景	道德和法律对中职学生在校学习生活和未来职业活动的重要作用					
任务描述	概述"职业道德与法治"课程的主要内容、意义和学习方法					
使用设备、工具	教材、卡片纸、彩笔					
工作内容	1. 将班级学生分成6~8人的小组，各小组选出小组长。 2. 小组集体学习教材"导言"部分，讨论并回答下列问题： （1）"职业道德与法律"课程的主要内容是什么？ （2）"职业道德与法律"课程的意义是什么？ （3）"职业道德与法律"课程学习的方法有哪些？ （4）你身边有不道德的行为和违法的事情吗？请举例说明。 3. 小组学习完后，将问题答案用彩笔写在卡片纸上，每小组选派一名同学上讲台谈谈学习情况和心得。				注意事项 维持好纪律，教师巡视并指导	
考核标准						
课堂过程考评（80%）	课堂过程考评从进程中的职业态度，认真负责的专业精神；出勤表现，学习态度；在小组中的团队意识三个方面进行考查					
课堂结果考评（20%）	课堂结果考评主要看提交的资料、报告。整个项目结束后，各小组形成一套完整的成果					
	评价内容	分值	自评（10%）	组评（20%）	教师评价（70%）	
实施过程评价	有无迟到、早退	10				
	参与、沟通	10				
	团队协作	20				
	学习认真，讨论积极	20				
	发言积极、表述简单明了	10				
	按时完成任务	10				
课堂结果考评		20				
合计		100				
小组长						
问题与思考（作业）						
回顾自己的过去，自己曾有不道德的行为和违法行为吗？以后怎么要求自己？						

表 3-2-4 项目二"塑造自己良好形象"工作任务单

姓名：　　　　学号：　　　　班级：　　　　专业：

学习小组	第　　组	小组名单	
学习情景	中职学生面试时因"无礼"行为被招聘单位淘汰		
任务描述	正确认识自己，找到自己的优缺点，记住个人礼仪的基本要求		
使用设备、工具	教材、卡片纸、彩笔		
工作内容	1. 小组学习本课内容后每位同学回答四个问题"我能够做什么？""我目前情况如何？""我在别人眼里是什么样的人？""我有什么优缺点？"。 2. 小组完成"帮我找优点"游戏。 3. 每小组选派一名同学朗读"欣赏自己"这首小诗。 4. 小组讨论案例。 5. 小组练习坐姿、走姿、站姿。 6. 复述个人礼仪和交往礼仪的基本要求。	注意事项	维持好纪律，教师巡视并指导
考核标准			
课堂过程考评（80%）	课堂过程考评从进程中的职业态度，认真负责的专业精神；出勤表现，学习态度；在小组中的团队意识三个方面进行考查		
课堂结果考评（20%）	课堂结果考评主要看提交的资料、报告。整个项目结束后，各小组形成一套完整的成果		

	评价内容	分值	自评（10%）	组评（20%）	教师评价（70%）
实施过程评价	有无迟到、早退	10			
	参与、沟通	10			
	团队协作	20			
	学习认真，讨论积极	20			
	发言积极、表述简单明了	10			
	按时完成任务	10			
课堂结果考评		20			
合计		100			
小组长					

问题与思考（作业）
1. 调查问卷：对本班同学做一次调查，平均每周上网多长时间？ 2. 绘制表格，如实填写自己的优缺点，正确评价自己。

表 3-2-5　项目三 "展示自己的职业风采" 工作任务单

姓名：　　　　学号：　　　　班级：　　　　专业：

学习小组	第　　组	小组名单	
学习情景	职业礼仪是通往职场的"名片"，是个人事业成功的重要条件		
任务描述	明确职业礼仪的基本要求		
使用设备、工具	卡片纸、彩笔、多媒体		
工作内容	1. 小组学习本课内容。 2. 讨论案例。 3. 根据漫画编写文明礼仪的小故事。 4. 观看视频资料"李素丽""张秉贵"，并讨论职业礼仪的作用和道德意义。 5. 小组选派代表上讲台讲述小组讨论的结果。	注意事项	维持好纪律，教师巡视并指导
考核标准			
课堂过程考评（80%）	课堂过程考评从进程中的职业态度，认真负责的专业精神；出勤表现，学习态度；在小组中的团队意识三个方面进行考查		
课堂结果考评（20%）	课堂结果考评主要看提交的资料、报告。整个项目结束后，各小组形成一套完整的成果		

	评价内容	分值	自评（10%）	组评（20%）	教师评价（70%）
实施过程评价	有无迟到、早退	10			
	参与、沟通	10			
	团队协作	20			
	学习认真，讨论积极	20			
	发言积极、表述简单明了	10			
	按时完成任务	10			
课堂结果考评		20			
合计		100			
小组长					
问题与思考（作业）					
课余时间到有关行业实地观察银行柜台、宾馆前台、商场柜台等从业人员的言行举止					

表 3-2-6 项目四 "道德是人生发展社会和谐的重要条件" 工作任务单

姓名：　　　　学号：　　　　班级：　　　　专业：

学习小组	第　　组	小组名单	
学习情景	"感动中国"人物评选活动		
任务描述	记住我国公民基本道德规范、社会公德、家庭美德的基本规范		
使用设备、工具	卡片纸、彩笔、视频资料、多媒体		
工作内容	1. 小组学习本课内容，回答：我国公民的基本道德规范、社会公德、家庭美德的基本规范是什么？。 2. 观看视频资料"谢延信""罗映珍"，并讨论他们身上体现了那些美德，说一说自己在尊老爱幼、邻里团结方面做得怎么样。 3. 根据漫画谈谈加强社会公德建设的必要性。 4. 小组选派代表上台讲述小组讨论的结果。	注意事项	维持好纪律，教师巡视并指导
考核标准			
课堂过程考评（80%）	课堂过程考评从进程中的职业态度，认真负责的专业精神；出勤表现，学习态度；在小组中的团队意识三个方面进行考查		
课堂结果考评（20%）	课堂结果考评主要看提交的资料、报告。整个项目结束后，各小组形成一套完整的成果		

	评价内容	分值	自评（10%）	组评（20%）	教师评价（70%）
实施过程评价	有无迟到、早退	10			
	参与、沟通	10			
	团队协作	20			
	学习认真，讨论积极	20			
	发言积极、表述简单明了	10			
	按时完成任务	10			
课堂结果考评		20			
合计		100			
小组长					
问题与思考（作业）					
依据教材第 40 页图片设计制作社会公德警示语或公益广告画					

表 3-2-7 项目五 "职业道德是职业成功的必要保证" 工作任务单

姓名： 　　　　学号： 　　　　班级： 　　　　专业：

学习小组	第　组	小组名单		
学习情景	2008年汶川地震中出现的"谭千秋"和"范跑跑"两种不同的人物形象			
任务描述	记住职业道德的基本规范及爱岗敬业的要求			
使用设备、工具	卡片纸、彩笔、视频资料、多媒体			
工作内容	1.小组学习本课内容，回答：什么是职业道德？职业道德的基本规范，如何做到爱岗敬业、办事公道、服务群众？ 2.小组讨论案例"谭千秋"，并总结职业道德的作用。 3.根据案例"许振超""陆琴"，总结如何做到爱岗敬业。 4.观看感动中国人物"王顺友""邓红英"，讨论"我上班挣钱，天经地义，没有奉献的义务。"这句话对吗？为什么？ 5.小组选派代表上台讲述小组讨论的结果。		注意事项	
			维持好纪律，教师巡视并指导	
考核标准				
课堂过程考评（80%）	课堂过程考评从进程中的职业态度，认真负责的专业精神；出勤表现，学习态度；在小组中的团队意识三个方面进行考查			
课堂结果考评（20%）	课堂结果考评主要看提交的资料、报告。整个项目结束后，各小组形成一套完整的成果			
	评价内容	分值	自评（10%）	组评（20%）	教师评价（70%）
实施过程评价	有无迟到、早退	10			
	参与、沟通	10			
	团队协作	20			
	学习认真，讨论积极	20			
	发言积极、表述简单明了	10			
	按时完成任务	10			
课堂结果考评		20			
合计		100			
小组长					
问题与思考（作业）					
回忆自己的成长经历，思考哪一位老师对自己的影响最大，并分析原因					

表3-2-8 项目六"养成良好的职业行为习惯"工作任务单

姓名：　　　　学号：　　　　班级：　　　　专业：

学习小组	第　　组	小组名单	
学习情景	高考全部使用电子摄像头监考		
任务描述	掌握养成良好职业道德行为习惯的方法、作用		
使用设备、工具	卡片纸、彩笔、视频资料、多媒体		
工作内容	1. 小组学习本课内容，回答：养成良好职业道德行为习惯的方法有哪些？ 2. 小组讨论小王和小李的案例，并总结职业道德养成对中职学生成长的作用。 3. 参与"内省"活动，并找到自己的不足。 4. 小组合作设计一张"洗心贴"，提出至少五个问题，坚持每天深刻反省、检查自己的言行举止。 5. 小组选派代表上台讲述小组讨论的结果。	注意事项	维持好纪律，教师巡视并指导
考核标准			
课堂过程考评（80%）	课堂过程考评从进程中的职业态度，认真负责的专业精神；出勤表现，学习态度；在小组中的团队意识三个方面进行考查		
课堂结果考评（20%）	课堂结果考评主要看提交的资料、报告。整个项目结束后，各小组形成一套完整的成果		

	评价内容	分值	自评（10%）	组评（20%）	教师评价（70%）
实施过程评价	有无迟到、早退	10			
	参与、沟通	10			
	团队协作	20			
	学习认真，讨论积极	20			
	发言积极、表述简单明了	10			
	按时完成任务	10			
课堂结果考评		20			
合计		100			
小组长					
问题与思考（作业）					
收集自己欣赏的关于职业道德的名言警句，整理出来与大家交流					

表 3-2-9 项目七"弘扬法治精神，建设法治国家"工作任务单

姓名：　　　　学号：　　　　班级：　　　　专业：

学习小组	第　　组	小组名单	
学习情景	与自己专业、学习、生活密切联系的法律		
任务描述	认识自己的法律素质，针对如何提高自己的法律素质制订一份切实可行的计划		
使用设备、工具	卡片纸、彩笔、视频资料、多媒体		
工作内容	1. 小组学习本课内容，列举与自己专业、学习、生活密切联系的法律。 2. 小组讨论列举出的法律同自己的关系。 3. 认识到自己的法律素质现状。 4. 小组合作设计一份提高自己法律素质的计划，要求贴合实际，切实可行。 5. 小组选派代表上台讲述小组讨论的结果。	注意事项	维持好纪律，教师巡视并指导

考核标准					
课堂过程考评（80%）	课堂过程考评从进程中的执业态度，认真负责的专业精神；出勤表现，学习态度；在小组中的团队意识三个方面进行考查				
课堂结果考评（20%）	课堂结果考评主要看提交的资料、报告。整个项目结束后，各小组形成一套完整的成果				
	评价内容	分值	自评（10%）	组评（20%）	教师评价（70%）
实施过程评价	有无迟到、早退	10			
	参与、沟通	10			
	团队协作	20			
	学习认真，讨论积极	20			
	发言积极、表述简单明了	10			
	按时完成任务	10			
课堂结果考评		20			
合计		100			
小组长					
问题与思考（作业）					
收集关于遵纪守法、自控、自律方面的名言警句，大家相互交流					

表3-2-10 项目八 "维护宪法权威，当好国家公民"工作任务单

姓名：　　　　　学号：　　　　　班级：　　　　　专业：

学习小组	第　　组	小组名单		
学习情景	生活、学习中的权利和义务			
任务描述	通过学习案例，分析案例中体现的权利和义务			
使用设备、工具	卡片纸、彩笔、视频资料、多媒体			
工作内容	1. 小组学习本课内容，了解公民的权利和义务。 2. 小组讨论案例当中双方的权利和义务分别是什么。 3. 依据宪法，公民在行使权力和履行义务的时候必须坚持什么原则？ 4. 针对案例，结合上述问题，小组拿出解决案例中问题的方案。 5. 小组选派代表上台讲述小组讨论的结果。		注意事项	
			维持好纪律，教师巡视并指导	
考核标准				
课堂过程考评（80%）	课堂过程考评从进程中的执业态度，认真负责的专业精神；出勤表现，学习态度；在小组中的团队意识三个方面进行考查			
课堂结果考评（20%）	课堂结果考评主要看提交的资料、报告。整个项目结束后，各小组形成一套完整的成果			
实施过程评价	评价内容	分值	自评（10%）	组评（20%）	教师评价（70%）
	有无迟到、早退	10			
	参与、沟通	10			
	团队协作	20			
	学习认真，讨论积极	20			
	发言积极、表述简单明了	10			
	按时完成任务	10			
课堂结果考评		20			
合计		100			
小组长					
问题与思考（作业）					
收集有关资料，写一份宣传宪法知识的书面材料					

表 3-2-11　项目九 "崇尚程序正义，依法维护权益" 工作任务单

姓名：		学号：		班级：	专业：	
学习小组		第　　组	小组名单			
学习情景		模拟法庭				
任务描述		根据案例，依照法庭审判的基本程序进行模拟审判				
使用设备、工具		卡片纸、彩笔、视频资料、多媒体				
工作内容		1. 小组学习本课内容。 2. 小组分析并讨论案例。 3. 写出民事起诉状。 4. 按小组进行模拟法庭。 5. 总结各小组的模拟情况并进行分析。			注意事项 维持好纪律，教师巡视并指导		
考核标准						
课堂过程考评（80%）		课堂过程考评从进程中的职业态度，认真负责的专业精神；出勤表现，学习态度；在小组中的团队意识三个方面进行考查				
课堂结果考评（20%）		课堂结果考评主要看提交的资料、报告。整个项目结束后，各小组形成一套完整的成果				
评价内容			分值	自评（10%）	组评（20%）	教师评价（70%）
实施过程评价	有无迟到、早退		10			
	参与、沟通		10			
	团队协作		20			
	学习认真，讨论积极		20			
	发言积极、表述简单明了		10			
	按时完成任务		10			
课堂结果考评			20			
合计			100			
小组长						
问题与思考（作业）						
收集有关实例，比较解决纠纷的各种方法及效果						

表 3-2-12　项目十 "预防一般违法行为" 工作任务单

姓名：　　　　学号：　　　　班级：　　　　专业：

学习小组	第　　组	小组名单		
学习情景	角色扮演			
任务描述	假如你是一名戒毒所的警察，从情与法的角度，写一段对吸毒者的劝说词			
使用设备、工具	卡片纸、彩笔、视频资料、多媒体			
工作内容	1. 小组学习本课内容。 2. 小组讨论违法行为的社会危害性。 3. 小组学习完后结合案例，写出劝说词。 4. 每小组派出一人进行展示。 5. 总结各小组的劝说词。		注意事项 维持好纪律，教师巡视并指导	
考核标准				
课堂过程考评（80%）	课堂过程考评从进程中的职业态度，认真负责的专业精神；出勤表现，学习态度；在小组中的团队意识三个方面进行考查			
课堂结果考评（20%）	课堂结果考评主要看提交的资料、报告。整个项目结束后，各小组形成一套完整的成果			
	评价内容	分值	自评（10%）	组评（20%）	教师评价（70%）
实施过程评价	有无迟到、早退	10			
	参与、沟通	10			
	团队协作	20			
	学习认真，讨论积极	20			
	发言积极、表述简单明了	10			
	按时完成任务	10			
课堂结果考评		20			
合计		100			
小组长					
问题与思考（作业）					
收集近期发生的违法犯罪的案例，并以手抄报的形式进行交流					

表 3-2-13 项目十一 "避免误入犯罪歧途" 工作任务单

姓名：　　　　学号：　　　　班级：　　　　专业：

学习小组	第　　组	小组名单		
学习情景	增强职业活动中防范犯罪的意识			
任务描述	结合案例，说明中职学生应该如何增强职业活动中防范犯罪的意识			
使用设备、工具	卡片纸、彩笔、视频资料、多媒体			
工作内容	1. 小组学习本课内容。 2. 归纳出常见的犯罪。 3. 小组学习完后结合案例，讨论中职学生应如何增强防范意识。 4. 每小组派出一人进行展示。		注意事项	维持好纪律，教师巡视并指导
考核标准				
课堂过程考评（80%）	课堂过程考评从进程中的职业态度、认真负责的专业精神；出勤表现，学习态度；在小组中的团队意识三个方面进行考查			
课堂结果考评（20%）	课堂结果考评主要看提交的资料、报告。整个项目结束后，各小组形成一套完整的成果			
评价内容		分值	自评（10%）　组评（20%）　教师评价（70%）	
实施过程评价	有无迟到、早退	10		
	参与、沟通	10		
	团队协作	20		
	学习认真，讨论积极	20		
	发言积极、表述简单明了	10		
	按时完成任务	10		
课堂结果考评		20		
合计		100		
小组长				
问题与思考（作业）				
收集"见义勇为"与"见义智为"的案例，谈谈如果自己遇到违法犯罪现象，打算怎么做？				

表 3-2-14　项目十二"依法公正处理民事关系"工作任务单

姓名：　　　　学号：　　　　班级：　　　　专业：

学习小组	第　　组	小组名单	
学习情景	维护自己的人身权，不侵犯他人的人身权		
任务描述	结合案例，学习应如何维护自己的人身权和不侵犯他人的人身权		
使用设备、工具	卡片纸、彩笔、视频资料、多媒体		
工作内容	1. 小组学习本课内容。 2. 学习民法中关于公民的人身权的规定。 3. 小组学习完后讨论案例，讨论中职学生应如何维护自己的人身权和不侵犯他人的人身权。 4. 每小组派出一人进行展示。	注意事项	维持好纪律，教师巡视并指导
考核标准			
课堂过程考评（80%）	课堂过程考评从进程中的职业态度，认真负责的专业精神；出勤表现，学习态度；在小组中的团队意识三个方面进行考查		
课堂结果考评（20%）	课堂结果考评主要看提交的资料、报告。整个项目结束后，各小组形成一套完整的成果		

	评价内容	分值	自评（10%）	组评（20%）	教师评价（70%）
实施过程评价	有无迟到、早退	10			
	参与、沟通	10			
	团队协作	20			
	学习认真，讨论积极	20			
	发言积极、表述简单明了	10			
	按时完成任务	10			
课堂结果考评		20			
合计		100			
小组长					
问题与思考（作业）					
与父母发生冲突时，如何主动沟通，用巧妙的方法解决矛盾？和大家交流					

表 3-2-15　项目十三"依法生产经营，保护环境"工作任务单

姓名：　　　　学号：　　　　班级：　　　　专业：

学习小组	第　　组	小组名单		
学习情景	签订劳动合同			
任务描述	结合案例，学习今后签订劳动合同时要注意哪些问题			
使用设备、工具	卡片纸、彩笔、视频资料、多媒体			
工作内容	1. 小组学习本课内容。 2. 讨论案例中哪些现象不符合劳动合同的规定。 3. 小组学习完后讨论案例，讨论中职学生今后签订劳动合同时要注意哪些问题。 4. 每小组派出一人进行展示。			注意事项：维持好纪律，教师巡视并指导
考核标准				
课堂过程考评（80%）	课堂过程考评从进程中的职业态度，认真负责的专业精神；出勤表现，学习态度；在小组中的团队意识三个方面进行考查			
课堂结果考评（20%）	课堂结果考评主要看提交的资料、报告。整个项目结束后，各小组形成一套完整的成果			
评价内容		分值	自评（10%）	组评（20%）	教师评价（70%）
实施过程评价	有无迟到、早退	10			
	参与、沟通	10			
	团队协作	20			
	学习认真，讨论积极	20			
	发言积极、表述简单明了	10			
	按时完成任务	10			
课堂结果考评		20			
合计		100			
小组长					
问题与思考（作业）					
拟签一份与虚拟单位的劳动合同，了解签订劳动合同的注意事项					

五、实施建议

（一）教材编写

1. 基础性、发展性、趣味性融为一体

教材应该尽可能为学生提供探究式、发现式的学习方式，促使学生拓展思维，开阔视野，培养创新精神和实践能力。同时，教材编写的体例和呈现方式应尽量考虑学生的年龄特征、兴趣特长和认知水平，注重运用现代信息技术，增强趣味性，激发学生求知欲望。

2. 编写科学、灵活

教材编写要注重图文并茂，多结合案例进行编写。参照中等职业学校德育课程相关教材，结合本校学生实际，编写教材。

（二）教学原则

1. 坚持正确的价值导向

以中国特色社会主义理论为指导，增强教育的时代感，坚持教育的社会主义方向，确保思想理论观点和价值取向的正确性。

2. 贴近学生、贴近职业、贴近社会

以学生的发展为本，关注学生的需求，引发学生的兴趣，服务学生的终身发展，加强教育的针对性、主动性，提高教育的实效。

3. 坚持知、信、行相统一

淡化传统的学科体系，精选教学内容，教授必要的知识。帮助学生认同道德规范特别是职业道德和法律规范，逐步内化为自己的信念。引导学生践行职业道德和法律规范，并且付诸实际行动。做到理论与实际相结合，知、信、行相统一。

4. 加强实践环节

转变单向传授的教学方式，给学生参与、体验、感悟和内化的机会。充分发挥学生的主体作用，引导学生合作探究、在实践中学习。

（三）教学方法

1. 教学方法的选择

要根据学生的知识水平、年龄特征、经济社会发展状况、所学专业特点、具体教学内容，遵循学生的认知规律和思想品德形成发展的规律，选择适当的教学方法。

2. 教学方法的运用

要综合采用启发式、讨论式、合作探究式等多种教学方法。尽量采用案例教学的方法，注重运用"在做中学"的实践方法。鼓励教学方法的创新，积极利用现代科学技术手段进行教学。

（四）活动建议

结合教学内容，利用校内外德育资源，有计划地组织学生开展参观访问、社会调查、志愿服务、旁听审判、模拟法庭等实践活动。开展实践活动要从实际出发、量力而行，要精心设计、精心准备、精心组织、追求实效、确保安全。活动要体现学生的主体作用，教师要对学生活动的全过程给予认真、及时的指导。要通过撰写调查报告、小论文、活动总结等方式，整理学生的收获，交流学生的体会，展示学生的学习成果。在顶岗实习阶段，要注重引导学生将职业道德和法律的知识运用于实践、指导自己的行为。

（五）教学评价

1. 评价目的

通过教学评价，了解教学目标是否达到、教学方法是否有效。让学生了解自己的学习水平，反思学习方法是否科学有效，以便找到差距、明确方向；让学生看到自己的进步，由此产生成就感，激励自己更好地学习、更快地进步。使教师透过教学效果反思自己的教，以便改正不足、及时调整和改进教学。

2．评价方式

评价的主体包括教师、学生、家长和社会实践单位的相关人员。评价学生的学，包括教师对学生的评价考核、学生的自评互评、家庭和社会的评价。其中，教师对学生的评价考核，包括日常表现评价、学习成果鉴定、纸笔测验、学期评语等方式；学生的自评互评，包括学生的自我反思、收获和进步的总结、学生之间的相互评价等方式。评价教师的教，包括听取学生反映、教师自我反思、征求其他教师意见、教学督导评估等方式。

3．评价标准

学习评价分为认知评价、情感态度观念方面的评价、行为表现评价。

（1）认知评价分为"了解""理解"和"运用"三个层次。"了解"指知道有关的知识和原理，能够再认或再现；"理解"指对有关知识和原理能较全面、较深入地把握；"运用"指在理解的基础上，能恰当地举例说明所学的知识和原理，运用知识对具体问题做出分析和判断，运用所学知识分析和解决实际问题。

（2）情感态度观念方面的评价，以与具体情境相适应的情感、态度和观念为标准，评价学生不良情感、态度和观念的变化情况，引导学生积极进步。

（3）行为表现评价分为课内外学习表现和日常生活践行道德和法律的实际表现。以道德、学校纪律和法律为标准，实事求是地评价学生的学习表现和日常行为表现。发现学生的优点并激励其进步；指出存在的问题，使之明确努力方向。

教师"教"的评价，包括教师对课程定位的把握、教学原则的贯彻、教学内容的理解、教学资源的开发、教学方法的选择和运用、教学过程的驾驭，以及学生的积极性是否调动起来、教学效果是否良好等。

（六）资源利用

1．教学用具

教师应充分利用教材和教学参考书所提供的资源开展教学活动，并恰当使用挂图、投影、录音、录像、多媒体教学软件及校园网等辅助教学，尤其重视运用现代信息技术手段辅助教学。

2. 教学资源的开发

教学资源包括教学参考书、教学挂图（投影片）、音像资料、多媒体教学资料、案例选编等文本教学资源，包括道德楷模、法律专家和德育基地等社会德育资源。

各地职业教育研究部门、学校、教师和出版单位，要积极开发与本课程相关、为教师的"教"和学生的"学"服务的多种教学资源。文本教学资源的开发要重质量，做到科学准确、生动实用；社会德育资源的开发要从实际出发，精心选择，有效利用。

第三节　中等职业学校语文课程标准开发

一、课程性质与任务

语言文字是人类社会最重要的交际工具和信息载体，是人类文化的重要组成部分。

语文课程是学习正确理解和运用语言文字的综合性、实践性的课程。工具性与人文性的统一是语文课程的基本特点。语文课程旨在引导学生根据真实的语言运用情境，开展自主的语言实践活动，积累语言经验；把握语言文字的特点和运用规律，提高运用语言文字的能力；理解与热爱语言文字，发展思维能力，提升思维品质；培养健康的审美情趣，积累丰厚的文化底蕴，培育和践行社会主义核心价值观，增强文化自信。语文课程对于全面贯彻党的教育方针，落实立德树人的根本任务，发展素质教育，推进教育公平，培养德智体美劳全面发展的社会主义建设者和接班人具有重要作用。

中等职业学校语文课程是各专业学生必修的公共基础课程，其任务是在义务教育的基础上，进一步培养学生掌握基础知识和基本技能，强化关键能力，使学生具有较强的语言文字运用能力、思维能力和审美能力；传承和弘扬中华优秀文化，汲取人类文明优秀成果，形成良好的思想道德品质、科学素养和人文素养，为学好专业知识与技能，提高就业创业能力和终身发展能力，成为全面发展的高素质劳动者和技术技能型人才奠定基础。

二、学科核心素养与课程目标

（一）学科核心素养

学科核心素养是学科育人价值的集中体现，是学生通过学科学习与运用而逐步形成的正确价值观念、必备品格和关键能力。语文学科核心素养主要包括语言理解与运用、思维发展与提升、审美发现与鉴赏、文化传承与参与四个方面,是学生在语文学习中获得与形成的语言知识与语言能力,思维能力与思维品质,情感、态度与价值观的综合体现。

1. 语言理解与运用

语言理解与运用是指学生在语文学习中,通过丰富的言语实践,逐步掌握语言文字的特点及其运用规律,形成个体的语言经验,在具体的生活、学习、工作等语言运用情境中,正确理解与运用语言文字,进行有效的交流与沟通。

2. 思维发展与提升

思维发展与提升是指学生在语文学习中,通过语言运用,发展直觉思维、形象思维、逻辑思维、辩证思维和创造思维,运用多种思维方式丰富自己对作品的感受和理解,比较、分析、归纳和概括基本的语言现象,准确传递信息、论述观点、表明态度,提升思维的深刻性、敏捷性、灵活性、批判性和创造性等品质。

3. 审美发现与鉴赏

审美发现与鉴赏是指学生在语文学习中,通过阅读优秀作品,品味语言艺术,发现美、体验美、欣赏美,崇尚真善美,摒弃假恶丑,抵制庸俗、低俗、媚俗的语言文化,提高语言文化鉴别能力,形成正确的审美意识、健康向上的审美情趣与鉴赏品位,提升审美境界,在生活、工作情境中运用口语和书面语表现美、创造美。

4. 文化传承与参与

文化传承与参与是指学生在语文学习中,立足中华优秀传统文化,初步具有对中华文化的理解和吸收、传承和发展的能力,继承和弘扬中华优秀传统文化、革命文化、社会主义先进文化,吸收人类文化知识积累和创新成果,并在学习和工作中拓宽文化视野,培育劳动精神,弘扬劳模精神、工匠精神,增强文化自觉和文化自信。

语文学科核心素养的四个方面是一个整体,语言理解与运用是语文学科核心素养的基础，思维、审美、文化方面的发展都建立在语言理解与运用的基础之上，并在学生个体言语经验发展过程中得以实现。

（二）课程目标

学生通过阅读与欣赏、表达与交流、语文综合实践等活动，在语言理解与运用、思维发展与提升、审美发现与鉴赏、文化传承与参与几个方面都获得持续发展，自觉弘扬社会主义核心价值观，坚定文化自信，树立正确的人生理想，涵养职业精神，为适应个人终身发展和社会发展需要提供支撑。

1. 语言认知与积累

加强语言的感知、领会和情感体验，注重语言习得和感悟，掌握必要的语文基础知识和基本技能；积累较为丰富的语言材料和语言活动经验，形成良好的语感；掌握语文学习的基本方法，在积极的语言实践活动中，逐步认识和掌握语言文字运用的基本规律，并运用到专业学习和社会生活中。

2. 语言表达与交流

凭借语感和对语言运用规律的把握，在真实的生活和职业情境中，根据不同的交际对象和具体的语言运用情境，正确运用口语和书面语进行有效的表达与交流；具备适应学习与生活需要的语言文字运用能力，养成自主学习和规范运用语言文字的良好习惯，进一步提高口语交际和文字写作素养。

3. 发展思维能力

运用联想和想象，获得对语言和文学形象的直觉体验，丰富自己的感受与理解，发展形象思维能力；比较、辨识、分析、归纳和概括基本的语言现象，具备独立思考、逻辑推理、信息加工的能力；运用基本的语言规律和逻辑规则，结合生活和职业情境，判别语言运用的正误与优劣，力求准确、生动、有逻辑地表达自己的认识，提高语言表达能力。

4. 提升思维品质

自觉分析和反思自己的语言实践活动经验，提高语言运用能力；在语文学习过程中，学习运用多种思维方式，如直觉思维与分析思维、形象思维与抽象思维、形式逻辑思维与辩证思维,以及批判性思维、创造性思维等,探究语言现象与文学形象,增强思维的深刻性、敏捷性、灵活性、批判性和创造性。

5. 审美发现与体验

通过语文课程的学习,感受语言文字独特的美,增强对语言文字的审美意识,加深热爱语言文字的感情。阅读中外文学作品,注重阅读中的情感体验,品味语言艺术,获得审美发现,感受和体验作品的语言美、形象美和情感美,丰富审美体验,提升发现美、体验美的能力。

6. 审美鉴赏与评价

阅读优秀文学作品,以及弘扬劳动精神和劳模精神、工匠精神的作品,在审美体验的基础上开展审美鉴赏活动。运用联想和想象,欣赏和评价不同时代、不同风格的作品,初步具有正确的审美观念、健康的审美情趣和鉴赏美、评价美的能力,崇尚真善美,摒弃假恶丑,自觉抵制庸俗、低俗、媚俗的语言文化,并能运用口语和书面语表达自己的审美体验,提高语言文字的表达效果和美感程度。

7. 传承中华优秀文化

在学习和运用语言文字的过程中,体会中华文化的源远流长、博大精深和深远影响,体会中华优秀传统文化蕴含的思想理念、传统美德、人文精神,增强热爱中华文化的思想感情,继承、弘扬中华优秀传统文化和革命文化,培育文化自信,不断完善道德品质和人格修养。

8. 关注、参与当代文化

弘扬社会主义先进文化,关注并积极参与当代文化传播与交流,感受现代产业文化,在运用语言文字的过程中,增强为中华民族伟大复兴而奋斗的自豪感和使命感。拓展文化视野,理解文化的多样性,懂得尊重和包容,学习和借鉴不同民族、不同区域、不同国家的优秀文化,抵御外来不良文化,提高吸收人类文明优秀成果的能力。

三、课程结构

遵循语言文字的学习规律和技术技能人才的成长规律,依据学生身的心发展特点，以语文学科核心素养为统领，整体建构、系统设计中等职业学校语文课程。

（一）课程模块

中等职业学校语文课程由基础模块、职业模块和拓展模块构成。

（1）基础模块是各专业学生必修的基础性内容，由八个专题构成。

（2）职业模块是为提高学生职业素养安排的限定选修内容，由四个专题构成。选修专题不少于三个，其中，专题一、专题二必选，专题三、专题四任选一个。

（3）拓展模块是满足学生继续学习与个性发展需要的自主选修内容，由三个专题构成。

（二）学时安排（见表 3-3-1）

表 3-3-1　学时安排

模块		内容	学时
基础模块	专题一	语感与语言习得（9学时）	144
	专题二	中外文学作品选读（18学时）	
	专题三	实用性阅读与交流（18学时）	
	专题四	古代诗文选读（36学时）	
	专题五	中国革命传统作品选读（18学时）	
	专题六	社会主义先进文化作品选读（18学时）	
	专题七	整本书阅读与研讨（18学时）	
	专题八	跨媒介阅读与交流（9学时）	
职业模块	专题一	劳模精神工匠精神作品研读（27学时）	54
	专题二	职场应用写作与交流（18学时）	
	专题三	微写作（9学时）	
	专题四	科普作品选读（9学时）	
拓展模块	专题一	思辨性阅读与表达	不做统一规定
	专题二	古代科技著述选读	
	专题二	古代科技著述选读	
合计			198

四、课程内容

（一）基础模块

基础模块内容由八个专题构成。

专题一：语感与语言习得

本专题旨在引导学生积累较为丰富的语言材料和语言活动经验，培养良好的语感，能根据具体的语言环境，理解语言的表现力，提升感悟语言文字的能力，并能运用口头和书面语言，简明连贯、文明得体地进行表达交流。

【内容要求】

（1）在语文学习活动中，巩固和提高运用汉语拼音、汉字、词语、句子、语法、修辞等基础知识的能力。

（2）根据学习目的和生活的实际需要，精选文本，通过诵读或朗读，精心揣摩，认真品味，感受语言文字的独特魅力，丰富语言积累，形成良好的语感，提高熟练运用语言文字的能力。

（3）通过听说结合、读写结合、勤记多背等途径，学习快速、敏锐地捕捉语言文字表达主要信息的方法，理解语义，品味情趣，领会意蕴，提高语言的敏感性。

（4）在语言学习的过程中，凭借语感和对语言知识的把握，根据具体的语境和不同的对象，运用口头和书面语言，文从字顺、清晰明了地表达自己的真情实感。

【教学提示】

（1）引导学生拓展视野，扩大阅读范围，广泛接触并积累语言材料，梳理语言现象，探索语言运用的规律，增强运用语言文字的敏感性。

（2）精选诵读材料，指导诵读方法，引导学生在诵读中体会作者的思想感情、行文思路，以及文本的语言特点、意境、风格等。

（3）引导学生运用体验、比较、质疑、探究等方法，仔细品味语言，揣摩语境，比较推敲，领悟语言的旨趣。

（4）引导学生联系生活经验，创设语境，开展积极的言语实践，在对话交流中提高语言感悟能力和运用能力。

（5）本专题应贯穿整个语文学习过程，与其他专题中的阅读与欣赏、表达与交流、语文综合实践等学习活动有机结合在一起。

专题二：中外文学作品选读

本专题旨在引导学生阅读诗歌、散文、小说、剧本等不同体裁的中外优秀文学作品，在感受形象、品味语言、体验情感的过程中，提高语言文化鉴别能力、文学欣赏能力和审美品位，提升人文素养。

【内容要求】

（1）精读中外优秀文学作品，感受作品中的艺术形象，把握作品内涵，理解作者创作意图，欣赏作品的语言表现力。结合自己的生活经验和阅读经历，发挥想象，加深对作品的理解，形成自己的感受。

（2）根据诗歌、散文、小说、剧本等不同的文学艺术表现形式，从语言、构思、形象、意蕴、情感等多个角度欣赏作品，崇尚真善美，摒弃假恶丑，抵制庸俗、低俗、媚俗的语言文化，获得审美体验。

（3）养成写读书提要和笔记的习惯，写出自己的阅读感受和见解，积累、丰富文学作品欣赏经验，并学会与他人分享。

【教学提示】

（1）设置阅读情境，激发学生阅读兴趣，运用专题阅读、比较阅读等方式，引导学生开展自主阅读、经验分享和成果交流等活动。

（2）文学作品的阅读，应侧重于审美发现与鉴赏，要引导学生在阅读作品时充分调动联想、想象、思维、情感等心理因素和审美经验，逐步提高对审美对象的感知能力、理解能力和鉴别能力。

（3）教师应向学生提供有效的学习支持，如推荐文学鉴赏材料，指明鉴赏方向，指导学生聚焦审美对象，抒写审美感受；鼓励和指导学生开展诗歌朗诵会、读书报告会、课本剧表演等活动，丰富审美体验。

专题三：实用性阅读与交流

本专题旨在引导学生学习当代社会生活中的实用性语文内容，包括实用类文本的阅读与理解，日常社会生活需要的口头与书面的表达交流。通过本专题学习，丰富学生的语言实践，提高实用性阅读与交流的水平，满足学生职业发展需要，增强学生适应与服务社会的能力。

【内容要求】

（1）阅读当代社会常用和职业生活需要的实用类文本，善于学习并运用新的表达方式。

（2）阅读知识性读物类文本，如说明文、科普作品等，学习运用简明准确的语言，介绍比较复杂的事物，说明比较复杂的事理。

（3）阅读常用的论述类文本，把握作者的观点、态度，理解作者阐述观点的方法和逻辑。学习表达和阐发自己的观点，力求立论正确，论据恰当，具有逻辑性。

（4）具体学习内容，可选职业生活类、新闻传媒类、知识性读物类，以及论述类文本等，体现劳动精神的文本要占一定的比例。

【教学提示】

（1）以社会生活情境中的学生探究性学习活动为主，合理安排阅读、调查、写作、口语交际等教学活动。

（2）引导学生在真实或模拟的应用情境中学习职业生活常用的文本。

（3）在教学过程中分析新闻传媒类文本。如要求学生自主选择一份报纸或一个网站一周的内容，分析其栏目设置、文体构成，以及内容的价值取向，撰写分析结果；推荐一个最精彩的栏目或1~3篇不同体裁的精彩文章，并说明理由。

（4）知识性读物类文本，要求学生自主选择一篇介绍本专业最新科研成果的科普作品，也可选择自己喜爱的社会科学通俗作品阅读研习，并交流阅读感受。

（5）论述类文本，教学过程中要注重对学生思维过程和思维方法的引导，注重辨析观点与材料之间的联系，注重培养学生思维的逻辑性。

专题四：古代诗文选读

本专题旨在引导学生阅读中华优秀传统文化中的经典古代诗文，体会中华文化的源远流长、博大精深，增进对中华文化思想理念、传统美德、人文精神的认识和理解，提升对中华优秀传统文化的认同感、自豪感，增强文化自信，更好地传承和弘扬中华优秀传统文化。

【内容要求】

（1）学习中国古代经典诗文，阅读并了解作品内容，体会其精神内涵、审美追求和文化价值。

（2）梳理所学作品中常见的文言实词、虚词、特殊句式和文化常识，区别古今语言的异同。

（3）学习中国古代诗文的表达方式，提高语言文字运用能力。

【教学提示】

（1）重点引导学生在诵读中培养语感，理解内容，品味语言。

（2）引导学生借助注释、工具书、网络平台阅读文本，并联系学习过的古代诗文，梳理常用文言实词、虚词、特殊句式，提高阅读古代诗文的能力。

（3）引导学生围绕中华优秀传统文化的主要内容，开展专题学习，梳理文化常识，增加文化积累，体会中华传统文化的博大精深。

（4）引导学生在阅读作品的过程中，学习运用点评方法，记录自己的感受和见解，并就作品涉及的文化现象与同学展开交流和讨论，联系生活经验，表达自己的看法。

古代诗文学习推荐篇目详见表 3-3-2、表 3-3-3。

表 3-3-2　古代诗词 30 首

序　号	诗　词	出处/作者
1	邶风·静女	《诗经》
2	国殇	屈原
3	孔雀东南飞	汉乐府
4	短歌行	曹操
5	归园田居（其一）	陶渊明
6	春江花月夜	张若虚
7	从军行七首（其四）	王昌龄
8	山居秋暝	王维
9	蜀道难	李白
10	将进酒	李白

续表

序 号	诗 词	出处/作者
11	燕歌行	高适
12	登高	杜甫
13	兵车行	杜甫
14	蜀道难	李白
15	李凭箜篌引	李贺
16	过华清宫(其一)	杜牧
17	锦瑟	李商隐
18	虞美人·春花秋月何时了	李煜
19	破阵子·燕子来时新社	晏殊
20	苏幕遮·碧云天	范仲淹
21	雨霖铃·寒蝉凄切	柳永
22	桂枝香·金陵怀古	王安石
23	念奴娇·赤壁怀古	苏轼
24	苏幕遮·燎沉香	周邦彦
25	声声慢·寻寻觅觅	李清照
26	书愤·早岁那知世事艰	陆游
27	永遇乐·京口北固亭怀古	辛弃疾
28	扬州慢·淮左名都	姜夔
29	窦娥冤	关汉卿
30	长亭送别	王实甫

表 3-3-3 文言文 20 篇

序 号	篇 名	出处/作者
1	子路、曾皙、冉有、公西华侍坐	《论语》
2	公输	墨子
3	寡人之于国也	《孟子》
4	庖丁解牛	《庄子》

续表

序号	篇名	出处/作者
5	劝学	《荀子》
6	烛之武退秦师	《左传》
7	触龙说赵太后	《战国策》
8	鸿门宴	《史记》
9	廉颇蔺相如列传	《史记》
10	过秦论（上篇）	贾谊
11	苏武传	班固
12	兰亭集序	王羲之
13	张衡传	范晔
14	陈情表	李密
15	师说	韩愈
16	游褒禅山记	王安石
17	六国论	苏洵
18	赤壁赋	苏轼
19	项脊轩志	归有光
20	登泰山记	姚鼐

专题五：中国革命传统作品选读

本专题旨在引导学生阅读中国革命传统作品，深入学习革命志士以及广大群众为民族解放事业英勇奋斗、百折不挠的爱国精神和崇高品质；深入了解中国革命过程中涌现出的英雄人物和事迹，感受其大无畏的革命气概，体会中国共产党人的初心和使命；进一步提高语言运用能力、思维能力和审美鉴赏能力；坚定理想信念，陶冶情操，形成正确的世界观、人生观和价值观。

【内容要求】

（1）诵读革命先辈的名篇佳作，体会崇高的革命情怀。

（2）阅读反映革命传统的优秀文学作品，理解作品中革命志士和英雄人物的艺术形象，把握作品丰富的内涵，感受作品的精神力量和语言魅力。

（3）阅读有关革命传统的新闻、报告、演讲、访谈等实用类文本，联系思想实际和见闻，深入理解内容，学习写作手法。

【教学提示】

（1）引导学生从思想的深刻性、内容的时代性、语言的规范性等角度，理解与欣赏革命传统作品。

（2）根据学生的思想实际，有针对性地进行指导、答疑活动，引导学生在研讨中领会写作意图，理解作品思想内涵。

（3）教师要充分利用地方文化资源，开展多种语文学习活动。可通过组织学生参观爱国主义教育基地，访问革命先辈、英雄人物等活动，加深对活动背景和英雄人物思想境界的理解，深化学生对党领导人民进行革命的伟大历程的认识，提高学生口头交流、现场记录、文稿整理等能力和水平。

专题六：社会主义先进文化作品选读

本专题旨在引导学生阅读反映社会主义先进文化的作品，关注和参与当代文化生活，增强弘扬社会主义核心价值观的自觉性和为中华民族伟大复兴而奋斗的使命感，坚定文化自信；把握作品的思想性和艺术性，进一步提高阅读与欣赏、表达与交流，以及语文综合运用能力。

【内容要求】

（1）阅读反映社会主义先进文化的文学作品，把握其精神高度、文化内涵、艺术价值，提高阅读品位。

（2）阅读反映改革开放以来新成就、新成果的文章，理解文章内容，领会表达技巧，培养科学态度、创新精神和实践能力。

（3）关注和参与当代文化生活，积极参与社会主义先进文化的传播和交流活动。

【教学提示】

（1）从文体、题材等不同角度，确定社会主义先进文化作品的学习容。

（2）阅读体现社会主义先进文化的文学作品，注重引导学生领会作品表现的以爱国主义为核心的民族精神、以改革创新为核心的时代精神等，丰富学生的审美体验。

（3）阅读社会生活和科技领域的实用类文本，引导学生理解文本中的基本概念和观点，理清文本结构，了解改革开放以来的新成就、新成果，增强道路自信、理论自信、制度自信和文化自信。

（4）开展丰富多彩的语文学习活动，可通过图书馆、互联网检索，以及社会调查、读书交流、参与文化公益活动等方式，引导学生在参与当代文化生活的过程中，加深对社会主义先进文化的理解和认同，提升语文学科核心素养。

专题七：整本书阅读与研讨

本专题旨在引导学生通过阅读整本书，拓展阅读视野，积累语言材料，获得阅读整本书的经验，形成适合自己的读书方法，提升阅读欣赏能力，养成良好的阅读习惯，促进学生对中华优秀传统文化、革命文化、社会主义先进文化的深入学习和思考，形成正确的世界观、人生观和价值观。

【内容要求】

（1）在阅读过程中，探索阅读整本书的路径，形成和积累阅读整本书的经验。重视学习前人的阅读经验，根据不同的阅读目的，综合运用精读、略读与浏览等阅读方法，读懂文本，把握文本丰富的内涵和精髓。

（2）能利用书中的目录、序跋、注释等，检索作者信息、作品背景、相关评价等资料，深入研读作家作品。

【教学提示】

（1）引导学生阅读语言优美、内涵丰富，具有较高的思想、文化价值的作品。可根据教材中的节选课文推选长篇作品，也可由师生共同商定阅读作品。

（2）注重激发学生的阅读兴趣，引导学生认真通读全书，整体把握作品内容和艺术构思，理解作品的思想内涵和艺术特色。

（3）阅读整本书，应以学生自主阅读为主，课内注重阅读策略与方法指导，课外注重学生的阅读实践。

（4）指导学生撰写读书笔记，开展研讨、交流活动，引导学生分享阅读收获，展示阅读成果。解答学生的疑惑，善于发现、保护和支持学生阅读中的个性化见解，不以自己的讲解代替或限制学生的阅读与思考。

专题八：跨媒介阅读与交流

本专题旨在引导学生学习跨媒介信息的获取、呈现与表达，观察不同媒介语言文字运用的现象，了解其特点和规律，理解、辨析媒介传播内容，培养跨媒介分享与交流的能力，提高信息素养。

【内容要求】

（1）了解常见媒介的特点，培养利用不同媒介获取信息、处理信息、应用信息的能力，并进行有效的表达和交流。

（2）了解信息来源的多样性，坚持正确的价值导向，学会辨识信息的真实性，逐步提高运用信息解决实际问题的能力。

（3）建设跨媒介学习共同体，丰富语文学习的手段，培养合作、交流和反思能力。

【教学提示】

（1）引导学生阅读跨媒介文本，了解跨媒介的特点，以及媒介对人们学习、工作、生活等方面的影响。

（2）创设应用场景，引导学生根据不同目的，合理选择、恰当运用不同类型的媒介进行阅读和交流。

（3）引导学生理解媒介运用对语言的影响，提高学生综合运用多种媒介有效获取信息、表达与交流的能力。

（二）职业模块

职业模块内容由四个专题构成。

专题一：劳模精神工匠精神作品研读

本专题旨在引导学生阅读有关劳动模范和大国工匠等典型人物的作品，领悟劳动模范和大国工匠的精神特质和人格魅力，认识人文素养教育对培养职业精神的意义，加深对人生价值与意义的理解，增强职业意识，培育劳动精神，弘扬劳模精神、工匠精神，体悟劳动最光荣、劳动最崇高、劳动最伟大、劳动最美丽的道理。

【内容要求】

（1）阅读有关劳动模范、大国工匠等典型人物的作品，如传记、回忆录、新闻等，了解文体的基本特点，掌握阅读方法。

（2）在文本阅读中，领悟人物的思想品质和精神风貌，理解劳动光荣、技能宝贵、创造伟大的时代风尚，培育劳动精神，弘扬劳模精神、工匠精神。

（3）学习写作新闻、访谈录、解说词等常用文体。

（4）在学习过程中增强敬业、诚信、奉献等职业道德意识。

【教学提示】

（1）引导学生在自主阅读和小组合作学习中，收集、筛选、整合有关信息，体会文本在内容、结构、表达方式、语言运用等方面的特点。

（2）注意运用不同媒介，如图片、视频等，创设学习情境，感受人物形象，领悟其精神品质，获得人生教益。

（3）通过多种方式加深学生的情感体验，引导学生关注社会，感受时代风貌，培育劳动精神，弘扬劳模精神、工匠精神。

专题二：职场应用写作与交流

本专题旨在培养学生职场应用写作，以及市场调查和策划、洽谈和协商、求职和应聘等能力，提高学生职业道德意识，培养严谨务实的工作作风，为实现高质量就业和职业生涯发展奠定基础。

【内容要求】

（1）根据职场工作需要正确拟写相关应用文，如实习报告、实训报告、工作日志、会议记录、产品说明书、广告、协议合同，以及通知、通告、报告、请示、欢迎词等。

（2）结合专业确定调研主题，编制调查问卷，对相关行业进行市场调研，撰写调查报告和调研活动策划书。

（3）根据特定场合、目的和对象，进行有效的洽谈和协商。

（4）根据求职和应聘的一般过程与要求，写作适应需求、重点突出、语言简明、格式规范和体现个性的求职和应聘材料，在模拟求职和应聘中做到表达清晰、应对得体，提高在真实或模拟仿真情境中的语言运用能力。

【教学提示】

（1）指导学生研习典型案例，总结有关知识，在真实或模拟仿真情境中开展语言实践。可采用语文综合实践的形式，将若干教学内容有机整合，设计学习任务，提出评价标准，指导学生开展小组合作学习，激发学生学习兴趣，提高学习的有效性。

（2）应用文写作的教学，可设计职场情境中的典型任务，指导学生进行写作实践，形成写作能力。

（3）市场调查和策划的教学，要指导学生根据行业现状及发展趋势，确定调查专题，制订调查计划，编制调查问卷，收集和分析调查数据，撰写调查报告；针对专业学习、市场调查等进行活动策划，撰写活动策划书；围绕市场调查结果，进行市场分析和市场预测，撰写营销策划书或创业策划书。

（4）洽谈和协商的教学，要引导学生讲诚信，尚友善，在洽谈中客观陈述和交流；在协商中，摆明事实，交换意见，寻找解决问题和争议的方法，提高洽谈和协商的有效性。

（5）求职和应聘的教学，要指导学生分析招聘岗位特点和要求，根据所应聘岗位的特点提供真实的材料，合理排序，突出与招聘条件对应的优势，制作简历，提供完整的求职应聘材料；营造求职和应聘的现场氛围，设计模拟求职和应聘活动项目，安排活动流程，指导学生分角色开展活动，在实践中提高求职和应聘能力。

（6）教学中要引导学生体验职业规范的严肃性、职业操守的重要性，增强职业意识，领悟沟通交流的必要性，学习沟通交流的技能与技巧。

专题三：微写作

本专题旨在引导学生了解微写作的特点，激发写作兴趣，培养敏捷的思维能力和快速组织语言的能力，提高人际沟通和交往的效率。

【内容要求】

（1）学习用 200 字左右篇幅表达具体情境中的信息传递、事务处理、情感交流等内容，提高解决实际生活问题的能力。

（2）理解和把握微写作用精练的语言描述事物、表达观点、抒发情感的特点与方法。

（3）在微写作中注重创意，力求条理清楚、感情真实、语言凝练。

【教学提示】

（1）根据实际生活和表达交流的需要，明确写作任务，引导学生学习微写作。

（2）创设写作情境，引导学生根据不同的写作目的与对象，从立意、结构、表达等方面快速构思与写作。

（3）鼓励学生多样化地表达，个性化地写作。

专题四：科普作品选读

本专题旨在引导学生阅读科普作品，品析科普作品通俗易懂、深入浅出地阐释科学知识的特点；扩大学生的知识视野，感受科学文化的魅力，认识科学精神的内涵；理解科学与人文的关系，培养求真务实的科学态度。

【内容要求】

（1）阅读反映现当代科技发展及其重大成果的科普作品，了解科普作品的基本特点，掌握阅读科普作品的方法。

（2）体会科普作品蕴含的科学精神，理解科学与人文的关系，培养严谨求实的职业素养。

【教学提示】

（1）选择合适的科普作品，引导学生在基本理解文本内容的基础上，重点学习科普作品的表述方式，提高阅读科普作品的能力。

（2）引导学生借助工具书、文献资料以及数字化资源等，结合其他学科知识，了解文本中的基本概念和观点，理清文本结构脉络、行文逻辑。指导学生撰写读书笔记。

（三）拓展模块

拓展模块内容由三个专题构成。

专题一：思辨性阅读与表达

本专题旨在引导学生对文本及语言现象进行比较、分析、归纳、综合，能得出客观、理性的结论,发展逻辑思维能力,提高思维的深刻性、批判性。

【内容要求】

(1)阅读论述类文本,把握作者的观点,理解作者阐述观点的逻辑及方法。

(2)阅读对社会热点发表评论的文本,能分析、质疑,得出合理的结论。

(3)阅读文本,能多角度思考问题,阐发自己的观点,发表评论具有逻辑性。

【教学提示】

(1)阅读论述类文本,要引导学生把握作者的观点、态度和语言特点,理解作者阐述观点的方法和逻辑。引导学生阅读重要的时事评论,把握作者评说的立场、观点和方法。在阅读时,启发学生合理质疑,培养思辨能力。

(2)引导学生多角度思考问题,阐发自己的观点,力求立论正确、语言简明、论据恰当、逻辑清晰。

(3)组织学生围绕感兴趣的话题开展讨论或辩论,引导学生有针对性地进行质疑与反驳,做到有理有据,以理服人。

(4)要求学生阅读指定的简短文本,练习写作思辨性文字。

专题二:古代科技著述选读

本专题旨在引导学生阅读我国古代经典的科技著述,了解古代传统工艺的精湛,感受古代劳动人民的实践智慧,学习古代工匠的创新精神,对我国古代科技文化有敬畏之心和自豪之感,并进一步积累文言基础知识和古代文化常识。

【内容要求】

(1)阅读古代科技著述的精彩片段,拓宽文化视野,提高阅读古代科技作品的能力。

(2)结合专业特点,选读古代科技著述,如《齐民要术》《水经注》《梦溪笔谈》《本草纲目》《天工开物》的有关内容,了解先民的发现创新、发明创造,对古代工匠产生礼敬之心。

【教学提示】

（1）根据学生实际和专业特点，引导学生阅读古代科技著述的经典片段，撰写读书笔记，提高对古代科技发明的认识水平。

（2）根据学生专业特点，指导学生阅读关于古代传统工艺的作品，撰写读书笔记，帮助学生认识先民的创造智慧和钻研精神，得到古代科技文化的浸润。

专题三：中外文学作品研读

本专题旨在引导学生以正确价值观阅读与鉴赏中外优秀文学作品，扩宽阅读视野，增强阅读兴趣，提高文学涵养，感受人类丰富的精神世界，养成开放包容的文化心态，进一步提高阅读鉴赏能力。

【内容要求】

（1）精读中外代表性作家的经典作品，把握其精神高度、文化内涵、艺术价值。选读十位左右中外作家的诗歌、散文、小说、剧本等作品，了解中国古代与现当代文学的代表性作品，了解外国著名作家及其经典作品。

（2）关注当代文学的发展动态，选读新近发表的具有广泛社会影响的优秀作品及其相关评论。

（3）培养撰写内容提要、形象赏析等能力，养成做读书笔记的良好习惯。挑选自己喜欢的作品精心阅读，仔细赏析，发表见解。

（4）可根据自己的兴趣，挑选自己喜欢的文学体裁，尝试创作短篇作品。

【教学提示】

（1）引导学生运用精读、略读、泛读等多种方法，开展自主阅读、个性化阅读，丰富阅读体验；加强诵读，力求背诵短小精悍的经典名篇。

（2）组织开展文学研讨活动，交流阅读与写作的心得体会。可通过举行读书报告会、文学习作展示会、表演课本剧、向各种传媒投稿或自媒体发表等方式，开展形式多样、生动活泼的学习成果汇报交流活动。

（3）组织开展以"中外作家作品鉴赏"为专题的课外阅读活动，力求做到有布置、有检查、有交流、有评价。

五、学业质量

(一)学业质量内涵

学业质量是学生完成本课程学习后的学业成就表现。学业质量标准是以本学科核心素养及其表现水平为主要维度,结合课程内容,对学生学业成就表现的总体描述。依据不同水平学业成就表现的关键特征,学业质量标准明确将学业质量划分为不同水平,并描述了不同水平学习结果的具体表现。

(二)学业质量水平

中等职业学校语文课程学业质量的两个水平描述详见表 3-3-4。

表 3-3-4　中等职业学校语文课程学业质量的两个水平描述

水平	质量描述
1	1-1 有主动阅读的兴趣和习惯,多读书、好读书、读好书、读整本书,扩展积累。能准确辨识各种场合和文本中的汉语拼音及意义,熟练运用汉语拼音;能用普通话正确、流利、有感情地诵读课文;能使用常用汉语工具书,利用图书馆、网络等进行语文学习;能根据具体的语言环境理解语言;能梳理和运用学过的各类语言材料,培养自己的语感;能整体感知和领会文本,理解文本的思想内容、常见写作手法及语言表现力。阅读总量不低于 100 万字;能根据学习、生活和职业工作需要进行表达与交流。与人交流时,能耐心倾听,听完整,听明白,领会说话者表达的主要意思;说话时,做到简明、连贯,正确传递要表达的意思;能进行介绍、交谈、即席发言,写作条据、书信、总结等应用文,语言表达清晰通顺;能在真实的语言运用情境中,开展积极的言语实践活动,有反思和总结自己语文学习经验的意识,改善语文学习方法。 1-2 能对文本信息进行梳理和分类、筛选和提取、分析和整合,理清文本思路,理解文本的内容和主旨,正确把握文本内涵和作者表达的思想感情;能在具体语境中理解重要词语和句子的含义;能区分事实和观点,理清主旨与材料之间的关系;在表达时,能做到中心明确、内容完整、结构清楚;在言语实践中,能运用多种思维方式和选取恰当的思维方法,通过探究语言现象,理清事物之间的内在关系,获得思维能力的发展。 1-3 有欣赏文学作品的兴趣和健康的审美意识。阅读与欣赏文学作品,能坚持正确的价值判断和审美取向,崇尚真善美,摒弃假恶丑,抵制庸俗、低俗、媚俗的语言文化;整体感受作品中的形象,理解作品的内涵;能展开合理的联

续表

水平	质量描述
1	想和想象，在把握作品的思想内涵和情感倾向的同时，品味作品的语言，领会作品的表现手法，感受汉字汉语的独特魅力；对于作品的思想内容和表现形式能有自己的心得，并在与老师、同学的交流中清楚地表达自己的看法；阅读实用类文本，能根据文体特征，理解其基本内容，领会作品简明、准确的语言特点；在言语实践中，发现自然的美、生活的美、心灵的美，能用口头语言和书面语言表达自己对美的感受。 1-4 在语文学习过程中，有理解文化的意愿和学习汉字汉语与中华优秀传统文化的兴趣。能对语文课程涉及的文化常识、文化现象进行梳理，背诵、默写课本中的名句、名段、名篇，感受和理解文本中蕴含的不同时代和地域的文化，增加文化积累；能主动积累优秀古代诗文，梳理文本中蕴含的中华优秀传统文化，并写出自己的阅读感受和体验，增强文化自信；能理解和传承中华优秀传统文化，继承革命文化，弘扬社会主义先进文化，识别并抵制文化虚无主义错误观点，自觉抵御外来不良文化；通过文本学习和社会实践，了解我国从古代农耕文化到现代产业文化的变迁，培育劳动精神，弘扬劳模精神、工匠精神。
2	2-1 阅读兴趣广泛，进一步积累语言。能用普通话正确、流利、有感情地诵读优秀诗文，诵读时能表达作品的思想情感；能利用多种媒介进行学习，快速阅读和浏览多种材料；能凭借语言知识和语感，阅读具有一定难度的文本；能用精读方法阅读文本，筛选出其中的重要信息，理清思路，把握结构，概括主旨，体会语言特点。阅读总量不低于120万字；能快速理解说话者话语中的关键信息；能根据场合及交流目的，借助恰当的语气、态势语言增强表达效果；能根据职业岗位需要，有效地进行答询、洽谈、协商、讲解、采访、辩论，写广告、说明书、纪要等应用文，尝试写作诗歌、散文、小说等文学类作品，语言表达简明、连贯、得体；能运用相关语言知识和修改文章的基本方法，修改和完善文章；在言语实践中，能有意识地规划自己的语文学习，提高学习质量和效率。 2-2 能准确概括文本的观点，分析并解释主旨和材料之间的关系，评价文本的基本倾向。能进行比较阅读，辨识、筛选多个文本的信息，发现其内容、观点、情感、材料组织与使用等方面的异同，并根据文本信息进行合理推断；能根据语境分辨语言材料的细微差别，理解重要语句中隐含的信息；在阅读中有自己的思考，具有问题意识和质疑能力；综合运用文本中的相关信息解决具体问题，并能结合生活经验，正确表达观点、抒发情感；在表达时，力求概念准确，判断合理，推理具有逻辑性，做到中心突出，内容具体，语言

续表

水平	质量描述
2	流畅；在言语实践中，能独立思考，并综合运用不同方法，进行信息加工。 　　2-3 追求高尚的审美情趣和审美品位，能掌握和运用整本书阅读的方法，阅读经典作品，整体把握内容脉络，欣赏艺术构思和作品特色，陶冶情操。能通过联想和想象丰富自己对文学作品的体验和感受，领悟作品的形象、情感、主题和思想内涵；能品味语言，赏析内容和形式的美，鉴别语言文化现象；能对具体作品发表评论，发表自己的观点。能从表现劳动模范和大国工匠精神的作品中，感受和体验爱岗敬业、精益求精、追求卓越的精神之美，并在言语实践中，结合专题学习内容感受劳动之美、职业生活之美；能运用口头语言和书面语言表现美和创造美。 　　2-4 具有主动积累和梳理富有文化意蕴的语言材料的习惯。能比较、分析作品中古今中外文化现象与文化观念；能综合运用所学知识，对阅读与表达中涉及的文化现象展开讨论，有根据、有逻辑地表达自己的观点；能在表达中运用富有文化意蕴的语言材料和语言形式，增强语言的表现力；能积极参与当代语言文化实践活动，吸收先进文化，发展自己的文化理解能力和参与能力；在言语实践中，结合专业特点了解和体验现代企业文化；能通过中华优秀传统文化、革命文化、社会主义先进文化的专题学习，增强文化自信，逐渐形成正确的世界观、人生观和价值观。

（三）学业质量水平与考试评价的关系

水平1是学生在完成本课程学习后应该达到的合格要求，是毕业合格性考试的命题依据；水平2是参加中职学校分类考试的学生应该达到的要求，是中职学校分类考试的命题依据。

六、课程实施

（一）教学要求

1. 坚持立德树人，发挥语文课程独特的育人功能

语言文字既是文化的载体，又是文化的重要组成部分。语文课程对加强中华优秀传统文化、革命文化、社会主义先进文化的教育，培养文化自信，具有不可替代的作用。教师要执着于教书育人，充分发挥语文课程独特的育

人功能,坚持语文课程内容与育人目标相融合的改革方向,落实立德树人根本任务。

在语文教学中,教师要关注课程内容的价值取向,践行社会主义核心价值观。要根据语文课程的特点,引导学生树立正确的历史观、民族观、国家观、文化观,培养学生热爱中国共产党、热爱祖国、热爱人民的深厚感情,以及热爱美好生活和奋发向上的人生态度。要培养学生理解和热爱祖国语言文字的思想感情,增强学生为中华民族伟大复兴而努力学习的社会责任感和历史使命感。

2. 整体把握语文学科核心素养,合理设计教学活动

语文学科核心素养是语文学科育人价值的集中体现,教师要认真研读课程标准,深刻领会并完整把握语文学科核心素养四个方面的内涵、表现及其相互关系。要树立以发展学生语文学科核心素养为导向的教学理念,将语文学科核心素养的培养贯穿教学活动的全过程。要整体把握基础模块、职业模块、拓展模块的教学内容与要求,加强模块之间的衔接和整合。要提高语文课程开发、设计等专业能力,实现与课程的同步发展。

教师要认识到语文学科核心素养是一个整体,相互联系、相辅相成,而语言理解与运用是语文学科核心素养的基础,思维发展与提升、审美发现与鉴赏、文化传承与参与三个方面素养的发展,都离不开语言理解与运用。要合理设计教学目标、教学过程、教学评价等,在培养学生语言能力的同时,发展学生思维能力,提高学生审美品位,丰厚学生文化底蕴。

3. 以学生发展为本,根据学生认知特点和能力水平组织教学

学生是语文学习的主体,语文教学要以学生为中心,基于学生,为了学生,促进学生全面发展。

教师要走出知识本位、技术主义的教学模式,根据学生认知特点和能力水平组织教学,重视启发式、讨论式教学,在强化关键能力培养的同时,加强必要的语文基础知识教学和语文基本技能训练。要确立学生的主体地位,激发学生的参与精神,引导学生开展积极的言语实践,创设适合学生的学习情境,使他们在整个语文学习活动中都能自主、积极、愉快地参与。要引导学生独立思考,自主学习,培养逻辑推理、信息加工能力,提高口语交际和文字写作的素养,养成终身学习的意识和能力。

4. 体现职业教育特点，加强实践与应用

中等职业学校语文课程三个模块的内容基本涵盖了学生学习、生活和日后工作需要的各种语言活动类型，教师在教学过程中，可采用语文综合实践的形式组织教学，有意识地加强课程内容与专业教育、职业生活的联系和配合，重在实践与应用。在提高学生语言文字运用能力的同时，自然融入职业道德、职业精神教育。如"劳模精神工匠精神作品研读"等课程内容的学习，要培育劳动精神，弘扬劳模精神、工匠精神，引导学生树立劳动光荣的职业理想，涵养创新务实的职业精神；"古代诗文选读"等专题要注意融入职业道德、职业修养教育，增强职教特色。

为提高学生职业素养，教师要打破课堂内外、学科内外、学校内外的界限，引导学生在实际生活中结合专业特点学语文，用语文，逐步掌握运用语言文字的规律。在深化产教融合、校企合作的背景下，教师要创设与行业企业相近的教学情境，探索中等职业学校语文教育与专业实践相融合的教学新模式。要推行任务驱动、问题导向等符合学生特点的语文教学方式，培养学生自主、合作、探究的能力，激发创新思维。

5. 提高信息素养，探索信息化背景下教与学方式的转变

教师要充分认识现代信息技术给教育领域带来的重大而深远的影响，树立正确的信息化教学理念，注重现代信息技术在语文教学中的应用，努力实现语文教学与信息技术的融合，提高语文教学的实效。

教师要借助信息技术改变教学内容的呈现方式，引导学生有效整合语文学习资源，更好地理解学习内容。要引导学生扩宽知识视野，开展基于网络的多种学习活动，进行阅读与欣赏、表达与交流、语文综合实践等活动。要运用网络和多媒体丰富教学方式，注重信息化资源的筛选与组织，创设更生动、逼真的学习情境，辅助学生学语文，用语文。根据互联网的交互性和资源共享的特点，教师要充分利用与开发各种教学资源来支持学生的学习，改善师生的互动方式，打破传统教学单纯以语言传递信息和以课堂为唯一教学组织形式的局限，帮助学生摆脱对教师、教材的过度依赖，提高自主学习的能力。教师还应适应以互联网、大数据、人工智能为代表的新一代信息技术的发展趋势，优化学生语文学习环境，不断思考和探寻现代信息技术下的语文教学新模式。

（二）学业水平评价

1. 学业评价

（1）评价目的。

学业评价具有诊断、反馈、激励、甄别、选拔等多种功能。评价不仅要关注学生的学习结果，更要关注其内在的学习品质。语文学业评价的目的在于改善教学过程，促进学生语文学科核心素养的全面提高。要着眼于语文学科核心素养的整体发展，围绕阅读与欣赏、表达与交流、语文综合实践等活动，在具体的学习情境和积极的言语实践中，全面考查学生语文学科核心素养的发展情况。

（2）评价原则。

导向性原则。坚持正确的政治方向和育人导向，引导学生树立正确的世界观、人生观和价值观。

整体性原则。对学生学习的各方面、各环节做出多角度、全方位的评价，全面准确地判断学生语文学科核心素养的发展水平。

发展性原则。立足学生成长和进步，动态地看待学生的学习过程和成长，充分调动学生的学习积极性，促进学生的全面发展。

（3）评价主体。

实施多元化评价，采用学生自我评价、同伴评价、教师评价、家长评价、企业评价等相结合的方式，建构学习与评价的共同体，全面评价学生学业成就。

（4）评价方式。

要立足学生发展，根据不同的评价目的和评价对象，选用恰当的评价方式。要整合诊断性评价、形成性评价、终结性评价等多种评价方式，可采用纸笔测试、现场观察、对话交流、小组分享、自我反思等多种评价方式，增强评价的科学性和有效性，全面评价学生语文学科核心素养的整体发展。要为学生建立语文学习档案，收集学生在语文学习过程中的各类材料，如测试试卷、读书笔记、调查报告、文学作品、个人反思日志和小组研讨成果等。有条件的地方，可以运用信息技术丰富学生表现性评价的内容，形成多样化的成长记录。要通过评价引导学生学会学习，自觉提升语文学科核心素养。

（5）评价结果。

对学生学业评价结果的衡量，应严格依据语文学业质量的两个水平进行认定，这是学校评定学生学业水平的基本依据，是中职学校分类考试招生的主要依据，也是用人单位招聘员工的重要参考。

2. 考试命题

（1）考试目的。

学业考试是衡量学生语文学科核心素养发展水平的重要方式，能综合考查学生运用所学知识，提出问题、分析问题和解决问题的能力。学业考试要发挥对中等职业学校语文教育教学改革的导向作用。

（2）考试命题原则。

思想性原则。坚持正确的政治导向，落实立德树人根本任务，引导学生培育和践行社会主义核心价值观。

情境性原则。命题要注重创设各类情境，贴近学生的生活实际。

综合性原则。命题要避免以单纯的知识点和能力点设计考题，倡导综合性的测试方式，设置有内在联系的、指向语文学科核心素养的问题或任务。

（3）考试命题思路。

语文学科核心素养在具体的阅读与欣赏、表达与交流、语文综合实践等活动中形成与发展，并通过真实、多样的语言运用情境反映出来。考试、测评题目要以具体的情境为载体，以典型任务为主要内容。

以具体的情境为载体。语文实践活动情境是语文学科核心素养形成、发展和表现的载体。语文实践活动情境包括四种类型：职业生活情境，指向学生在专业学习及职业生活中进行的语文实践活动；个人生活情境，指向学生独立开展的语文实践活动，如阅读作品体验丰富的情感；社会生活情境，指向学生校内外具体的社会生活，强调学生在具体生活场域中开展的语文实践活动；学科认知情境，指向学生探究语文学科本体相关的问题，并在此过程中发展语文学科认知能力。

设计典型任务。典型任务是指为评价学生语文学科核心素养水平而选取的具有代表性的语文实践活动。典型任务要多样、综合、开放。考试材料的选择和组织要角度多样、视野开阔，为学生的思考留有足够的空间。减少针对单一知识点或能力点的简单、碎片化的试题数量，要体现语文学科核心素养的综合性、整体性。可命制侧重阅读与欣赏、表达与交流、语文综合实践等活动某一方面的题目,也可命制综合性的题目,让学生反映其富有创造性的、生成性的学习成果。

命题指向。阅读与欣赏侧重考查整体感知、信息提取、分析推理、整合诠释、欣赏评价等内容;表达与交流侧重考查叙述表现、陈述阐释、介绍说明、解释分析、应对交流等内容;语文综合实践侧重考查在不同情境中综合运用语文知识和语文能力解决问题,以及评价反思、发现创新等内容。

(三) 教材编写要求

1. 教材编写要以马克思主义为指导,落实立德树人根本任务

以习近平新时代中国特色社会主义思想为指导,坚持正确的政治导向和价值取向,充分体现社会主义核心价值观,面向现代化、面向世界、面向未来;要贯彻国家课程改革的精神,落实《中等职业学校语文课程标准》的要求。

2. 教材编写要高度重视文化建设,增强文化软实力

要继承和弘扬中华优秀传统文化、革命文化,发展社会主义先进文化,坚守中华文化立场,自觉维护国家统一和民族团结,增强民族自尊心、爱国情感和文化自信,促进学生形成正确的世界观、人生观和价值观。同时,拓宽文化视野,引导学生尊重和理解文化的多样性。

3. 教材编写要遵循规律,注重学生发展

要贴近学生的思想、学习和生活实际,符合学生的认知特点,满足他们的成长需要;要体现语文学科核心素养发展的阶段性和连续性,注重语文学习的实践性,培养学生的社会责任感、实践能力和创新精神,促进每个学生主动地、生动活泼地发展,形成良好的个性和健全的人格。

4. 教材编写要以专题组织课程内容,突出言语实践活动

要围绕语文学科核心素养,以专题组织课程内容,改变知识本位、以语文知识点组织课程内容的编写思路。编写的专题要容量适当、形式多样,突出学科认知、个人生活、社会生活、职业生活的情境创设,以帮助学生开展积极的言语实践,提高运用语言文字的能力。

5. 教材选文要具有典范性和时代气息，易教利学

选文要文质兼美、格调向上、健康明快，题材、体裁、风格丰富多样，既有脍炙人口、久经检验、素有定评的经典作品，又有及时反映经济社会发展和科技进步的新变化、新成果的优秀作品。选文要充分考虑学生的言语经验，难易适度，易教利学。

6. 教材编写要加强系统设计，发挥整体功能

要注重各模块目标、内容和要求的相互衔接，层层递进。要充分发挥选文的重要作用，安排精要、好懂、管用的语文知识，少而精地安排注释和富有启发性的练习，注意选文与知识、注释、练习等之间的协调配合，提升整体育人功能。要注重引导学生掌握语文学习的基本方法，养成良好的学习习惯。

（四）课程资源开发与利用

1. 纸质资源

纸质资源是教学活动的主要资源，包括教科书、教学辅助材料等。学生学习辅助材料要具有针对性和适度性，有利于激发学习兴趣，扩宽阅读视野，提升思想品质及职业素养；教师教学辅助材料要具有指导性和实用性，有利于帮助教师确立正确的课程理念，更新教学观念，完善知识结构，提高教学能力。

2. 数字化资源

教师要积极开发与利用经过数字化处理，可在计算机或网络环境下运行的多媒体材料，创设生动活泼的教学情境，提高教学效率。要引导学生将信息技术作为自主学习的工具，有效利用数字化资源，激发学习与发现的兴趣，提高自主学习能力和创新能力，以及分析问题、解决问题的能力。要在教学实践中总结推广开放共享、优化配置数字化资源的经验。

3. 生活资源

教师要积极开发与利用与学生成长相关联的家庭生活、学校生活、职业生活、社会生活等资源，引导学生关注生活、体验生活，在生活实际中学习语文，在语文学习中联系生活，要特别注意利用专业学习、实

习实训等资源。

4. 地域特色资源

教师要指导学生在语文学习活动中，通过图书馆和网络检索，以及参观博物馆、纪念馆和社会调查等方式，了解本地区自然风光、文化遗产、风俗民情、方言俚语，以及本地区特色行业和骨干企业的发展状况等，尝试开发具有地域特色的学习资源，提高语文实践能力，提升人文素养。

（五）地方与学校实施本课程的要求

1. 地方教育行政部门及教研机构负责本地区课程标准实施的规划与管理

地方教育行政部门要依据课程标准，结合本地实际，加强对学校规范办学的指导。通过监测、抽查，以及组织对毕业生语文学科核心素养调查评估等措施，加强对语文课程的统筹管理，并及时反馈各类数据，提出改进要求。要加强对语文课程质量的跟踪，有条件的地方，可统一组织开展学业考试。同时，地方教育行政部门要对学校制订语文课程实施计划进行监测督导，建立和规范信息公开制度，健全课程管理和反馈机制，提高服务效能。要加强师德师风建设，根据语文课程实施的需要，提升教师素质。通过各类培训与研修，切实提升语文教师的专业化水平。要努力探索教师专业发展新模式，建立有效的教师专业发展保障机制。

地方职业教育教研机构要强化服务意识，围绕课程标准的实施，指导学校制订语文课程实施计划，对教师在实施课程标准过程中遇到的问题与困难，开展有针对性的教学科研活动，如开展专业培训、学术交流、专题研讨，组织研究课题等，帮助教师在执行课程标准过程中转变教学观念，实现专业发展。要服务教师教学能力提高，开发高质量的课程资源。

2. 学校负责课程实施与管理

学校要制订语文课程实施计划，严格教学管理，保证课程实施质量。按照课程标准要求开齐、开足、开好基础模块和职业模块，根据需要自主开设拓展模块。立足学校实际，健全教研制度，组织开展校本培训和校本研究，促进教师转变教学观念，落实课程标准，确保基于语文学科核心素养的教学改革有部署、有落实、有成效。

3. 地方与学校要推动行业参与语文教学改革

要进一步推进产教融合、校企合作的办学模式,推动行业企业参与语文教学改革。地方教育行政部门与学校要调研了解行业企业对技术技能型人才语文学科核心素养的要求,认真听取意见建议,创造性地实施课程标准,开展基于语文学科核心素养的人才质量评价,共同深化语文教学改革。

第四章

行动导向法应用研究方案

第一节 研究资源

一、研究的硬件资源

(一) 优势与特色

通渭县职业中等专业学校始建于 1984 年，是集中等职业教育、职业技能培训和鉴定、开放大学学历教育、各类人员的继续教育为一体的职业学校。2003 年被甘肃省教育厅评为省级重点职业中等专业学校，2004 年被教育部、建设部确定为建设行业技能型紧缺型人才培养培训基地。

2020 年通过甘肃省中等职业教育改革发展示范学校验收，目前开设有电子技术应用、现代农艺技术、汽车运用与维修、建筑工程施工、书画艺术等 11 个专业。学校有 30 多年的中职办学历史，具有浓厚的职业教育氛围，办学定位准确，办学特色明显，发展势头强劲。

1. 基础设施完善

教学楼、公寓楼、实训楼、实训车间、图书行政楼、后勤服务楼、食堂餐饮楼等教学服务设施齐全，建设有标准化的运动场。学校各种建筑和设施符合国家建设和安全标准。各类教学实训设备价值 2098 万元，图书室藏书 60 万册（含电子图书）。教学楼可容纳 3600 人同时上课，实训室有 1504 个实习实训工位。

2. 办学理念先进

学校是在撤并县内的陇山职中、襄南职中和常河职中等三所农村职业中学，整合通渭县职业教育的优势资源的基础上成立的全日制普通中等专业学校，坚持"立德树人，崇技尚能，特色立校，服务发展"的办学理念，具有浓厚的文化积淀、优越的办学条件和较强的办学实力，是通渭县现代职业教育发展的主阵地。

3. 专业设置合理

学校按照"服务产业发展，升级实训条件，扩充师资力量，扩大招生规模，打造精品专业"的专业建设总思路，在省级示范校3个重点专业建设的基础上，根据县域行业、产业、企业和区域经济结构调整、产业升级对技能型人才的需求，设置能源与新能源、中医康复保健、畜牧兽医等新专业，使职业教育与地方产业有效对接，提高了职业教育服务地方经济建设的能力。

4. 培养模式灵活

学校大力推行现代职业教育办学模式、人才培养模式、教学模式、评价模式等改革，为当地经济发展培养实用技能型人才。同时依托职教资源，大力开展农村劳动力培训、职业农民技能培训、中小学教师教育技术能力培训等职业技能培训。实施层次教学，分类培养，构建了学生成长发展的立交桥。学校针对学生的升学愿望和就业意愿制订不同的教学计划。每年升入高职院校深造的学生300多人。坚持实施毕业生"双证书"离校制度，学生毕业时，88.6%的人能取得中级职业技能证书，毕业生就业安置率68.6%。

5. 就业渠道畅通

通过"对接企业、投资办学、订单培养、企业实践、合作双赢"的深层次合作模式，实现了与省内外10多家大中型企业的合作；通过东西部帮扶搭建了学生就业平台，在长江三角洲、珠江三角洲等地建立了学生就业服务中心；通过参加定西职业教育集团、甘肃农业职业教育集团、甘肃资源环境职教集团等8个职教集团，为学生搭建了广阔的就业平台，保证了学生就业，提高了就业质量。

6. 师资力量雄厚

学校建立健全了教师培训培养的管理机制和资金保障机制，逐步形成了培养与培训并举、理论进修和企业实践并重、编制标准、任职资格与职务评聘相配套、专职与兼职相结合的教师队伍建设机制。为充实教师数量、提高教师队伍素质、优化队伍结构创设了制度环境。制定完善了学校兼职教师的管理评聘办法和资金保障办法，制定了教师到企业实践的制度和到高等职业技术学院继续学习的制度。利用省级中等职业教育改革发展示范学校项目建设组织教师分批次赴浙江金华、成都、上海、深圳等地进行教育教学素质提升培训达200人次，有1名教师参加了省教育厅组织的赴瑞士职业教育考察培训，有2名教师参加了德国职业教育考察培训，赴福州跟踪实习学生，到企业管理学生、进厂实践，已培养培训20余人。

（二）学校发展目标

1. 总体目标

以习近平新时代中国特色社会主义思想为指导，以党的建设为前提，推进党支部标准化建设，以服务地方区域经济发展为宗旨，以深化"三教改革"和打造高水平优质专业为核心，以产教深度融合为主线，以优质双师队伍为保障，进一步提高学校的办学水平、办学效益和可持续发展能力，把学校建成学校管理一流、专业建设一流、教学质量一流、社会声誉一流的高素质技能型人才培养基地、社会技术服务与职业技能培训中心，为全省现代职业教育体系构建起到示范和引领作用。

2. 工作思路

（1）党建引领，立德树人。

以习近平新时代中国特色社会主义思想为指导，贯彻党的十九大和十九届二中、三中、四中全会精神，加强思政课程和课程思政建设，开展理想信念教育、劳动教育、中华优秀传统文化教育，打造校园文化品牌。

（2）发展优势，整体提升。

以优质中等职业学校建设为契机，着重建设电子技术应用、现代农艺技术、汽车应用维修、新能源、建筑工程施工、工艺美术等六个专业，本着以"点"带"面"，以"部分"带动"整体"的发展思路，努力在"办学模式、培养模式、教学模式、内部管理、队伍建设、评价模式"等方面改革创新，形成以可持续发展为指导的战略思维和发展方略，统领学校建设、改革和发展。

（3）改革创新，形成范式。

优化专业结构，整合专业资源，凝聚优势，加强重点专业建设，突出优质专业建设，提升学校信息化水平。创新校企合作机制，经常开展与行业、企业对话交流，吸引行业、企业参与到学校教育教学的各个环节，把企业的理念、战略、技术融入教学过程中，促进学校与企业的深度合作。建立教师多元成长的考评激励机制和师德师风考核制度，组建高水平、结构合理化教师教学创新团队。

（4）产教融合，支撑发展。

建立紧贴产业、特色鲜明的专业体系，坚持现代学徒制、校企合作、产教融合，以重点专业建设为核心，推动学校改革发展上水平；以校企合作为基础，深化人才培养模式改革；以制度建设为基础，提高学校管理工作的规范化、科学化。建成县域职业教育通用培训平台，建成多个职业教育技术技能培训基地，以社会培训为载体，增强社会服务能力。

（5）机制保障，依法治校。

建立全方位的保障体系，提高管理的规范化、科学化。建立健全组织保障体系、制度保障体系、资金管理保障体系，确保整个项目实施科学决策、高效运作。实行目标责任制，分块管理，责任到人，按照"谁主管谁负责、谁分工谁负责"的原则，逐块签订项目目标责任书。加强过程监控，明确考核指标，定期督导各个项目的建设状况、建设进度、建设质量，合理调整计划，确保每个项目如期完成目标。

3. 预期成效

（1）优质校建设彰显全局辐射带动效应。

学校成为全省中职教育领军学校，整体实力显著提升，举旗引领效果突出，达到省内一流水平。优质专业布局合理、发展水平高，彰显学校办学特色。

（2）体制机制创新引领职教改革。

行业企业参与职业教育机制更加健全，校企命运共同体创造经典案例，办学影响持续扩大，现代学徒制人才培养模式全面推广，"育训体系"更加完善，"三教改革"成效显著，优质教学资源不断扩大，质量保障体系更加健全。

（3）内涵建设提升服务发展水平。

在技能人才基地、优质专业内涵发展、人才强校工程、治理创新行动计划等诸多方面取得重大突破，助推区域经济发展，引领职业教育可持续发展。

（4）优质专业满足区域产业发展需要。

根据学校自身专业发展的优势，通过对接区域产业的发展，调整人才培养方案，对专业进行调整，促进对区域经济发展人才需求的输出贡献。构建优质专业建设平台，实现对专业建设的过程管理，成果展示，资源建设，课程教学及专业评价全过程管理；实现对优质专业的基础性数据进行规范化管理，包含专业师资团队成员信息、优质负责人信息、专业概况信息、校企合作情况等。

（5）职业教育通用培训平台。

实现学校对社会人员培训业务的有机整合以及高效、规范、流程化管理。平台需配备专门移动 APP 使接受培训人员有更多场景和机会进行学习，为专业技术人员培训、企业内训等提供有力支持。

这些资源的存在为学校思想政治课程和语文课程的教学改革提供了硬件保证，也为本书的研究创造了条件。

二、课题研究的软环境

本书主要研究行动导向法在思想政治课、语文课课堂学生学习评价中的应用。

（一）思想政治课程内容

中等职业学校思想政治课程是各专业学生必修的公共基础课程，是中等职业学校德育工作主渠道，与初中道德与法治、高校思想政治理论课等课程相互衔接，与学校其他教育教学活动相互配合，其同承担思想政治教育立德树人的任务。根据中等职业学校公共基础课程方案、思想政治学科核心素养与课程目标，结合中等职业学校学生特点和职业教育人才成长规律，思想政治课程由基础模块和拓展模块两部分构成。

1. 基础模块

中等职业学校思想政治课程基础模块是各专业学生的必修课程，包括中国特色社会主义、心理健康与职业生涯、哲学与人生、职业道德与法治四部分内容。

2. 拓展模块

中等职业学校思想政治课程拓展模块为选修课程，是必修课程的拓展和补充。选修课程除对学生进行时事政策教育外，还应根据国家形势发展、区域经济和行业发展状况，结合学校德育工作、学生社会实践、专业学习、顶岗实习，进行法律与职业教育，国家安全教育，民族团结进步教育，中华优秀传统文化、革命文化、社会主义先进文化教育，文明礼仪教育，就业创业创新教育，廉洁教育，艾滋病预防教育，毒品预防教育等。

（二）语文课程内容

遵循语言文字的学习规律和技术技能人才的成长规律，依据学生身心发展特点，以语文学科核心素养为统领，整体建构、系统设计中等职业学校语文课程。语文课程由基础模块、职业模块、拓展模块构成。

1. 基础模块

中等职业学校语文课程基础模块由语感与语言习得、中外文学作品选读、实用性阅读与交流、古代诗文选读、中国革命传统作品选读、社会主义先进文化作品选读、整本书阅读与研究和跨媒介阅读与交流八个专题构成。

2. 职业模块

中等职业学校语文课程职业模块由劳模精神工匠精神作品研读、职场应用写作交流、微写作和科普作品选读四个专题构成。

3. 拓展模块

中等职业学校语文课程拓展模块由思辨性阅读与表达、古代科技著述选读和中外文学作品研读三个专题构成。

本书主要将"职业道德与法治"和"语文基础"两门课程作为典型进行研究。

第二节　研究对象和研究方法

一、研究对象的选取

研究对象即样本需要有代表性，这是取样的基本原则。根据课题的性质、目的确定样本规模。本实验样本选自通渭县职业中等专业学校职一年级第二学期学生，本次实验所选的实验班和对照班为笔者同时任教的班级，由于来自同一个地区，且是平行分班，实验前学习成绩和学习能力均无显著差异，故随机选取职一（6）班为实验班，职一（9）班为对照班，两个样本容量均为32，属于大样本。

二、研究方法

1. 文献调查研究法

查阅有关行动导向教学法的书籍、期刊和网络资料，广泛收集与本研究有关的中外文资料，了解基本情况，并对资料进行比较研究，把握国内外研究动态。分析目前国内外该研究的进展，确定研究的方向和意义。

2. 调查研究法

调查教师、学生、家长对思想政治课教学现状的认识情况。为学生在基于行动导向系列教学法下提高道德素质、增强法律知识，将来适应社会独立工作能力开展实验研究提供事实依据。与其他公共课教师交流，听取他们的意见，了解、掌握目前公共基础课课堂教学中存在的问题，提出课堂教学改革的整体方案。

3. 实验研究法

新型课堂教学改革措施、方法的实施先在个别班级进行，试用成熟后，逐步进一步全面推广。

4. 参与式观察法

参与式观察法就是调查者作为项目目标群体的一员，通过耳闻目睹收集社会信息的方法，是一种高效的、直接的调查方法。对公共基础课（重点放在思想政治课、语文课）教学中班级的活动进行参与式观察，可以了解教师对学生的期望、师生交互关系、学生小群体的形成和伙伴之间的关系等。在实验研究过程中，有计划、有目的的参与别的教师的课堂教学过程，亲身体验并观察学生学习知识和技能的过程，加深对学生学习过程、技能掌握情况的了解，取得研究的第一手资料。

5. 问卷调查法

先了解实验对象的基本情况，随时进行普查或有针对性的抽查，收集有关数据。

三、研究的实践方法

运用 Excel 电子表格进行分析，统计总分、平均分。

1. 前测—后测实验设计

取样方法：实验开始前对选择的两个班进行思想政治、语文基础课的摸底测试，使用学校印刷的统一试卷，测试结果合格率约为 68%，说明学生具备基本的基础知识和将来适应社会的基本技能，具有学习新知识的条件，实验班和对照班在实验前无显著差异，详见表 4-2-1、4-2-2。

表 4-2-1　实验班与对照班实验前思想政治基础课
知识测试成绩对照表

内容项目	实验班				对照班			
	平均分	标准差	优秀率	合格率	平均分	标准差	优秀率	合格率
实验前	62.10	13.1	16.5%	63.1%	63.5	12.5	14.4%	69.5%

表 4-2-2 实验班与对照班实验前语文基础课知识测试成绩对照表

内容\项目	实验班				对照班			
	平均分	标准差	优秀率	合格率	平均分	标准差	优秀率	合格率
实验前	61.5	12.3	17.3%	62.1%	60.4	11.6	15.5%	70.5%

2. 平行班对比实验

班级对比：职一·（6）班为实验班，职一·（9）班为对照班，实验班与对照班测试成绩相当，具有可比性。

教学对比：实验班要求教师采用基于行动导向的教学方法设计好课堂教学，精心选题并设计课堂教学内容，使之适合学生的能力水平；在学生的学习过程中进行组织和协调，在教学中和学生互动，形成良好的教学氛围，提高学生与他人交流的能力；让学生亲自动手操作，充分调动学生的学习积极性，培养学生独立工作的能力。而对照班则按常规要求组织课堂教学，并进行常规的教学评价。

第三节　研究内容和研究假设

一、研究内容

经过前面几章的理论探究，我们得出了一些定性的结论。那么，在中等职业学校的思想政治课、语文课等公共基础课教学中采用行动导向系列教学法，是否影响学生的学习成绩？是否能激发学生的学习兴趣呢？在此，力求从实验的角度加以论证。实验研究基于主客体两分原则，建立假设，采用一定的控制机制，设法恒定或排除某些无关变量，以便着重观察与分析一些关键特征及其影响因素，以期获得有关自变量和因变量之间的关系。

二、研究假设

如果我们能在思想政治课和语文课等公共基础课的教学中，充分采用基于行动导向的教学方法设计并实施课堂教学，那么，对于提高学生的素质，促进和支持学生主动学习，提高学生的学习兴趣，提高学生自主学习和解决问题的能力，最终提高学生关键的能力，培养学生的高尚人格是完全可能的。

第四节　变量分析和实验统计方法

一、自变量

自变量：中等职业专业学校思想政治课教学方法。

两个值：实验班采用基于行动导向的教学方法；对照班采用传统教学模式。

二、因变量

（1）学习兴趣。
（2）学习成绩。
（3）关键能力，包括知识能力、运用能力、情感和价值观能力。

三、无关变量控制

（1）消除教学内容差异：两班选用同样教材。
（2）消除学习成绩差异：实验前两班学习成绩接近。
（3）消除学习时间差异：两班周课时相同。
（4）消除性别、人数差异：两班人数相当，男女人数相当。
（5）消除教学水平差异：两班同一教师任教。

四、因变量的测量方法

1. 直接测量

学习成绩通过思想政治课程期末考试获得，成绩真实可信。

2. 间接测量

（1）学习兴趣通过学生学习兴趣调查问卷测量（详见表 4-4-1）。

表 4-4-1　学生学习公共基础课兴趣情况调查结果

内容			调查结果（百分比）					
			A		B		C	
			前测	后测	前测	后测	前测	后测
职业道德与法律	1	你喜欢上思想政治课吗？	37.5%	62.5%	50.0%	31.3%	12.5%	6.3%
	2	你认为你有能力学好职业道德与法治课吗？	43.8%	75.0%	46.9%	21.9%	9.4%	3.1%
	3	上新课前你都预习吗？	15.6%	46.9%	21.9%	37.5%	62.5%	15.6%
	4	你经常复习、小结吗？	18.8%	50.0%	18.8%	25.0%	62.5%	25.0%
	5	学习职业道德与法治知识对我们以后的发展有用吗？	34.4%	71.9%	40.6%	21.9%	25%	6.3%
	6	教师布置的学习任务能按时完成吗？	28.1%	68.8%	34.4%	25.0%	37.5%	6.0%
	7	你是怎样完成学习任务的？	15.6%	59.4%	63.3%	31.3%	28.1%	9.4%
	8	碰到解决不了的问题你怎么办？	12.5%	56.3%	34.4%	34.4%	34.4%	9.4%
	9	你上课积极参与学习活动吗？	21.9%	59.3%	43.8%	34.4%	34.4%	6.3%
	10	你上思想政治课认真吗？	21.9%	62.5%	59.4%	34.4%	18.8%	3.1%
语文	11	你喜欢上语文课吗？	34.4%	62.5%	50.0%	28.1%	15.6%	9.4%
	12	你认为你有能力学好语文课吗？	43.8%	78.1%	43.8%	12.5%	12.5%	9.4%
	13	上新课前你都预习吗？	12.5%	46.9%	21.9%	34.4%	65.6%	18.8%

续表

内容			调查结果（百分比）					
			A		B		C	
			前测	后测	前测	后测	前测	后测
语文	14	你经常复习、小结吗？	18.8%	50.0%	15.6%	28.1%	65.6%	21.9%
	15	语文知识对我们以后的发展有用吗？	37.5%	71.9%	37.5%	25.0%	25.0%	3.1%
	16	教师布置的学习任务能按时完成吗？	25.0%	68.8%	31.3%	25.0%	25.0%	3.1%
	17	你是怎样完成学习任务的？	15.6%	62.5%	53.1%	31.3%	31.3%	6.3%
	18	碰到解决不了的问题你怎么办？	15.6%	56.3%	50.0%	34.4%	34.4%	9.4%
	19	你上课积极参与学习活动吗？	25.0%	59.4%	40.6%	37.5%	34.4%	3.1%
	20	你上语文课认真吗？	21.9%	65.6%	56.3%	31.3%	21.9%	3.1%

（2）知识能力通过技能测试进行测量。

在技能测试环节中，计划利用若干个项目对学生进行测试，每个项目都是针对考核学生的知识掌握情况设计的，每个学生要独立完成项目，教师根据学生完成项目的过程和结果进行评分（详见表4-4-2）。

表4-4-2　思想政治校园礼仪的评分标准

模块名称	校园礼仪
学习情境2	课堂礼仪
任务描述：按照课堂礼仪规范完成一堂课的学习	

续表

阶段	内容
咨询阶段	学生按人数56人分成6个小组，确定小组负责人，并填写下列内容： 小组名称 小组负责人 小组成员 1. 观看不规范的课堂礼仪视频资料和规范的课堂礼仪视频资料，找出不规范的地方。 2. 阅读教材中课堂礼仪规范的相关知识点，填写课堂不同情境下的礼仪规范并制作成PPT。 3. 展示学生制作的PPT。
计划决策阶段	1. 讨论课堂礼仪规范有哪些，按照一堂课的顺序用简介的语言有条理地写出每一环节中课堂礼仪的详细规范。 2. 以"讨论—角色模拟—讨论发言"的教学思路完成任务。 3. 以小组为单位进行讨论，分工准备，写出详细的小组任务计划，填下列表格。 | 项目	任务	责任人
---	---	---
准备工作分工	课堂角色模拟分工	学生
实施过程分工	讨论发言	……
	角色扮演	……
	讨论发言	……
后续工作分工	课后体会	……	 4. 以小组为单位汇报实施计划的内容，确定讲解内容，由教师组织点评。 5. 实施计划的优化，确定最终的实施计划。
实施阶段	1. 角色扮演。 2. 听了发言后，找出规范和不规范的原因，找出解决问题的方法和途径。 3. 教师总结。

检查评估阶段	1. 教师提供此次活动体验评分标准 从观看视频、PPT制作、语言表达、角色表演、仪表仪态五个方面进行，评分标准如下： （1）认真观看视频。(10分) （2）PPT制作内容全面准确、画面精美。（20分） （3）语言表达：普通话表达、声音清晰、语速适中、内容条理清楚、用词准确恰当。（20分） （4）角色扮演：角色定位清晰、演示内容准确恰当。（30分） （5）仪表仪态：穿着得体、整洁，举止自然、大方。(20分) 2. 考评评估 | 组 名	自评（10%）	小组互评（30%）	教师评价（60%）	合 计
1				
2					
---	---

（3）运用能力、情感和价值观能力通过问卷调查及学生在课题期间参加学校思想政治知识问答比赛。

在实验的后期将分别对实验班及对照班的学生进行运用能力和情感、价值观能力的问卷调查（见表4-4-3）。另外，每年我校都会进行学生思想政治知识问答竞赛，竞赛题目难度较平时教学要求稍高一些，每个班学生的参与度均不得低于80%，且是组队参赛，故在参赛完成项目的过程中学生要分工合作、紧密协作、方法得当、设计合理，方能在比赛中取得好的成绩。因此通过分析两个班学生参加学校知识竞答大赛的完成情况和获奖情况可间接地测量学生的运用能力和情感态度价值观能力。

表4-4-3 学生社会能力和方法能力的社会调查

序号	调查内容	是	否
1	在课上，你愿主动与同学交流吗？		
2	当老师提出问题时，你会经常积极地思考吗？		
3	当你遇到困难时，你愿意向同学请教，与同学共同解决问题吗？		
4	在课堂活动中，你能积极发表自己的意见吗？		

续表

序号	调查内容	是	否
5	在课堂活动中,你能和同学愉快地相处和交流吗?		
6	在课堂活动中,别人的想法对你有启发吗?		
7	在课堂活动及技能比赛过程中,你总是能积极思考解决问题的方法,遇到困难也不放弃吗?		
8	通过学习,你认为自己是否具备从业的心理准备和技能准备了?		
9	面对老师设置的新任务,你是否有尝试解决问题的勇气和完成任务的决心?		
10	你认为行动导向法对你的学习、技能水平的提高以及今后的发展有帮助吗?		

第五节　教学评价量表设计

一、传统课堂教学评价的弊端和局限

(一) 概　述

传统的课堂教学评价主要体现在两个方面：一个方面是以对教师的教学行为评价为中心，主要看教师讲得如何。主要评价内容有教学目的是否明确、教学重点是否突出、难点是否突破、教材掌握如何、教法是否运用灵活、教态是否自然、课堂气氛是否活跃、板书是否工整等，这些都是从教师的角度出发，看教师把教材教得如何，很少甚至没有涉及课堂教学的主体——学生。另一个方面是衡量学生的学业成绩，即学生的分数。这种评价过于重视甄别和选拔功能，忽视了学生的全面发展，只是关注学生的学业成绩，且对学生成绩的评价大都采用纸笔测验的方式。这种学生评价观点越来越不适应时代的发展和教育的需要，其弊端日益凸显。

这种课堂教学评价多是印象分，不能真实反映教师的教学水平和提高教学效率，不利于学生的发展。

(二) 主要表现

1. 以"完成认知目标"为单一教学目标

在传统的课堂教学评价标准中，把教师是否完成预定的教学目标，更确切地说是一堂课的认知目标作为一节课的重要指标。的确，完成认知目标是教师组织教学的一项重要任务，但如果为了完成认知目标而抹杀学生的创造性，忽视学生的情感，这样的课绝不能视为一节好课。

认知任务不是课堂教学的中心或唯一目的，教师不应只关注知识的有效传递，而不考虑学生的发展。学生的发展不仅包括认知的发展，也包括情感、态度、价值观的发展，还包括各种能力的发展以及个性的培养。学生的想法中也许蕴含着创造性的火花,也许存在对知识更深刻的理解。

2. "环环紧扣"导致教学主体模糊

传统的评课标准,往往强调教学进程要安排合理,教学环节要井井有条。评价标准都是围绕教师活动进行,如教学目的、教学组织、教学方法等,而忽视了学生的学习过程、学习活动和学习效果。课堂中教师期望的是学生按教案设想做出回答,努力引导学生得出预定答案。

3. "小而全"评课标准限制师生的发挥

传统的课堂教学评价指标体系中,指标十分完备,而且每一项指标都有固定的要求,诸如"教学目标明确""教学重点突出、难点突破""教学进程安排合理""课堂提问精炼""多媒体运用恰当""板书设计合理美观""教态自然""语言流畅"等。笔者发现,许多公开课、观摩课中的环节就是为迎合评课标准而设计的。但是课堂教学既然是为学生的学服务的,就必须围绕学生在学习中的实际需要来设计,其目的是使所有的学生都真正地参与到学习中,获得知识和能力的发展。

教师如果被束缚在评价标准的条条框框下,其能动性、创造性会受到制约,其主导作用必然不能充分发挥,学生的主体性地位必然会受到限制。

4. "职业素养"评价涉及甚少

课堂教学是为了让学生掌握不同专业的基础知识和方法,为专业技能学习和踏上职业岗位服务,课堂是培养学生良好的职业意识、职业习惯、职业道德、职业情感的第一课堂。而在课堂评价标准中,对相关职业素养的要求却很少。

知识与技能的迁移、职业素养的熏陶是潜移默化的。专业文化工作环境的布置,课前专业素材的准备,爱岗敬业、诚实守信、办事公道、服务群众的职业道德教育,职业习惯的培养等应紧密融合在专业理论课教学中。

5. 学生评价的功能单一

传统的学生评价过分强调总结性评价,过分强调甄选与选拔的功能,忽视形成性评价,忽视评价促进学生发展、教师提高和改进教学实践的功能。这样的评价主要是为了甄别,是一种"选择适合教育的学生"的评价,是以"选拔"为目的。

6. 学生评价的标准单一

传统的学生评价把评价的价值定位在甄别功能上，与之相应的评价内容主要是智育，注重知识和技能，标准单一，忽视了学生的德育、体育、美育、劳动技术教育等，尤其对学生的学习能力、创新精神、良好的学习态度、习惯等缺乏重视。

7. 学生评价的方法单一

在传统评价中，考试作为唯一的评价手段，强调相对评价，注重学生之间的比较，淡化绝对评价和个体内差异性评价，给学生心理产生巨大压力，制约着学生成长。对学生发展过程评价的方式不够重视，没有根据评价目的、性质、对象的不同，选择相应的评价方法。

8. 学生评价的主体"错位"

传统学生评价的主体"错位"，主要指政府、学校、教师在学生评价中明显处于主体地位，而被评价者学生则始终处于一种消极的被动地位。这种评价主体的"错位"，完全忽视了被评价者在教学过程中的作用，他们的自尊心、自信心得不到很好的保护，学生主观能动性得不到很好的发挥。

二、课堂教学评价倡导的新理念

1. 关注学生发展

体现在教学过程中，教师要认真研究课堂教学策略，激发学生学习热情，体现学生主体，鼓励学生探究，高效实现目标。

2. 强调教师成长

依据课程评价目标的要求，课堂教学评价要沿着促进教师成长的方向发展。其重点不在于鉴定教师的课堂教学结果，而是诊断教师课堂教学的问题，制定教师的个人发展目标，满足教师的个人发展需求。

3. 重视"以学论教"

课堂教学评价强调以学生的"学"来评价教师的"教"。强调以学生在课堂教学中呈现的状态为参照来评价课堂教学质量。主要观察学生的六种状态来评价课堂教学，即情绪状态、注意状态、参与状态、交往状态、思维状态、生成状态。

4. 达到学以致用

专业课的评价更注重实用性、实效性，即课程内容与职业标准对接，教学内容与实践环节挂钩，教学过程和工作过程对接，职业习惯、职业道德的培养与人文素养、为人处世教育相结合，体现不同专业的职业特性。

三、课堂教学评价的纬度

（一）课堂教学的主体——学生

要引导学生端正学习态度，做到精神饱满、有信心。同时在教学方式上大胆创新，采用倡导学生主动参与、乐于探究、勤于动手的"探究学习"和"研究性学习"，而不是一味"接受学习"。

可根据学生学习过程中的外显行为特征来评价课堂教学中学生的学习水平，如是否积极参与、是否独立思考、能否主动探索、能否自由表达、是否善于合作、是否富于想象、是否敢于否定、是否兴趣浓厚。学习效果主要关注学生的学习结果。课堂教学中学生学习效果的评价最终定位于三个学习目标的达成：知识目标——学会了吗？能力目标——会学了吗？情感目标——有兴趣学吗？

（二）课堂教学的主导——教师

1. 教师的角色把握

传统的"以知识为本"的课堂教学中，教师的角色主要是知识的传授者、学习的监督者、课堂的指令者。"以发展为本"的课堂教学中，倡导教师的角色是学习的组织者、学习的引导者、学习的合作者。

2. 学习环境的营造

教师在课堂教学中应努力为学生创设宽松、民主、平等、互动、互助，有利于他们在学习目标引导下自主学习、交流的环境，为学生达成学习目标提供丰富的学习资源，为学生自主学习过程中碰到的各种困难提供必要的引导,为学生营造一种可以充分发挥学习个性,各抒己见、相互争论的学习氛围。

3. 教育技术的运用

教育技术是关于学习资源的开发、利用和学习过程的设计、管理的技术以及评价的技术。学习资源的开发和学习过程的设计合理运用到计算机、网络、实训设施,将有利于学生自主学习。

四、课堂教学评价量表的设计

综合课堂教学评价的纬度和课程的三维目标,主要从知识与技能、过程与方法、情感与态度、效果与达成四个方面设计量表。其中过程与方法又分别从学生和教师两个角度观察评价整个课堂教学过程。

课堂教学强调发现学习、过程中生成,所以设计评价量表时四个方面的分值权重有所侧重"过程和方法"。

传统教学评价的弊端在于没有正确认识课堂教学评价的作用,把教学评价本身当作目的与终结。针对传统教学评价观的弊端,应重视和加强课堂教学评价的诊断、导向、激励、教学等功能,树立新的课堂教学评价观,把课堂教学的重心从教师完成教学任务转移到正视学生的基础,促进学生的发展上来(见表4-5-1)。

表 4-5-1 学生学习评价表

姓名		学校		授课班级				
学科		时间		评课人				
课题								
一级指标	二级指标	评价标准	权重系数	A	B	C	D	E
				10	10	10	10	10
学习态度及学习习惯（20分）	学习态度	1.上课遵守纪律,专心听讲,肯动脑筋 2.上课不迟到早退,考勤状况良好	10分	10	9~8	7~5	4~2	1

续表

一级指标	二级指标	评价标准	权重系数	A 10	B 10	C 10	D 10	E 10
学习态度及学习习惯（20分）	学习态度	3.尊重老师，上课不打岔、不打瞌睡、不做小动作、不玩手机						
	学习习惯	1.认真、按时、独立地完成课堂翻译任务，坚持预习、复习 2.上课主动举手，积极回答老师提出的问题 3.认真做笔记，课后及时完成老师安排的作业	10分	10	9~8	7~5	4~2	1
考试成绩及平时作业（40分）	考试成绩	期末成绩占总评成绩的30%	20分	30~25	24~19	18~15	14~8	7~1
	平时作业	认真、独立地完成老师课后布置的作业，并按时上传到网络平台	20分	20~17	16~13	12~8	7~4	3~1
学习能力（30分）	学习方法	1.能够掌握科学的学习方法 2.能够运用已掌握的学习方法，解决学科中的问题 3.课后看视频，登录平台讨论 4.课前预习和充分准备，课后复习和做作业	10分	10	9~8	7~5	4~2	1

续表

一级指标	二级指标	评价标准	权重系数	A 10	B 10	C 10	D 10	E 10
学习能力（30分）	收集与处理信息的能力	1.经常阅读与学科有关的课外书籍，关注本学科的前沿知识和热点问题 2.会通过网络寻找相关学习资料 3.会利用参考书、图书馆、阅览室查阅相关资料	5分	5	4	3	2	1
	学生活动协作能力	1.在学习活动中，积极参与，善于合作，能够在与别人合作中达到学习目的 2.尊重他人的劳动成果，善于动员别人与己合作，并在合作中提高自己的学习能力，抛弃"单打独斗"的个人英雄主义思想	10分	10	9~8	7~5	4~2	1
学习能力（30分）	个人能力	1.具有一定的表达、阅读、写作、观察能力 2.具有一定的自学能力 3.具有一定的表达能力	5分	5	4	3	2	1

续表

一级指标	二级指标	评价标准	权重系数	A	B	C	D	E
				10	10	10	10	10
学习效果（10分）	三维目标达成度	1.学习积极主动，达到老师要求合格的教学目标 2.学会学习和解决问题，形成一定的能力和方法 3.学生的情感、态度、价值观都得到相应的发展	10分	10	9~8	7~5	4~2	1
得分								

评委签名：

1. 学习态度及学习习惯部分（20分）

这部分指标分为学习态度和学习习惯两个小指标。

（1）学习态度部分。根据学生平时的上课情况打分，影响分值大小的因素包括考勤状况、上课状况。其中考勤状况的标准为：每个学生可以凭班主任签名的请假条请假，请假可以为事假或者病假，请假不影响评价等级，没有班主任签名的请假条一律视为旷课。每旷课一次，评价等级下降一级，旷课四次以上者，取消期末考试成绩。上课状况标准为：没有违反正常的课堂纪律，比如不玩手机、不打瞌睡、不交头接耳，如有违反，视情况扣分。

（2）学习习惯部分。根据学生平时的上课情况打分，影响分值大小的因素包括上课表现、课后表现。其中上课表现的标准为：有参与老师布置的课堂任务，有积极回答老师的问题，其中参与任务部分，一堂课学生起码要有一道题的参与回答记录，如果没有，权重系数分值扣一分，回答老师问题部分，如果回答老师问题并且有记录，权重系数分值加一分。

2. 考试成绩及平时作业部分（40分）

这部分指标分为期末测试和平时作业两个小指标。

（1）期末测试部分：期末成绩占总评成绩的30%。

（2）平时作业部分：依照学生平时完成的作业，以及按时上传到网络平台的情况进行评分，每缺交一次作业，评分扣掉（1/应交作业总次数）分。

3. 学习能力部分（30分）

这部分指标分为学习方法、收集与处理信息的能力、学生活动协作能力、个人能力四个小指标。

（1）学习方法部分：根据学生平时解决问题时所采用的学习方法、课前课后的学习情况进行评估，此外，根据学生课后登录网络教学平台进行学习的次数进行评分，此处根据实际情况适当给分。

（2）收集与处理信息的能力部分：根据学生平时上课参考所用的书籍打分，以及观察学生是否对学科前沿知识有所了解，会不会利用相关参考书进行资料的查阅等评分，此处根据实际情况适当给分。

（3）学生活动协作能力部分：根据学生在学习活动中的参与程度，以及在学习活动中与周围同学的配合协作程度进行评分，此处根据实际情况适当给分。

（4）个人能力部分：根据老师在课上以及课后对该学生的了解评分，此处根据实际情况适当给分。

4. 学习效果部分（10分）

这部分主要指标为知识与技能，过程与方法，情感、态度与价值观这三个维度，根据老师在课上以及课后对该学生的了解评分，此处根据实际情况适当给分。

第五章 "基于行动导向法的职业学校课堂学生学习评价探讨"实践探索——教学设计

第一节 公共基础课行动导向教学流程

近几年，项目教学法、引导课文法、角色扮演法等以培养学生综合职业能力为目标的行为导向教学模式已逐渐渗入通渭县职业中等专业学校各专业课教学中。理论匮乏、方法单一、技术落后等问题已得到较大程度的解决，学校的课堂教学呈现出新面貌。但是，笔者在教学调研时发现，当教师将行动导向教学法引入课堂时，虽然运用了张贴板、卡片和多媒体等教学媒体，也尽可能地组织学生开展小组合作学习，却往往出现教学时间安排不紧凑、教学效率不高、课堂教学较散乱、教师表现得无所适从和茫然无助的情况。学生开展合作学习的过程中，由于缺乏教师必要的指导，学习盲目性较大，学习效率较低，在实践教学中行动导向教学法并没有发挥出其应有的优势。究其原因，笔者认为是由于教师运用行为导向教学法时，对其内涵、教学流程和基本特征缺乏全面认识，在教学设计过程中仅考虑知识框架，而忽视了将知识应用于教学实践设计。如果教师能重视课堂教学中的各要素，体现"双主"理念，即以教学为主导，以学生为主体，就能形成优化的、有效的教学设计，就能充分地体现出行为导向教学法的价值。"双主"理念指导下的行动导向教学流程见图 5-1-1。

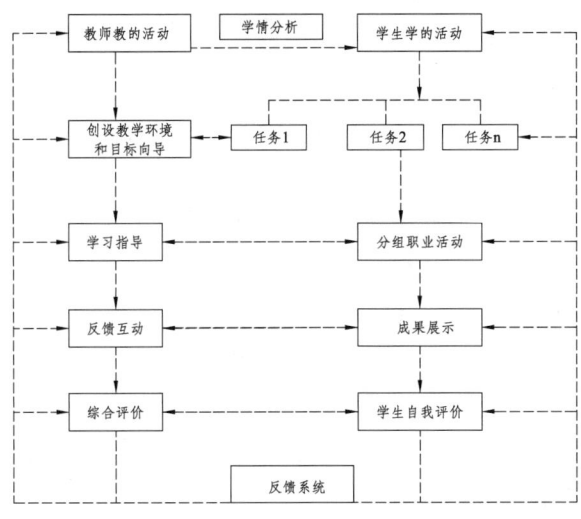

图 5-1-1 行动导向教学流程

一、主题任务的设计

主题任务的选择与确定是教学设计的关键，设计基于"行动导向"教学模式的学习主题或任务时应当注意以下几点：

（1）任务明确，活动易完成，结果易生成。

（2）为完成主题任务所需的智力智能和动作智能不应超出学习者的能力之外。

（3）任务的完成要依赖于网络资源。

（4）任务的完成要依赖协同方式。

（5）主题任务应能引发学习者的思维活动。

（6）探索结果不是唯一的，应不受"标准"或"正确"答案的束缚。

二、分析学习者的特征

在行动导向模式的教学过程中，分析学习者的特征对组织学生分组学习有很重要的意义。

从年龄特征上看，中职生仍处在从青春发育期向青年期过渡的阶段，是个体生理发育的第二高峰期；形态和生理机能都急剧变化并迅速接近成熟。伴随这种生理的变化和社会经验的不断增长，中学生的心理表现出了明显与其他时期不同的一些特点。

首先，随着大脑神经系统的迅速发育，脑功能基本健全，智力发展逐步接近高峰期。但此时仍耐力不足，如不注意科学用脑，容易发生脑疲劳。其次，思维变得活跃，思路变得敏捷，接受新事物快，逐步从"经验型"抽象思维向"理论型"抽象思维发展，但思维方法仍待完善。最后，在个性和社会性方面，由于自我意识和独立意识的迅速发展，出现"成人感"，有了自我设计的要求和一定自我教育的能力；情感丰富、强烈，但欠成熟、稳定，容易冲动失衡；兴趣广泛，爱玩好动，喜交朋友，但由于缺乏鉴别力、判断力，选择能力不够强，较易受不良习气的影响，逐步形成独特的个性和意志行为方式，但尚未定型，有较大的可塑性。

三、建立学习小组

公共基础课的学习也需要进行社会实践，教学过程基本采用基于行动导向模式的教学，在此过程中建立协作小组尤为重要。协作小组的划分通常采用以下两种方法。

1. 依据学习者的学习风格、认知水平进行分组

分组是在教师指导下进行的，有一定的强制性。分组的方法有同质分组和异质分组。所谓同质分组是指把学习风格、认知水平相近或相当的学习者编制为一组。所谓异质分组是指把学习风格、认知水平相差比较大的学习者编制为一组。通常采用组内异质、组间同质的方法建组，即各组之间成员水平优、中、差相当的分组方法，这样既可以充分发挥组内成员优势互补的长处，又可以保证组间整体水平大致相当，便于采用竞争的策略。

2. 依据学习者的兴趣、爱好及融洽程度分组

遵循自愿的原则，让学生自动结合。在实际学习中，往往将两种方法结合进行分组。协作小组组内成员一般控制在 3～5 人为宜。建组后，让学生知道相互尊重、相互合作的重要性，知道在行动导向模式中学习的方法，学习过程中行动起来进行实际实践的优势及不足，以及评价方式；教师提出一些学习建议，鼓励学生，帮助学生建立信心，减轻学生学习的焦虑。

四、教学评价

基于行动导向的教学模式，其教学评价要做到重视形成性评价，注重过程的评价。具体要求如下：

（1）评价应具体到各协作小组的每一个成员。

（2）评价不仅要看最终的小组结果，也要根据小组成员对整个任务的不同贡献做出分层考核、评价，正确评价小组成员个人的贡献。

（3）注重阶段性评价、多次评价（非精细）。

（4）要正确对待非预期学习结果。

在行动导向教学设计过程中，笔者认为应重视以下几个方面：

第一，教学活动是一种信息活动，教学的信息传递是双向的。教师和学

生既都是信息源，又都是信息的接收器。

第二，在教学系统的信息活动中，包含着各种错综复杂的相互作用。可以认为有两个子系统，一个是教师教的系统，一个是学生学的系统，这两个子系统相互作用相互联系。教师教的系统处于先导、预设地位，学生学的系统处于主体、生成的地位。

第三，教的活动流程包含目标导向、学习指导、反馈互动和过程评案四方面，学的活动流程包含接受学习任务、分组职业活动、成果展示和自我评估四方面。两者是相辅相成的关系，构成行为导向教学统一体。

第二节 公共基础课行动导向教学模式

实践证明，行动导向教学法的教育理念紧跟时代，体现了以人为本的教学要求，尤其符合逻辑推理能力较弱的学生的认知规律。行动导向教学法是适合中等职业学校学生特点的有效的教学法，应用于政治课、语文课教学后获得了较好效果。

一、思路

以学生为中心，以学生的兴趣为教学组织的起点，要求学生从始至终参与教学的全过程，以实际工作过程为依据。

二、特点

（1）自主性——以独立或小组合作的形式完成课上和课下的创业活动。

（2）研究性——研究案例、与企业家座谈交流和探讨创业历程。

（3）开放性——走出课堂和校园参与市场调研、采访企业家。

（4）综合性——综合应用所学过的创业知识解决创业活动中遇到的问题。

（5）实践性——模拟创业和真实创业经历结合，提高创业能力。

三、教学组织

下文将列举一些具体的课程教学设计，以期阐释公共基础课行动导向教学模式。

铺垫课　市场 ABC（课前准备知识）

培训目标：像企业家那样思考

培训工具：活页挂纸、彩色卡片、投影仪、白板笔、白板

培训方法：讲授、头脑风暴、讨论、案例研究

培训课时：2 课时

表 5-2-1　铺垫课教学设计

创业工作过程	学习情景	（教、学、做结合）（职业情景）		
		课内：活动导向 （一课堂）	课外：任务驱动 （二课堂）	社会：工学结合 （三课堂）
了解市场将给你带来的优势 市场 ABC	主题 1 需求定律 供给定律	1. 举例、讨论为什么低价格能吸引顾客 2. 为什么价格高时供应商愿意多提供商品？	去市场上观察生意人怎样卖东西	自选： 走访个体创业者；了解他们是怎样定价的
	主题 2 用供给和需求规律来预测市场行为	1. 卖橘子互动活动 2. 讨论谈体会		

模块一　认识企业

培训目标：认识企业在社会经济生活中的作用及其影响，了解初创企业的基本特点

培训工具：活页挂纸、彩色卡片、投影仪、白板及白板笔

培训方法：讲解、讨论、角色扮演、头脑风暴、游戏、案例研究

培训课时：4 课时

表 5-2-2 "认识企业"教学设计

创业工作过程	学习情景	教、学、做结合（职业情景）		
		课内：活动导向（一课堂）	课外：任务驱动（二课堂）	社会：工学结合（三课堂）
模块一 认识企业	主题1 企业的含义	1. 阅读教学材料 2. 理解企业的含义 3. 课堂讲解与小组讨论 4. 互动活动	1. 网上查阅相关资料 2. 提问与讨论 3. 撰写2~3篇心得	自选： 1. 走访通渭县劳动局创业/就业指导中心 2. 研究创业案例，对比、反思自己的特点
	主题2 企业的主要类型	1. 通过教学活动（游戏），使同学了解企业的主要类型和特点 2. 阅读教学资料 3. 加深对概念的理解 4. 课件演示	1. 上网查阅资料 2. 思考企业在现代经济生活中的重要意义 3. 撰写1篇心得	
	主题3 创业者的角色	1. 在教学活动中了解岗位的职责 2. 课件演示，强化理解 3. 阅读资料1和深入理解	1. 虚拟岗位，思考岗位及岗位职责 2. 结合自身特点，设想如果…… 3. 撰写2~3篇心得	
	主题4 小企业	1. 演示课件，了解其含义及特点 2. 阅读资料 3. 课堂讨论	1. 深入思考"小企业"的特点 2. 思考"小企业"管理的重点 3. 思考如何选择	

模块二　学习创业精神

培训目标：强化学员的创业意识，理解创业精神对社会发展的重要意义

培训工具：活页挂纸、彩色卡片、投影仪、白板及白板笔

培训方法：讲解、讨论、角色扮演、头脑风暴、游戏、案例研究

培训课时：4课时

表 5-2-3 "学习创业精神"教学设计

创业工作过程	学习情景	（教、学、做结合）（职业情景）		
		课内：活动导向（一课堂）	课外：任务驱动（二课堂）	社会：工学结合（三课堂）
模块二 学习创业精神	主题1 创业精神的含义	1. 通过演讲、讨论理解创业的本质 2. 演示课件，了解创业的基本过程 3. 了解创业的基本条件并讨论	1. 查阅资料，深入理解创业的本质 2. 深入了解创业的过程与细节 3. 撰写创业心得，不少于2篇	自选： 1. 拜访企业家、政府官员、个体创业者，探讨创业的意义 2. 对自己感兴趣的一个领域进行调查 3. 寻找沟通对象，阐述自己对创业的理解
	主题2 创业的动机	1. 通过活动，了解创业的特征 2. 完成课堂练习，深入讲解创业特征 3. 分析创业者的特质	1. 查阅资料，了解成功创业者的创业发展史 2. 分析创业案例 3. 归纳、总结成功创业者的共性	
	主题3 创业在社会中的作用	1. 阅读资料一 2. 完成练习一，了解经济运行的含义 3. 演示课件，了解创业活动的社会贡献 4. 了解创业的收获	1. 查阅资料，了解社会经济发展的基本原理 2. 分析创业的社会贡献 3. 思考收获并撰写2篇心得	
	主题4 自主创业	1. 演讲并了解创业是个人价值实现的途径 2. 讨论创业与就业的异同与得失 3. 阅读材料思考人生的创业阅历	1. 查阅资料，思考创业与就业的异同 2. 拜访创业者 3. 思考自己的人生选择	

模块三 认识创业者特征

培训目标：帮助学生理解成功创业所需具备的个性特征
培训工具：投影仪、彩色卡片、白板、白板笔、活页挂纸、纸球、纸篮
培训方法：讲解、讨论、角色扮演、头脑风暴、游戏、案例研究
培训课时：5课时

表 5-2-4 "认识创业者特征"教学设计

创业工作过程	学习情景	（教、学、做结合）（职业情景）		
		课内：活动导向 （一课堂）	课外：任务驱动 （二课堂）	社会：工学结合 （三课堂）
模块三 认识创业者特征	主题1 评估创业者能力	1. 阅读职业生涯规划的基本模型 2. 讨论"创业八潜质" 3. 评估自我创业倾向	1. 访问大学生职业生涯网站 2. 提出两个问题	自选： 1. 和学校附近的创业者聊天，了解他们的职业素养 2. 收集打工信息 3. 应聘双休日兼职工作
	主题2 识别创业者特征	1. 阅读并研究案例 2. 分组讨论并完成练习一 3. 阅读材料二并讨论创业者的特征	1. 访问中国创业者网站 2. 分析一位创业者的特质	
	主题3 领导力	1. 阅读材料二 2. 请两个同学进行角色扮演 3. 讨论激励员工的八种技术 4. 研究案例 5. 企业家进课堂	1. 看CCTV2《赢在中国》节目 2. 哪位企业家给你留下的印象最深？为什么？	
	主题4 决策力	1. 分组讨论练习一，提出三种解决方案并分析其优劣 2. 评估自己的决策能力	1. 看CCTV2《赢在中国》节目 2. 与其他同学交流体会	
	主题5 风险承担	1. 阅读材料一并讨论 2. 做投掷游戏并讨论 3. 阅读材料二并讨论	1. 采访自己身边的创业者 2. 撰写2篇心得,听创业讲座	

模块四　开发创业者能力

培训目标：使学生能够理解成功创业和企业管理所需要的关键能力与决定性因素

培训工具：投影仪、彩色卡片、白板、白板笔、活页挂纸

培训方法：讲解、讨论、角色扮演、头脑风暴、游戏、案例研究

培训课时：3 课时

表 5-2-5 "开发创业者能力"教学设计

创业工作过程	学习情景	（教、学、做结合）（职业情景）		
		课内：活动导向（一课堂）	课外：任务驱动（二课堂）	社会：工学结合（三课堂）
模块四 开发创业者能力	主题1 成功创业者的能力	1. 通过案例分析讨论成功创业者的能力 2. 分组列出创办成功企业需要具备的知识、技能和特质 3. 评估创业者个人特质	1. 阅读案例，总结出案例主角作为成功的创业者，具备了哪些能力 2. 收看电视节目《财富故事会》	自选： 1. 与各类创业者交谈，向他们请教创业者应具备的能力和素养 2. 把主题四当中的创收活动计划付诸实施，教师可以充当顾问 3. 利用假期去企业参加实习
	主题2 成功创办小企业的关键因素	1. 讨论"康泰华刮痧理疗中心"案例，总结成功创办小企业的关键因素 2. 总结 MAIR 模式 3. 组织头脑风暴，应用 MAIR 模式，分组列出创办网吧的关键因素	1 访问中国创业者网 2. 与企业家面对面交谈	
	主题3 创业决定	1. 组织头脑风暴，让学生尽可能多地提出决定创办企业的原因 2. 结合演示课件二依次讨论每一个因素	1. 让学生完成练习 1 的测试，并进行自我评估 2. 参加 KAB 创业俱乐部活动	
	主题4 开发和提高创业者的能力	1. 让学生在练习一中填上他们已经或将要参与和涉及的创收活动 2. 讨论表格中内容的真实性和可操作性 3. 要求每个学生选择一个可能执行的活动 4. 将相同兴趣的学生组成小组去执行活动	1. 如果缺乏创业能力或计划不具备可行性，自主学习阅读材料二 2. 向成功创业者咨询自己的创业计划	

模块五 优选商机

培训目标：学习识别和评估商业机会的方法
培训工具：投影仪、彩色卡片、白板、白板笔、活页挂纸
培训方法：讲解、讨论、角色扮演、头脑风暴、游戏、案例研究
培训课时：3课时

表5-2-6 "优选商机"教学设计

创业 工作过程	学习情景	（教、学、做结合）（职业情景）		
		课内：活动导向（一课堂）	课外：任务驱动（二课堂）	社会：工学结合（三课堂）
模块五 优选商机	主题1 产生企业想法	1.让学生给企业下定义，在黑板和活页挂纸上记下学生的回答，展示演示课件一，谈论他们对企业的理解 2.让学生给出产生企业想法的方法和途径，在黑板和活页挂纸上记下学生的答案，展示演示课件三，并比较学生的回答 3.完成九点连线和正方形练习，讨论创造力	1.发现自己的兴趣和爱好 2.每小组从兴趣爱好中选择一个希望能发展成企业的想法	自选： 1.寻找一个商机，尝试开一家网上商店 2.尝试写一个创业计划书，争取中标后能够落地实施

模块六 组建企业

培训目标：使学生了解开办企业所需的程序
培训工具：投影仪、白板、白板笔、互联网
培训方法：讲授、课堂讨论、情景模拟、任务驱动
培训课时：6课时

表 5-2-7 "组建企业"教学设计

创业 工作过程	学习情景	（教、学、做结合）（职业情景）		
		课内：活动导向 （一课堂）	课外：任务驱动 （二课堂）	社会：工学结合 （三课堂）
模块六 组建企业	主题1 选择合适的 市场	1. 阅读材料一、材料三 2. 讨论练习一中的两个问题 3. 讨论总结市场调查的重要性及方法	1. 分成若干小组，各小组选择一个自己感兴趣的创业领域，提出创业想法 2. 解释选择的理由	自选： 1. 学生可以兼职打工，收集打工企业的创业信息 2. 调查了解两种以上不同法律形式的企业 3. 尝试开办网上商店
	主题2 企业选址	1. 阅读材料一，讨论选址的重要因素 2. 研读练习一中的案例，完成讨论题 3. 讨论：你所创办的企业会在什么位置	根据小组创业想法进行调研，确定合理的选址方案	
	主题3 企业的法律 形式	1. 课前阅读材料一 2. 到工商局请工商局管理人员现场讲解各种法律形式	登录工商局网站，进一步了解各种企业法律形式的特点	
	主题4 计算所需 资金	1. 阅读资料一 2. 演示课件一，讨论每一项支出项目 3. 讨论练习一中的案例，列出运营支出表	列出小组创业项目的运营前支出表和运营前期支出表	
	主题5 筹措创业 资金	1. 阅读材料，讨论练习一中的问题 2. 阅读材料二，讨论企业资金来源	1. 根据小组创业项目提出融资渠道 2. 登录创业网站，收集大学生创业融资经验	
	主题6 开办企业的 途径	1. 阅读材料一 2. 讨论比较几种开办企业的途径	讨论确定小组创业项目的开办方式	

模块七　经营企业

培训目标：了解经营企业的各个环节和要点

培训工具：投影仪、彩色卡片、白板、白板笔、活页挂纸

培训方法：讲解、讨论、角色扮演、头脑风暴、游戏、案例研究

培训课时：6 课时

表 5-2-8 "经营企业"教学设计

创业工作过程	学习情景	（教、学、做结合）（职业情景）		
		课内：活动导向（一课堂）	课外：任务驱动（二课堂）	社会：真刀真枪（三课堂）
模块七 经营企业	主题1 员工的招聘和管理	1.课堂模拟招聘会 2.员工激励因子排序与分析	1.访问前程无忧招聘网 2.提出本企业的招聘要求	自选： 1.收集企业管理信息，比较不同企业成败的经验教训 2.将班级管理改组为企业化管理 3.总结班级企业化管理的得失
	主题2 时间管理	1.阅读练习一，讨论时间管理的问题及原因 2.填写练习二的表格，分析个人的时间利用情况	1.制订一周时间管理表 2.执行一周后写分析报告	
	主题3 销售管理	1.讨论成功的营销人员的特征 2.分组做练习一，提出各自的促销方案	1.看一周《新闻联播》后的5分钟广告 2.对该时段广告效果进行分析	
	主题4 供货商管理	1.讨论采购的基本程序与注意事项 2.看阅读材料一，了解采购基本程序	1.登录当当与阿里巴巴网站 2.对比 btoc 和 btob 的采购程序	
	主题5 新技术在小企业的应用	1.做练习一，讨论新技术在小企业的适用性 2.讨论引进新技术需要考虑的问题	收集适用于小企业的新技术	
	主题6 成本管理	1.做练习一，对成本费用进行分类 2.做练习三，计算产品或服务的总成本	1.收集相关信息 2.制订模拟企业的成本预算表	
	主题7 财务管理	请企业的财务经理做演讲	1.记录本人一个月的现金账单 2.编制模拟企业的"现金流量表"	
	主题8 财务报表	1.讨论财务报表的重要性 2.做练习一，编制简单的"利润表"和"资产负债表"	1.收集啤酒企业上市公司的报表 2.收集信息，了解财务报表的重要性	

模块八 撰写计划书

培训目标：学生能够撰写创办企业商业计划书

培训工具：投影仪、彩色卡片、白板、白板笔、活页挂纸

培训方法：讲解、讨论、角色扮演、头脑风暴、游戏、案例研究

培训课时：4 课时

表 5-2-9 "撰写计划书"教学设计

创业 工作过程	学习情景	（教、学、做结合）（职业情景）		
		课内：活动导向 （一课堂）	课外：任务驱动 （二课堂）	社会：真刀真枪 （三课堂）
模块八 撰写计划书	主题 1 信息的来源	1. 阅读材料一 2. 演示课件一 3. 讨论课件一内容	收集与计划书有关的信息	自选： 1. 了解获取信息的渠道 2. 与创业者探讨商机
	主题 2 准备商业计划书	1. 阅读 2. 展示练习	以小组为单位讨论	
	主题 3 具备创业者风范	1. 演示课件一、二 2. 完成练习一 3. 看阅读材料一	制订行动计划	
	主题 4 标准的商业计划书	与学生讨论标准的计划书	查阅计划书范本	
	主题 5 如何设计商业计划书	1. 演示课件一并讨论 2. 阅读材料二	完善创业计划书	

第三节　思想政治课行动导向教学设计典型案例

下文主要从中等职业学校思想政治课基础模块"中国特色社会主义""心理健康与职业生涯""职业道德与法治""哲学与人生"中选取了运用行动导向教学法设计的典型案例。

一、行动导向教学设计案例 1

表 5-3-1　"践行文明消费"教学设计

授课日期	2020 年 9 月 14 日	课程学时	2 学时
学习领域	中国特色社会主义		
学习单元	践行文明消费		
一、课前准备			
1. 教学分析			
本课主要学习影响消费的因素、消费的类型、消费结构、消费心理和消费原则。本课内容是从学生身边的消费现象入手，深入浅出地分析关于生活消费的知识，为后面学习消费与生产的辩证关系做好铺垫。将知识点融入具体的应用实例中，以培养学生应用消费知识解决实际问题的能力和提高学生的人文素养			
2. 学生分析			
已有的认知水平和能力状况	学生已经掌握了一定的消费知识，但是对如何将知识和实际应用联系起来缺乏经验		
学习需要和学习行为	（1）培养自主学习能力、协作能力。 （2）提高综合解决问题的能力		
3. 教学目标			
知　识	（1）识记：主要的消费心理。 （2）理解：怎样看待、评价各种消费心理；准确理解四大消		

续表

知　识	费原则的内容。 （3）运用：根据所学知识，拟定一份家庭消费计划，并结合个人行为，说说怎样才能做一个理智的消费者
能力目标	深化学生对消费的认识，培养学生的理论思维能力、深入分析经济问题的能力、参与经济生活的能力
情感目标	（1）通过本课的学习，向学生进行勤俭节约、艰苦奋斗的思想政治教育，从而使学生树立正确的消费观。 （2）使学生树立环保和绿色消费的理念。针对环境污染问题，引导学生树立可持续发展、人与自然和谐发展的观念。 （3）使学生逐步养成适度消费、量入为出以及避免盲从的消费观念，使学生成为理性的消费者

4. 教学重点与难点

重点	理智消费者践行的四大原则
难点	消费心理对消费行为的影响

5. 教学方法

模拟教学法、项目教学法、分组讨论教学法、案例法、总结归纳法

6. 教学用具

（1）任务设计

任务描述	任务情境简述	设计意图
消费计划	拟定一份家庭消费计划	培养学生综合解决问题的能力

（2）教学资源

资源类型	资源内容简要描述	资源来源
教学课件 素　材 范　本	① 课件内容包含学习方面的重点和难点，帮助学生进行自主学习。 ② 范本主要是为了给学生一个示范。 ③ 素材是为学生设计提供资料	教师提供 学生自主收集素材

（3）教学用具

多媒体课件、图片素材、计算机

续表

7. 学生分组
课前分组（4组），选好组长

二、课堂部分——教学过程

1. 复习提问（5分钟）

回顾：通过前面的学习，我们知道消费在生活中是无处不在的，我们每一个人在一定程度上都扮演着消费者的角色。都说"在其位便要谋其政"，那我们怎样才能扮演好这个角色呢？这就是我们今天要学习的内容"践行文明消费"。

提问：每个小组提前准备提问题目，四个小组两两互相提问。根据答题情况，为各组计分，获胜小组优先选择素材

2. 新课导入（4分钟）

教师引导	学 生
家庭消费理财欣赏	选择自己喜欢的理财方式，为什么喜欢？
想不想自己设计家庭消费理财计划	想

3. 新课内容

相应内容	学生	教师	时间分配	教学方法
展示家庭消费理财计划，引导学生分析组成要素、优缺点	问题分析与理解小组讨论	问题导入指导	3分钟	项目教学法 模拟教学法 分组教学法 案例教学法
创设问题情境，布置学习任务，设计家庭消费理财计划（见任务书）	讨论，明确学习任务	提出情境布置任务	3分钟	
学生组内讨论作品整体设计	问题分析与理解整体讨论	指导	5分钟	
学生自主学习，完成创作任务	自主学习，一人操作，其余成员参与设计，小组协作学习	指导	15分钟	

续表

汇报本组作品,组间互评	协作学习,相互点评、打分	指导	5分钟	总结归纳法
教师点评	反思	点评	2分钟	

4. 课堂总结部分（2分钟）

通过本次家庭消费理财计划，我们掌握了"影响消费的多种因素，消费行为受消费心理的影响和做理智的消费者"相关内容。其中，大家注意几种消费心理的特点及其评价，几种消费原则主要从哪些方面来把握，特别是适度消费、勤俭节约和贷款消费要结合起来理解

5. 课后作业部分（1分钟）

（1）为自己设计一份消费理财计划。
（2）请从网络上收集一些样本、素材，下次课程我们将为整个班级设计一份电子理财计划

任务书

情境设置：

在××家政公司，某社区于主任到公司来洽谈业务，希望公司能为社区的居民们设计家庭理财计划，请公司的设计小组来进行设计。

学生任务：

学生在课前分成4个小组，并设组长。在该情境中，组长负责本小组的设计；组员负责出谋划策，共同完成设计。

设计内容：

为某社区居民设计家庭理财计划。

设计要求：

尽量设计得科学、合理，符合居民使用。

教学步骤：

（1）分发素材。
（2）各小组自主学习、分组讨论，共同完成家庭理财计划书设计。
（3）完成理财计划书，提交给教师。

（4）教师分发作品到各小组，小组成员讨论。

（5）组长代表小组对所有作品进行评价。

各组成绩汇总表

组 名	回答问题（30%）	设计作品（50%）	团队表现（20%）	总 分（100分）
一组				
二组				
三组				
四组				

作品评分表

组 名	整体效果（30%）	设计内容（50%）	科学性（20%）	总 分（100分）
一组				
二组				
三组				
四组				

课堂表现评分表

组 名	回答问题1	回答问题2	回答问题3	总分（100分）
一组				
二组				
三组				
四组				

教学评价

（1）本课以设计家庭理财计划为契机，教师引导学生对情景设置的问题进行合作探究，学生自主学习基础性的知识；通过师生共同探讨和教师的点评突破重点和难点问题。最后通过实践探究，检测学生掌握知识以及运用知识的情况，提高学生分析和解决问题的能力。

（2）考虑知识的完整性。本课的教学分两个课时进行，第一课时讲授影响消费的因素、消费的类型和结构等内容，第二课时讲授消费心理和原则以及实践探究的内容。在教学过程中，充分体现教师为主导、学生为主体的理念，教师只进行适当的引导和点评，充分发挥学生的积极性，提高其学习效率。

（3）通过活动，使学生养成适度消费、勤俭节约和贷款消费结合的理念。

二、行动导向教学设计案例 2

表 5-3-2 "做好创业准备：校园招聘"教学设计

学习领域	学习任务		做好创业准备：校园招聘
职业生涯规划与心理健康			
教材版本	高等教育	教学形式	行动导向法
授课时数	2 课时	教学媒体	多媒体、工作页、表格
授课班级	19 计算机		
教学目标	掌握校园招聘的程序、面试的技巧和个人简历的设计方法		
技能目标	懂得使用常用企业招聘工具、填写常用表格和设计个人简历		
教学回顾	面试官（组长）评价见"企业应聘人员甄选表" 应聘者（组员）评价见"企业招聘面谈表""企业应聘人员面试评价表"		

续表

教学设计流程图	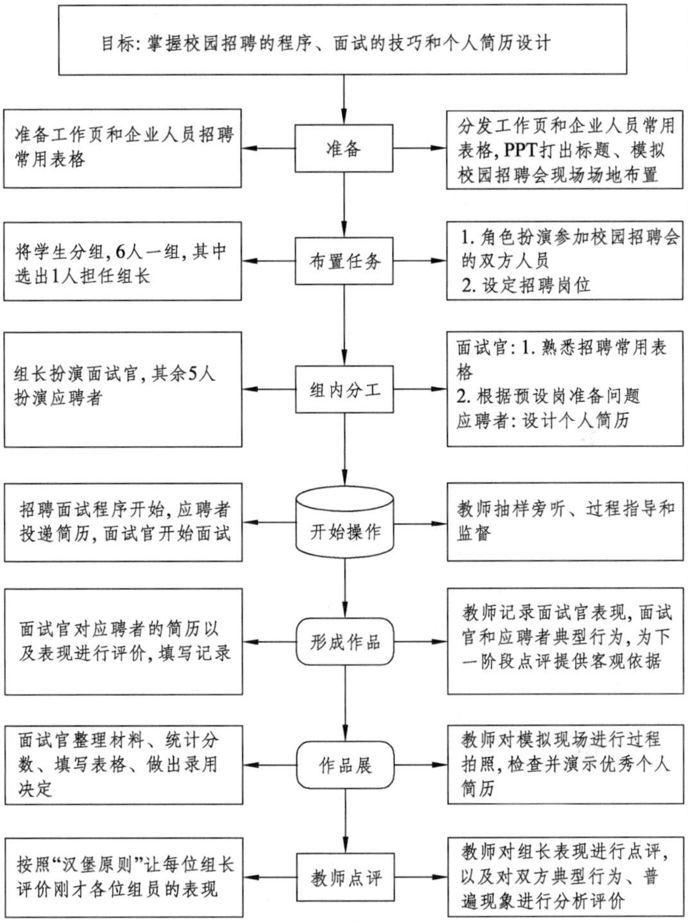 目标：掌握校园招聘的程序、面试的技巧和个人简历设计		
	准备工作页和企业人员招聘常用表格	准备	分发工作页和企业人员常用表格，PPT打出标题、模拟校园招聘会现场场地布置
	将学生分组，6人一组，其中选出1人担任组长	布置任务	1. 角色扮演参加校园招聘会的双方人员 2. 设定招聘岗位
	组长扮演面试官，其余5人扮演应聘者	组内分工	面试官：1. 熟悉招聘常用表格 2. 根据预设岗位准备问题 应聘者：设计个人简历
	招聘面试程序开始，应聘者投递简历，面试官开始面试	开始操作	教师抽样旁听、过程指导和监督
	面试官对应聘者的简历以及表现进行评价，填写记录	形成作品	教师记录面试官表现，面试官和应聘者典型行为，为下一阶段点评提供客观依据
	面试官整理材料、统计分数、填写表格、做出录用决定	作品展	教师对模拟现场进行过程拍照，检查并演示优秀个人简历
	按照"汉堡原则"让每位组长评价刚才各位组员的表现	教师点评	教师对组长表现进行点评，以及对双方典型行为、普遍现象进行分析评价

教学过程及时间分配	教学内容	教学方法
组织教学 3分钟	整顿秩序，清点人数，填写教学日志，做好课前准备	
导入新课 12分钟	1. 说明本课的课题、教学内容、教学目标、技能目标 2. 回顾理论课对本课题分组讨论的结果 3. 强调本次学习任务的实施步骤及具体注意事项	语言引导法

续表

教学过程及时间分配	教学内容	教学方法
新课安排 25分钟	一、结合理论课分组的结果，根据思维导图，明确任务要求，分小组进行方案实施（10分钟） 1．分组：6人一组，选出1名组员扮演面试者，其余5人扮演应聘者 2．材料：工作页、个人简历、"企业应聘人员甄选表""企业招聘面谈表""企业应聘人员面试评价表" 3．场地：模拟招聘会现场布置（上课前布置完毕） 4．任务实施： （1）招聘面试程序开始，应聘者投递简历，面试官开始面试 （2）教师抽样旁听、指导和监督 5．实施要求： 面试官： （1）面试官事前要根据预先设定的岗位，准备好面试题目，参考"企业招聘面谈表""企业应聘人员面试评价表" （2）面试官对应聘者的简历以及表现进行评价，填写记录 （3）面试官整理材料、统计分数、填写表格、做出录用决定 应聘者： （1）面试者按照理论课的要求设计并打印好个人简历 （2）按照面试官的要求回答问题 6．教师提醒实施注意事项： （1）角色扮演双方都要进入角色，注意面试礼仪 （2）面试官表述要清晰，设问要恰当，注意气氛调节 （3）应聘者注意回答问题的技巧和语气 （4）面试官要注意控制时间，每位应聘者面试的时间一般控制在3~5分钟	思维导图法 语言引导法 自我归纳总结法

续表

教学过程 及时间分配	教 学 内 容	教学方法
新课安排 25分钟	（5）双方态度要严肃认真，评价要客观公正 二、方案实施结果的总结评价（15分钟） 1．学生自我总结评价（8分钟） 　每小组由组长发言，对本小组刚才实施的效果和组员的表现进行评价；对自我表现进行自评 2．教师总结评价（7分钟） 　教师对组长的表现、双方典型行为、普遍现象进行分析评价 附表：（满分为100分，具体评分标准如下）	

组 名	材料准备 （25分）	设问技巧 （25分）	气氛控制 （25分）	时间控制 （25分）	总分
第1组					
第2组					
第3组					
第4组					
第5组					
第6组					

附件1：

企业应聘人员甄选表

单位名称： 　　　　　　　　　　填表日期：　　年　月　日

职位名称				面谈时间		
口试测试人				心理测试人		
姓名	学历	年龄	工作经历	反应能力	智力	创造力

填表人：　　　　　　　　　　　　　　　　　　　审核人：

填表说明：

1. 此表用于甄选应聘人员，对待选人进行各项评估时，可采取等级评选的方式，也可以采取打分的方式，评估标准另定。

2. 此表保存在人力资源部，并注意保密，也可以定期销毁。

附件2：

企业招聘面谈表

单位名称： 　　　　　　　　　填表日期： 　　年　　月　　日

面谈对象姓名		所在部门		申请职位	
面谈地点		面谈时间		面 谈 人	
面谈内容					
工作兴趣	1. 这一职位涉及哪些方面的工作？ 2. 你为什么想做这份工作？ 3. 你为什么认为你能胜任这方面的工作？ 4. 你对待遇有什么要求？ 5. 怎么知道我们公司的？				
目前工作状况	1. 如果可能，你什么时候可以到我们公司上班？ 2. 你现在的工作单位及工作职务情况。				
工作经历	1. 请简述你以前的工作简历，主要指职务及工作内容。 2. 你所取得的主要工作成绩有哪些？ 3. 在以前的工作中，你一直是从事同一种工作吗？ 4. 说明你曾从事过哪些不同的工作、时间长度及各方面的主要成绩。 5. 你认为自己最适合从事哪方面的工作？曾经在哪些方面有成就感？ 6. 你最初的薪水是多少？现在的薪水是多少？ 7. 你目前的求职意向是什么？要求月薪是多少？ 8. 请简述以前几个工作的离职原因。 9. 在选择新工作时，你最看中的是公司的哪些方面？				
教育背景	1. 你认为你所受的哪些教育或培训将帮助你胜任所申请的工作？ 2. 对你受过的所有正规教育进行说明。 3. 说明工作以外的培训及学习情况。				
个人问题	1. 你愿意出差吗？ 2. 你最长的出差时间是多久？ 3. 你对加班的看法。				
其他	1. 你认为你最大的优点是什么？ 2. 你认为你最大的缺点是什么？ 3. 你有哪些爱好及特长？你的性格特征。 4. 你对以前工作单位满意的地方在哪里，有哪些不满？ 5. 你与以前的上、下级及同事的关系怎么样？ 6. 你对我们公司的印象怎样？包括规模、特点、环境、竞争地位等。 7. 你对申请的职位最大的兴趣是什么？ 8. 介绍一下你的家庭情况。 9. 你认为对你工作有激励作用的因素有哪些？ 10. 你更喜欢独自工作还是协作工作？				

填表人： 　　　　　　　　　　　　　　　　　　　　　　审核人：

填表说明：
此表用于负责人事招聘的专员与应聘人员谈话前拟定面谈提纲之用。

附件3：

企业应聘人员面试评价表

单位名称： 　　　　　　　　　填表日期： 　年　月　日

应 聘 人		应聘职位		职位编码		
预约时间		实到时间		面试日期		
评价项目		评 分 标 准				备注
		优	良	中	可	差	
1. 仪表和仪态（着装、坐姿等）						
2. 自我表现能力（表情、语言、自信）						
3. 口头表达能力（沟通能力）						
4. 想象力、创造力						
5. 综合分析能力						
6. 工作热情、事业心						
7. 体力、精力情况						
8. 随机应变能力						
9. 态度及工作抱负与公司工作目标是否相符						
10. 专长是否符合职位要求						
11. 教育程度是否符合要求						
12. 气质、性格类型是否符合职位要求						
13. 工作意愿与公司要求是否一致						
14. 工作经历是否符合要求						
15. 要求待遇、工作条件是否符合公司情况						
16. 潜能在本公司能否有所发挥						
17. 综合素质是否符合职位要求						
综合评价等级						
综合评语以及录用建议						
建议入职日期						

主考人： 　　　　　　审核人： 　　　　　　总经理：

填表说明：

1. 此表用于招聘工作中的面试过程，由主试人员或面试时专门记录人员填写。

2. 此表评价等级、综合评语及录用建议由招聘小组研究后集体决定。

3. 面试结束后，请及时将此表随面试人员资料送交办公室，以免延误招聘进程。

三、行动导向教学设计案例 3

表 5-3-3 "礼仪修养显个人魅力"教学设计

学习领域	职业道德与法治
学习情境	礼仪修养显个人魅力
任务描述：	按照课堂礼仪规范完成一堂课的学习
获取信息	56 名学生分成两个小组，确定小组负责人，并填写下列内容： 小组名称： 小组负责人： 小组成员： 1. 观看、对比两段课堂礼仪视频资料，找出视频中礼仪不规范的地方。 2. 阅读教材中课堂礼仪规范的相关知识点，填写不同情境下的礼仪规范并制作 PPT。 3. 展示学生制作的 PPT。
制订计划书做出决定	1. 讨论课堂礼仪规范有哪些，用简介的语言按照一堂课的顺序有条理地写出来。 2. 以"讨论—角色模拟—讨论发言"的教学思路完成任务。 3. 以小组为单位进行讨论，写出详细的小组任务计划，填下列表格。 | 内容	任务	责任人
---	---	---
准备工作分工	课堂角色模拟分工	学生
实施过程分工	讨论发言	学生
	角色扮演	学生
	讨论发言	学生
后续工作分工	课后体会	学生	 4. 以小组为单位汇报实施计划的内容，确定讲解内容，由教师组织点评。 5. 优化实施计划，确定最终实施计划。
实施计划	1. 角色扮演。 2. 听了发言后，找出礼仪规范和不规范的原因，找出解决问题的方法和途径。 3. 教师总结。

续表

检验评价	1.教师提供此次活动的评分标准 从观看视频、PPT制作、语言表达、角色表演、仪表仪态五个方面进行，评分标准如下： （1）观看视频，认真（10分）。 （2）PPT制作内容全面准确、画面精美（20分）。 （3）语言表达：普通话表达、声音清晰、语速适中、内容条理清楚、用词准确恰当（20分）。 （4）角色扮演：角色定位清晰、演示内容准确恰当（30分）。 （5）仪表仪态：穿着得体整洁，举止自然大方（20分）。 2.考评评估 <table><tr><td>组名</td><td>自评（10%）</td><td>小组互评（30%）</td><td>教师评价（60%）</td><td>合计</td></tr><tr><td>1</td><td></td><td></td><td></td><td></td></tr><tr><td>2</td><td></td><td></td><td></td><td></td></tr></table>

在教学中采用引导课文教学法，目的是促进学生独立工作能力的发展。教师一定要"放权"，让学生在教学实施的各个阶段都是独立的、主动的，教师的行为局限在准备和收尾阶段。

四、行动导向教学设计案例4

表5-3-4 "普遍联系与人际和谐"教学设计

课程名称		哲学与人生	课题		普遍联系与人际和谐
授课日期		2020年10月30日	授课班级	现代农艺班	授课时数	1
教学目标	知识目标	1.认识人际和谐的定义 2.了解和谐人际关系的特征 3.了解人际和谐的作用			
	能力目标	方法能力：学会与他人相处，创造和谐的人际关系 社会能力：培养学生的语言表达能力，团结协作能力和竞争意识。			
教学对象分析		学生普遍活泼好动，思想不容易集中。有的同学对学习有畏难的情绪，懒于思考，因此要针对学生特点采取案例教学方法，提高学生的学习兴趣。采用分组完成任务的形式，使学生主动探索，并调整难度，使学生能解决生活中的实际问题			

续表

教材分析及处理	第一节介绍了用普遍联系的观点看问题,这节介绍如何营造和谐的人际关系
教学重点与难点	重点:学会用联系的观点全面地看待人际关系
	难点:营造和谐人际关系,创造快乐人生有一定的难度
教学方法	情景教学法,小组合作法,案例分析法
教学资源	课本,案例,微课
教学组织流程	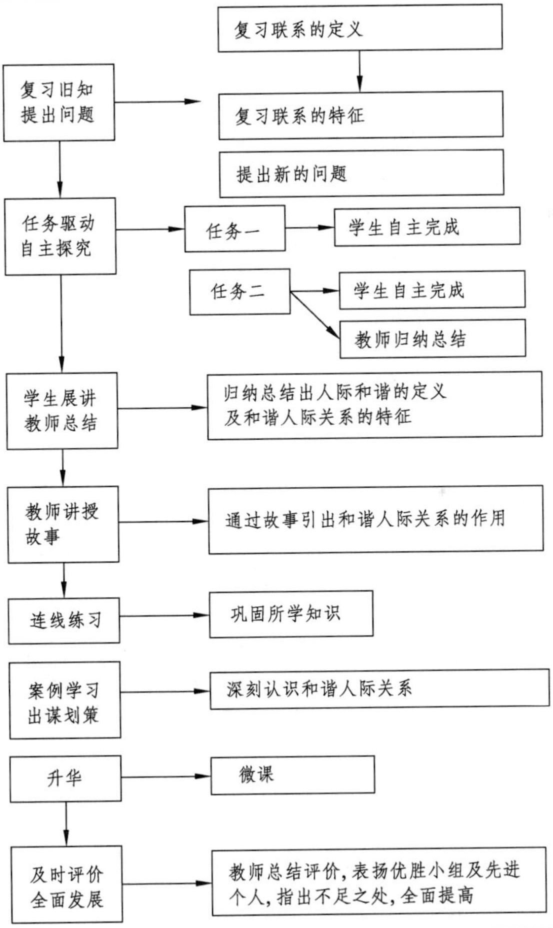 复习旧知提出问题 → 复习联系的定义 / 复习联系的特征 / 提出新的问题 任务驱动自主探究 → 任务一 → 学生自主完成 任务二 → 学生自主完成 / 教师归纳总结 学生展讲教师总结 → 归纳总结出人际和谐的定义及和谐人际关系的特征 教师讲授故事 → 通过故事引出和谐人际关系的作用 连线练习 → 巩固所学知识 案例学习出谋划策 → 深刻认识和谐人际关系 升华 → 微课 及时评价全面发展 → 教师总结评价,表扬优胜小组及先进个人,指出不足之处,全面提高
课后记	

任务一

项目	内 容
设置情景	在一分钟内阅读课本指定内容
对 象	课本
学生任务	学生在课前分成四个小组，并设组长。在该情境中，组长作为阅读小组主管，负责本小组的阅读工作；组员负责完成阅读任务
内 容	总结出人际和谐的定义
要 求	1. 学生必须分组、分工共同完成任务 2. 做好记录 3. 各小组派代表上讲台展示
教学步骤	1. 自选对象 2. 各小组自主学习、分组讨论，推荐代表发言，共同归纳总结出人际和谐的定义和特征 3. 完成后提交给教师 4. 教师分发作品到各小组，小组成员讨论 5. 组长代表小组对所有作业进行评价 6. 教师点评

任务二

项目	内 容
设置情景	在课堂现场采访
对 象	学生和老师
学生任务	学生在课前分成四个小组，并设组长。在该情境中，组长作为设计小组主管，负责本小组的设计；组员负责出谋划策，共同完成设计
内 容	你认为受欢迎的人具有哪些品质？
要 求	1. 学生必须分组、分工共同完成任务 2. 做好记录 3. 各小组派代表上讲台展示
教学步骤	1. 自选对象 2. 各小组自主学习、分组讨论，推荐代表发言，完成采访任务，共同归纳总结出人际关系和谐的定义和特征 3. 完成后提交给教师 4. 教师分发作品到各小组，小组成员讨论 5. 组长代表小组对所有作业进行评价 6. 教师点评

各组成绩汇总表

组 名	回答问题（30%）	提交作业（50%）	团队表现（20%）	总 分（100分）
一组				
二组				
三组				
四组				

作品评分表

组 名	整体效果（30%）	内容（50%）	科学性（20%）	总 分（100分）
一组				
二组				
三组				
四组				

课堂表现评分表

组 名	回答问题1	回答问题2	总 分（100分）
一组			
二组			
三组			
四组			

第四节 语文课行动导向教学设计典型案例

一、行动导向教学设计案例 1

表 5-4-1 "应用文——海报"教学设计

学习领域	应用文写作		学习任务	海报	授课时数	2
授课日期	2020 年 5 月 30 日			周次 15	科组教务员审批	
教学班级	现代文秘班					
教材版本	高等教育出版社					
教学方法	讲授法、粘贴板教学法、小组合作学习法、小组竞赛法、头脑风暴法、项目教学法				年　月　日	
教学媒体（含教具）	多媒体课件、投影仪、视频					
教学目标	知识目标	1.了解海报的定义及作用 2.掌握海报的基本写法 3.掌握海报写作的注意事项			教务科审批	
	能力目标	1.通过实际操作让学生学会制作海报 2.提高口头表达能力 3.培养学生的合作精神			年　月　日	
教学对象分析	该班学生是计算机与文秘专业，全班大部分是女生，课堂纪律较好。本班女生性格较为活泼开朗，课堂气氛比较活跃。本课采用小组竞赛教学法，让学生在一定的激励机制下更积极主动地参与进课堂活动中					
教材分析	该教材从培养富有创造精神和竞争能力的人才的角度出发，通过书本与练习结合的课内外教学活动，让学生全面了解常用应用文的基本知识，使学生在理论与实践结合的基础上掌握写作规律，能根据实际需要较熟练、规范地撰写常用应用文，提高写作能力和水平，为今后迈进社会打下良好的基础					
教学重点	掌握海报的撰写方法与写作技巧					
教学难点	让学生积极主动地投入到课堂学习中，最大限度地提高学习效果					
教学准备	收集相关资料，制作多媒体课件，准备分组方案					

续表

教学组织流程图	

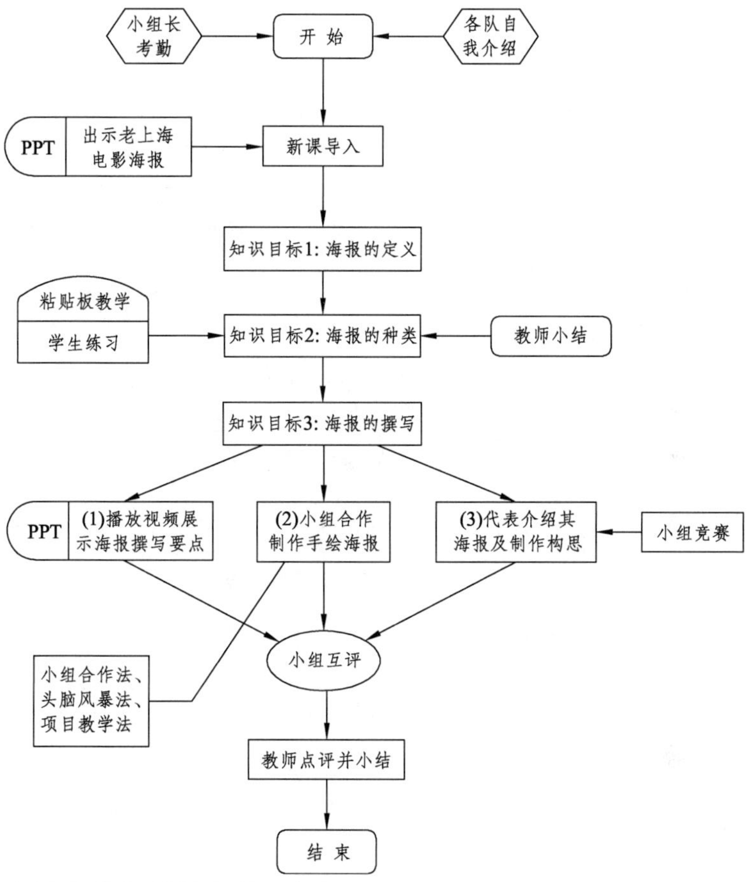

（流程图内容：小组长考勤 → 开始 ← 各队自我介绍；PPT出示老上海电影海报 → 新课导入 → 知识目标1：海报的定义 → 知识目标2：海报的种类（粘贴板教学/学生练习、教师小结）→ 知识目标3：海报的撰写 →（1）PPT播放视频展示海报撰写要点、（2）小组合作制作手绘海报、（3）代表介绍其海报及制作构思（小组竞赛）→ 小组互评（小组合作法、头脑风暴法、项目教学法）→ 教师点评并小结 → 结束）

二、行动导向教学设计案例2

表5-4-2 "雨巷"教学设计

课程名称	雨巷	授课对象	计算机班	课时	2课时
教材分析	教材特点	\multicolumn{4}{l}{《雨巷》出自高教版中职《语文》（基础模块·上）第六单元第二课。这一单元的主题是诗歌散文欣赏，单元提示中要求学生能够领会意向，掌握鉴赏现代诗歌的基本方法}

续表

课程名称		雨巷	授课对象	计算机班	课时	2课时
教材分析	课程地位及作用	本篇课文作为一首典型的现代诗歌,无论传情还是达意,都十分注重意象的运用。意象是主观情感与客观形象的融合,是抽象情感的具象表达,是理解诗歌的关键				
	教材处理	通过设置案例、小组合作式学习进行教学,使课堂内容更贴近学生、贴近专业				
学情分析	性格特征	思维活跃,动手能力强,对信息技术充满兴趣。宜采用信息化教学法,提升学习兴趣,提高教学效率				
	学习能力	解题能力一般,但乐于思考实际问题。宜采用案例教学法,模拟职场真实情境				
	学习习惯	对传统课堂缺乏兴趣,但对就读专业充满热情与好奇。将语文教学与专业知识相结合				
教学目标	知识与能力	通过赏析《雨巷》,理解诗歌中的基本意象,体会全诗意境,掌握鉴赏现代诗歌的基本方法				
	过程与方法	运用案例教学法引导学生理解诗歌意象,并结合专业技能运用于实际生活				
	情感态度与价值观	培养学生的团队合作意识、创新精神,以及对本专业的热爱之情				
教学重难点	教学重点	通过赏析《雨巷》,理解诗歌中的基本意象,体会全诗意境,掌握鉴赏现代诗歌的基本方法				
	教学难点	运用案例教学法引导学生理解诗歌意象,并结合专业技能运用于实际生活				
教法学法	教法	案例教学法、信息化教学法				
	学法	小组合作法				

教学过程	教师活动	学生活动	效果评析
一、课前准备	1. 依据学生个性、特长及语文基础水平,将学生划分为5人小组,尽量保证"组内异质,组间同质" 2. 制作并上传网络云课堂教学资源	自主预习《雨巷》,破除字词障碍,了解诗歌大体内容	课前预热,提高课堂教学效率,培养学生自主学习习惯
二、乐舞诗韵,课堂导入	1. 播放舞蹈视频《小城雨巷》 2. 引出课堂主题——现代诗人戴望舒的代表作品《雨巷》	欣赏舞蹈视频,感知课文的情感基调	通过舞蹈视频导入,吸引学生注意力,唤起学习兴趣
三、情景配乐,即兴朗诵	播放情景配乐,引导学生即兴朗诵	男生独诵——女生独诵——全班齐诵	通过朗诵形成对诗歌内容及情感的初步感知

续表

教学过程	教师活动	学生活动	效果评析
四、屏息凝神，寻找意象	1. 引导学生登录云课堂，进行《雨巷》诗歌意象寻找"课堂在线游戏 2. 随机抽点学生针对所选意象图案进行说明	游戏规则：在30秒的时间内，找出《雨巷》中的所有意象图案，找对一个加10分，错一个扣10分	在线小游戏激发学生参与热情，检测基础知识掌握情况，为进一步解析意象做好铺垫
五、披文入情，绘声绘色	1. 提问：游戏中所选象图案皆为黑白，那它们理应是什么色彩？ 2. 随机抽点学生针对上色意象进行说明	学生以小组为单位，自主探究课文，依据诗歌内容及个人理解，应用Photoshop软件为意象图案上色	将语文知识与专业技能结合：只有充分理解诗歌内容与情感的基础上，熟练运用Photoshop软件才能完成任务
六、实境案例，灵活应用	1. 引入案例：淘宝女装店"雨巷"为迎接新春旺季，增加店铺营业额，特招募网页美工一名，主要负责商品展示图文设计 2. 任务要求（评价标准）：图片全面反映商品性状，突出卖点（25%）；融合诗歌《雨巷》的意象元素（25%）；文字概要介绍商品信息，体现特色（25%）；蕴含诗歌《雨巷》的文学情韵（25%）	明确案例任务：在淘宝女装店"雨巷"中任选一件商品完成展示图文设计	1. 进一步深化学科知识互融 2. 商品介绍文字要求"少而精，富含文学情韵"，引导学生将诗歌文字运用于实际生活
七、小组合作，解析案例	观察各小组任务进展情况，调控课堂节奏，及时解答学生提问，为遇到困难的小组提供必要的帮助	依据任务内容，进行角色分工，合作完成案例任务	培养团队合作意识、创新精神，促进生生交流
八、评价案例，班级展示	1. 引导各小组将制作完成的任务成果上传至云课堂讨论区 2. 挑选得票排名前三的小组上台进行交流展示	1. 全班学生依据评价标准自由投票，选出最佳案例解决方案 2. 展示小组上台介绍团队分工情况，解说设计思路与亮点，分享案例经验	树立学习信心，锻炼口头表达能力
九、课堂小结，布置作业	布置作业：浏览其他小组设计方案，相互学习借鉴，进一步完善本小组作品	1. 以自由发言的形式总结课堂学习收获 2. 填写"语文课堂多元评价表"	学会欣赏他人，懂得自查与借鉴

三、行动导向教学设计案例 3

口语交际训练"采访"教学设计

一、导入新课

播放比尔·盖茨的采访视频，导入采访这一话题。让学生明确采访是重要的口语交际形式。

二、理论讲授

采访的四个步骤：做好采访选题—做好采访准备—控制采访场面—善于随机应变。

回答提问的要求：第一，善听。能够了解采访者的意图，能够听出弦外之音。第二，会答。回答的话"贵精贵实"。特殊情况可以攻为守，避重就轻。

三、口语实训

让学生自由结合设计一个话题，围绕该话题利用 1 小时的时间采访，并注意理论讲授的要点。

47 位学生分成 12 组，形成 12 个采访话题，每组一个记录员记录采访过程的问与答。教师在教室内轮流观摩每组采访实录。

第一组：1 对 1，记者—自主创业的学生。采访话题：自主创业的过程。

第二组：1 对 5，记者—体育爱好者。采访话题：对李娜首捧大满贯的感受。

第三组：1 对 1，记者—学生。采访话题：对学校食堂质量和价格的评价。

第四组：1 对 3，记者—学生。采访话题：如何看待技校中职生早恋现象。

第五组：1 对 1，记者—追星族。采访话题：对某一明星的了解。

第六组：1 对 1，记者—老师。采访话题：如何看待学生兼职现象。

第七组：1 对 1，记者—校长。采访话题：如何看待技校生的文明素质。

第八组：1 对 4，记者—学生。采访话题：如何处理室友习惯不同的问题。

第九组：1 对 3，记者—学生。采访话题：技校生活和初中生活的差异。

第十组：1 对 1，记者—学生。采访话题：如何看待时下流行的星座讨论。

第十一组：1 对 1，记者——学生。采访话题：对待三年中职生活有何规划。

第十二组：1 对 1，记者——运动员。采访话题：在校运动会中取得 3000 米冠军的感言。

四、教师总结

教师收集 12 组记录员的笔记，就现场观察的情况做点评。存在以下几个问题：

（1）记者不应该上来就提问，可先打招呼，拉近与被采访者的距离，并消除采访对象的紧张情绪。

（2）有的记者一次性连续提问多个问题，不符合提问的规律。

（3）问题设计没有层次。

（4）被采访者在回答问题时，记者插话打断。

（5）被采访者的回答应该紧扣问题，切忌大话、空话和泛泛而谈。

五、布置作业

以采访小组为单位，对记录员的采访记录做修改调整。

第六章 "基于行动导向法的职业学校课堂学生学习评价探讨"成果显示

第一节 基于行动导向教学法思想政治课典型阶段论文

阶段论文 1

项目教学法在中职思想政治课教学中的应用

我国已经进入全面建设小康社会、深化改革开放、加快转变经济发展方式的关键时期。借此契机,职业教育迎来了发展的春天。在大力发展职业教育的进程中,职业学校正全面推进素质教育,以适应社会发展的需要。中职思想政治课是中职学校素质教育的重要一环,所以应重视思想政治课教学。传统的中职思想政治课教学中存在诸多问题,其中较为突出的是教学方式上没有突破"教师讲道理、学生背道理、考试考道理"的传统模式。教师授课方式单一、死板,学生感到思想政治课枯燥无味。教学目标只停留在知识层面,没有完成情感价值观目标,最终没有解决学生的道德实践问题。这种传统的中职思想政治课教学模式重主导轻主体、重说教轻实践、重教法轻学法,抑制了学生学习的积极性,忽视了学生自主学习能力的培养,阻碍了思想政治课实效性的发挥。因此,面对社会对当代大学生思想道德素质的新要求,针对目前思想政治课教学的现状,中职思想政治工作者必须适应新形势,研究中职思想政治课教学的新情况、新问题,探索中职思想政治课教学的特点和规律,创新中职思想政治课教学方法。

思想政治课是知、情、意、行的统一,其内容和原理源于日常生活,最终要回归生活,这决定了中职思想政治课是一门实践性非常强的课程。因此,在职业学校大力推进基于行动导向的项目化课程改革的背景下,可将项目化教学引入中职思想政治课教学中来,以激发学生的学习兴趣,提高学生自主学习的能力,有效解决目前中职思想政治课教学中存在的问题,打造生机勃勃的中职思想政治课堂。

一、项目教学法的基本含义

所谓项目教学法，就是以学生为主体、教师为主导，通过共同实施一个完整的工作项目而进行的教学活动。学生在教师的指导下参与处理项目的全过程，在这一过程中学生独立组织、安排学习行为，收集信息，设计方案，解决项目中遇到的困难，学习掌握教学计划内的教学内容。该方法主张先练后讲，先学后教，强调学生的自主学习，调动学生的主动性、积极性、创造性，以培养学生的自我学习能力、创新能力、解决问题的能力、沟通能力，因此项目教学法是一种典型的以学生为中心、以行为引导为主的教学方式。

项目教学法强调行为引导，能较好地将理论和实践结合在一起，其核心就是让学生学会自主学习，提高职业核心能力。思想政治的本质是实践，缺少实践环节的中职思想政治教育是不完整的，它不仅要完成理论的传授，更重要的是强调知行合一，通过心灵触动和道德实践把社会主流价值观内化为自己的价值观。因此，中职思想政治课教学与项目教学的目标指向是完全一致的，二者有相通之处。

二、项目教学法的实施步骤

基于项目的学习遵循"实践在前，理论在后；行动在前，知识在后"的原则，教师将需要学习的内容以项目的形式布置给学生，要求学生在完成某个具体任务的同时进行知识学习，其重点在于学生的自主规划，自我负责，取得具有实际意义的工作成果。项目教学法一般按照以下步骤进行：① 确立项目；② 制订计划；③ 实施计划；④ 检查与评估；⑤ 归档应用。

下文以全国中等职业学校基础模块通用教材《职业道德与法治》第三课"职业道德 事业成功的基石"（以下简称"本章节"）为例，介绍在思想政治课教学中如何实施项目教学法。

1. 确定项目

项目的选择直接影响教学效果。教师要结合教学内容，教学目标，时间安排，学生的实际情况，学习兴趣等确定项目。确定的项目难度要适中，具有可掌控性。通过项目的实施来完成课程教学任务，实现思想政治课知识与能力、过程与方法、情感态度与价值观三重教学目标。围绕上述原则，笔者根据本章节的教学内容和教学目标要求，设计项目并明确项目目标及具体项目工作任务。本章节的项目确定为"职业生涯人物访谈"。该项目通过指导学生进行职业道德及职业生规划信息收集，对本专业的优秀毕业生（已经工作且取得了一定的工作业绩）、企业人力资源经理进行访谈和总结，最后形成职业生人物访谈总结报告。项目目标是使学生完成职业道德职业生涯规划信息的收集整理，了解职业道德的特征、基本规范及本专业对应职业的道德规范，了解职业生涯规划的基本概念，深刻体会职业道德，职业生涯规划对事业成功的重要意义，能深刻反思自身的现状，对照现状找差距，为以后的职业生涯奠定正确的职业道德观。项目具体工作任务为：收集整理职业道德、职业生涯规划的相关信息，挑选合适的企业访谈人员，确定访谈提纲和组织形式，实施职业生涯人物访谈，撰写职业生涯人物访谈总结报告。

2. 创建学习小组

小组分工学习是项目教学法实施的最佳途径，因此，创建学习小组对实施项目教学至关重要。在分组的时候，教师要考虑学生的学习能力、性格、性别、沟通能力等因素（每组 6~8 人），进行合理的人力资源配置，注重发挥小组的整体优势。在此基础上，教师根据项目任务和各小组学生的特长，进行合理分工，各小组分别完成不同的工作任务。例如，沟通能力强的小组负责与访谈对象联系；信息处理能力强的小组负责职业道德、职业生涯规划信息的收集整理；口头表达能力强的小组负责在课堂现场采访访谈对象。各小组根据工作任务，在小组内部再分工，使每个学生都能各尽其才，充分发挥每位成员的优势，提高学习效率，激发他们参与的积极性。

3. 制订并实施计划

各学习小组根据教师布置的工作任务进行行动决策，制订并实施计划。首先在小组内针对行动实施计划和方案进行充分的交流、讨论，形成初步意见，并推荐一人代表本小组参加班级交流。其他小组提出修改意见，教师指导各小组完善职业生涯人物访谈整体实施计划。计划制订后，教师可指导学生实施职业生涯访谈计划,担任主持,做好现场的调控工作。在此教学环节中,教师起着促进者、咨询者和指导者的作用,引导学生思考,组织学生进行有效的讨论,完成项目的工作任务。此环节是实施项目教学的关键步骤。

4. 检查与评估

职业生人物访谈结束后,各小组完成职业生涯人物访谈总结报告,并对自己的工作过程和结果进行自查,然后各小组之间进行互评,教师在各小组交流的基础上进行总结。总结内容有二:一是形成职业生涯人物访谈报告最终结论。给学生以评判的标准,并帮助学生分析产生错误的原因,使学生及时反思,及时总结经验教训完善学习的方法,以激发其创造力,使学生的能力、水平都能有所提高。二是对各小组学习情况的评价。评价时教师应以鼓励为主,重视过程,表扬先进,既激发学生的学习兴趣,又让学生真实地体验竞争,培养学生的合作与竞争意识。

5. 归档应用

教师对本次任务完成情况进行总结,如哪些情况是按计划进行的,有哪些特殊情况出现,本次教学设计有哪些地方需要改进,总体教学效果如何。形成书面报告,和教学资料(含学生完成的职业生涯人物访谈报告)一并归档。

三、实施项目教学法应注意的问题

1. 教师的地位

在项目教学法的实施过程中,学生在项目工作任务的驱使下,自觉地实现课堂教学的角色转换,走上课堂学习的舞台。在教师的引导下,去认知、分析、归纳、整理和应用教材知识,改变了传统德育课教学中教师一言堂的情况,学生真正成为课堂教学的主体,但学生主体地位的提高并没有削弱教师的主导作用。从项目的确定、小组的建立,到学生的讨论、交流、项目总结都离不开教师的组织引导和管理。教师仍然是学生学习的组织者、引导者和管理者。认为实施项目教学法会削弱教师的主导作用,或是把项目教学理解为放羊式松散教学,都是对项目教学法的误解。项目教学法以任务引领的形式强调了教师的主导作用,而且对教师的执教能力提出了更高的要求。

2. 评价的标准

项目教学的过程是一个人人参与创造的实践过程，项目教学法是一种注重行为导向的教学方法。因此，教师对学生学习成果的评价不仅要注重学习的最终结果，更应当注重学生在实践过程中是否获得了解决问题的思路、方法，是否在协作学习中提高了道德修养和职业素养。教师应根据项目实施情况，制定定性与定量相结合的评价标准，做好课前、课中、课后的评价工作，以评促教。

3. 教学内容的取舍

当前中职学校思想政治课教学用的教材很多，存在内容交叉重复的现象，采取项目教学法时应合理科学地进行取舍，打破教材的逻辑体系，将相关的教学内容整合为教学项目。但同时应注意克服教学章节项目化的倾向。因为思想政治课的部分教学内容（如家庭美德部分）并不适合采用项目教学法，而应选取案例教学法。利用恰当的教学素材强化学生的情感体验，从而实现教学目标。

总之，在中职学校思想政治课教学中应用项目教学法，是思想政治课教学方法改革的一种尝试。它的成功实施受教师的能力，学生的学习习惯、综合素质，教学时间等多方面因素的制约。因此，我们应因地制宜，选择最恰当的教学方法，完成思想政治课培养人、塑造人的使命。

阶段论文 2

案例教学法在中职思想政治课教学中的应用

随着课程改革的不断深入，新课程要求高度重视教育思想和教育观念的转变，高度重视改进教学方法，大力倡导研究性学习，注重实践，提高学生的创新精神和创新能力。根据课改精神，笔者对思想政治课案例教学进行不断探索和实践，下文主要是在"职业道德与法治"课中开展案例教学取得的经验。

一、案例教学法的定义

案例教学法就是教师根据教学内容和教学目标的要求，为突出教学重点、突破教学难点而选用具体的、真实的、典型的案例，组织、引导学生进行分析、讨论、评价等，让学生在具体的问题面前进行积极的思考和探索，以培养学生综合能力和综合素质的一种教学方法。它强调以学生为主体，以培养学生的自主学习能力、实践能力和创新能力为基本价值取向。因此，笔者认为在"职业道德与法治"课中引入案例教学法，对于促进思想政治课教学改革和加强素质教育有着积极的意义。

二、实施案例教学法的三个重要环节

案例教学法的具体操作形式是多种多样的，笔者认为在"职业道德与法治"课中开展案例教学，必须科学地抓好"广泛积累案例"——"精心选择案例"——"科学使用案例"三个环节。

第一，激起兴趣，广积案例。在案例教学法中，案例是整个教学过程的重要组成部分，因此教师在日常教学工作中就要注重案例的积累，教师可通过平常收看电视新闻和法制节目、阅读法制书报等形式收集整理符合教学内容的典型案例。案例教学法强调以学生为主体，以培养学生的自主学习能力、实践能力和创新能力为基本价值取向。因此笔者在实施教学中，更重视由学生自己去收集整理案例。学生在老师的指导下，预习相关的知识，根据每次教学单元的主题，在实际生活中收集相关的资料、信息，再整理为案例。如上"展示自己的职业风采"一课时，学生能根据自己专业的培养要求，以及平常生活中发现的现象，编写成小品作为教学案例。学生通过收集、编写案例，养成了收看法制节目和电视新闻、阅读法制书报的习惯，这开拓了学生的视野，增强了学生的职业道德和法制意识。在收集、整理案例的过程中，学生的归纳、整理、分析能力都有不同层次的提高。学生对所学的"职业道德与法治"课程产生了浓厚的兴趣，这对于"职业道德与法治"课程目标的真正落实起到了保证作用。

第二，遵循原则，精选案例。在教学中，要想通过运用案例教学取得预期的效果并不简单，案例的内容是提高案例教学有效性的关键。选择案例时应遵循以下几个原则。

1. 紧扣教学内容

结合教学中的热点、难点与关键问题有针对性地选择案例。一节课只有45分钟，如果教师举大量的例子，一节课就会变成"故事会"，不能完成该节课的教学任务。因此，要选择典型的，与教学热点、难点，与关键问题相关的案例，数量宜精不宜多，要保证学生有足够的时间融入案例创设的情景，使他们对案例中蕴含的问题进行充分的思考，为下一环节的讨论做好准备。

2. 难度必须适当

案例要和学生的知识水平及分析能力适应，贴近学生的生活和专业。中职学生是分专业学习的，不同专业的学生有可能面临不同的职业，教学中案例的选择要贴近学生未来的职业。如讲授"职业道德与诚信"一节时，笔者针对导游专业的学生，选用案例揭露旅游业的行业不正之风及职业道德的缺失。针对商务经营类的班级，笔者则选用"轮胎造假""非法替用户下载手机软件"等案例，使学生正视社会中一些现象，让学生认识到树立良好的守法意识和职业道德意识的重要性。

3. 体现时效性

时效性包括两个方面：一是案例的选择应根据时间的推移而变化；二是案例教学是互动式教学。案例的选择应根据学生的反馈做出相应的调整。

例如，课本上的一些案例不一定适合本地教学的需要，有的离学生生活太远，学生感到陌生，从而对这些话题不感兴趣，容易使课堂变成教师的一言堂。此时，教师应补充一些贴近学生生活和专业的案例。如上"隐私权"这一课时，书本列举的案例是"随意翻同学的抽屉""偷看日记""私拆信件"等，然而现在的学生已经很少接触日记本和纸质信件了，很难引起他们的共鸣，所以，笔者在讲授该课时，便将案例改为"窥看手机短信""偷看他人QQ留言记录""私看他人邮箱信件"等贴近当今学生生活的现象。新案例马上引起学生对隐私权相关知识的关注，尊重他人隐私、维护自身隐私权等一系列知识也就很容易理解了。

时代在发展,科技在进步,社会生活在变化,教学对象也在发展变化,设置的案例应该不断变化更新。教师要不断学习新知识,掌握新信息。设置的案例学生越熟悉,对学生的刺激便越激烈和持久,学生参与讨论的积极性就越高,收到的教学效果自然就越好。

第三,科学用案例,提高实效。在案例教学的实践中,笔者采用这样的教学模式:展示—分析讨论—点评。

1. 展示案例

展示案例的方式多样,通常的做法有:教师对案例进行生动的描述,案情在教师的描述中生动地再现;印发文字材料;播放视频材料、多媒体课件;利用及时的刺激或环境制造真实案例或让学生自己表演案例等。借助现代教学手段既能调动学生的学习情绪,还能增强教学的生动性、形象性,增加课堂的信息含量,极大地丰富教学内容。例如在"恪守职业道德的要求 社会公德"的教学中,教材选取的是2002年感动中国人物获得者刘姝威的事例,事例具有典型性和针对性,能说明办事公道的要求,即是非判断能力、办事公平公正、不计个人得失、不屈从各种权势。但教材只有文字叙述,学生不感兴趣,于是笔者从网络下载了相关视频,播放给学生看,典型事例就变得生动直观,更有感染力和说服力了。在教学过程中,笔者鼓励学生根据案例的内容组织编写小品,由学生自己进行案例的呈现,并将要解决的问题穿插在剧情中。

2. 分析、讨论案例

分析、讨论案例是案例教学的重要环节。分析、讨论案例就是以案例和教材知识为依据,师生互动来挖掘案例中的潜在性问题,探讨案例事件的行为与来由,形式可以是小组讨论或全班讨论。在讨论过程中,应注意学生才是讨论的主体,教师只是引导者,教师可以设置一些问题让学生带着问题探究分析案例。教师引导学生去探讨案例中复杂的、深层次的、有争议性的问题,并从中找到答案,从而提高学生对相应知识的理解和运用。笔者在讲述"刑法故意与过失"一课时,将《今日说法》里的一个案例总结出来,以课件的形式在课堂上呈现:19岁的赵某到颐和园游玩时见一女孩在湖边划船,赵某强行要与女孩一同游船,女孩不予理睬并准备上岸,赵某心中生怒,用力向湖里推船,欲想让女孩受惊。

不料，女孩惊慌落水，并沉没于水中，赵某急忙下水营救并将之送往医院救治，当晚，医院发生火灾，女孩被当场烧死。根据案情，请同学讨论以下两个问题：女孩的死与赵某的行为是否存在刑法上的因果关系？应追究赵某何种刑事责任？笔者让学生以四人为小组的方式进行分析讨论。10分钟后要求学生推举代表发言，阐述本组的观点。笔者记录学生的发言要点，并引导学生多角度、深层次地分析问题，鼓励小组间的集体讨论。通过这样合作探究的方式，培养学生自主学习的能力，并培养学生的团队精神和合作意识，使学生得到多方面的锻炼。

小组讨论不一定要形成统一的意见，可以让各位同学发表自己不同的意见，但教师应当及时加以引导，以免脱离主题。小组讨论后推荐代表发言，其他同学可以补充，在此基础上进行全班讨论，遇到焦点问题，还可以进行辩论，让学生真正成为课堂的主人。教师在学生讨论时应做好有关讨论的组织、启发和引导工作，使得学生能够积极发言，对于敏感问题，允许学生发表不同意见，让他们畅所欲言，在相互启迪中达到对问题的深入领会和把握，以求触类旁通，举一反三。

3. 点评总结案例

点评总结案例是案例教学的最后环节，也是对前一个阶段教学的概括和提升。此环节一般由教师来完成，可以对案例讨论做出评价，指明其中的关键性问题，为后续的课堂教学打好基础；也可以指出学生在分析、讨论案例中的优点和不足，进行弥补性、提高性的讲解；还可以启发学生在教师指引下进行归纳、总结，使学生受到更多的锻炼；或者提出一些发人深省的问题，促使学生开阔视野、调整视角，进行深入而广泛的思考。

三、案例教学法的优点

1. 学生层面

（1）有利于激发学生的学习兴趣。

中职生思想活跃，对于传统的教学方式比较反感，加上思想政治法治课较为枯燥，单凭教师讲解难以调动学生的积极性，而运用案例教学法可以提供生动、逼真的案例，给学生身临其境的感觉，因而有利于调动学生的学习主动性。另外，在民主和谐的讨论气氛中，学生大胆交流，有较大的学习探索自由度和较多展现自己的机会，容易产生学习兴趣。

（2）有利于学生理解和掌握法律知识。

中职生对理论知识的接受能力不强，在以教师讲授为主的课堂中，学生对知识往往理解不透彻，记忆不牢固。从认知规律来看，人的认识要经过从感性认识上升到理性认识的过程，师生经过分析案例，总结概括出法律知识，符合认知规律。案例将书本的理论与现实生活结合起来，学生通过自己的大脑思维活动，获得的知识更牢固、更深刻、更清晰，从而不断强化法律意识和法制观念。

（3）有利于培养学生解决实际法律问题的能力。

案例教学是模拟真实问题，要想挖掘出案例中蕴藏的法律知识和教育意义，必须对案例进行认真阅读、独立思考、细致分析和明确判断。通过以案论法、以案说理，学生在教师的指导下能够逐步培养独立思考能力、分析推理能力、表达能力以及创新能力，学会学习，学会依法做人、依法做事。例如，通过列举分析一些工资纠纷案、工伤理赔案，教会学生如何依法维护自己的合法劳动权益。

（4）有利于理解所学的知识内容。

法律课程教学内容多，知识容量大，前后联系比较少，课堂教学效果往往不好，案例教学法能将书本理论与现实生活结合起来。例如，在讲"爱岗敬业立足岗位成才"这节课时，笔者给学生播放全国劳动模范、马背上的邮递员王顺友的事迹资料，世界一流桥吊专家、全国劳动模范许振超的影像资料，帮助学生理解爱岗敬业的含义和意义，启发学生无论做任何事情都要严格要求、精益求精，并且在工作实践中大胆实践、不断创新。

（5）有利于理论联系实际。

把学生感兴趣的生活中的问题，以多种形式展现在课堂教学中，让学生了解、感知案例情景，分析和讨论所反映的内容，培养和锻炼学生运用所学的理论知识，分析和解决实际问题的能力。例如，讲"正确利用合同参与民事活动"这节课时，笔者选择了一个真实案例来讲解：一个孩子和同学暑假去江苏无锡一家电子厂打工，签订合同的领了一个月的全额工资，而未签合同的只领到了十五天的工资，孩子与厂方交涉没有结果。这个案例说明了签订合同的重要性，通过学习，同学们认识到掌握合同的法律知识是至关重要的，教学效果得到了明显提高。

2. 教师层面

在案例教学法实施过程中，教师必须认真地"备教材""备方法""备学生"。案例教学法对教师的知识结构、技能素质、工作态度等都有很高的要求。

案例教学法提高了教师的备课、教法、课堂驾驭、组织和应变等能力，充分调动了教师教学改革的积极性，更好地发挥了教师在教学中的主导作用，从而促进了教师自身素质、教学质量和教学水平的提高。案例教学法以学生为主体，以能力为本位，实现了德育教学学会方法、树立观念、规范行为的目的，适应新时代中职学校建设知识型、技能型、创新型劳动者大军的新任务。

四、运用案例教学法要注意的问题

案例教学法和传统的教学方法相比，具有自身的优越性，但案例教学法也有它的局限性。运用案例教学法一定要注意以下问题：

（1）案例只是对某一问题的描述，帮助学生掌握课本相关的知识点，但不能代替系统的理论教学。案例教学时不能忽视理论教学。

（2）选择案例时不能脱离教学对应的理论知识。

（3）注意培养学生的参与意识，再典型、再生动的案例，如果教师只重视课堂讲授，忽视学生的参与，也不会发挥案例教学的优势。

（4）案例教学法强调的是问题分析和解决过程，目的是让学生更好地掌握课本的相关知识，而不是追求一个"标准答案"。

笔者认为案例教学法在"职业道德与法治"课上是一种行之有效的教学方法，因为它能调动学生学习的主动性和积极性，能使学生思维进行碰撞。通过碰撞与思考，学生学会了倾听和尊重他人，更学会了从深层次思考问题、看待问题。可以说，在"职业道德与法治"课上实施案例教学法，不仅教给了学生有关职业道德与法律的基础知识，还教会了学生如何做人。

总之，正确科学地将案例法运用于思想政治教学中，是推进素质教育的重要体现，它能变被动为主动，变注入式为启发式，使学生始终处于积极参与状态，真正成为学习的主人，对于培养学生的创新能力和推进思想政治课的教学改革都具有极为重要的意义。

阶段论文 3

情景模拟教学法在中职思想政治课教学中的应用

一、教学对象分析

中职学生大多数基础知识薄弱,对理论学习热情不高,没有明确的学习动机和学习目标,更谈不上钻研精神。此外,一些学生意志薄弱,怕吃苦、怕困难、心理脆弱、无法正确对自己做出评价,思想观念相对弱化,做事急于求成。一些学生为了逃避现实更热衷于网络、游戏等虚拟世界中。然而,事物都有两面性,中职生基础虽然薄弱,但智力素质并不差。他们思维敏捷,动手能力强,对新事物、新观念容易接受,适应性强。所以,我们必须针对中职学生的特点做到因材施教,注重调动起他们学习的热情,发掘他们内在的潜能,改变"一根粉笔一张嘴、一本教案讲到尾"的教学方法,转变死板的教学模式,培养学生自主学习的激情和能力,让学生感受学习的乐趣。

二、情景模拟教学法的内涵与作用

(一)情景模拟教学法的内涵

情景模拟教学法是对传统讲授教学模式的一种创新,它突破传统讲授教学模式的单调、乏味、满堂灌的特点,融入了情景模拟实验,让学生深入其中。通过模拟情景,分析案例,使学生在轻松有趣的环境中掌握教学知识,达到良好的教学效果。

(二)情景模拟教学法的作用

1. 提高教学效果

情景模拟教学使抽象的知识具体化、直观化、简单化,大大激发了学生的学习兴趣和表达欲望,从而改变了传统教学模式枯燥无味的局面,使教学效果得到了很大的提高。

2. 活跃学习气氛

法律课程本身就是一门内容相对严肃的课程,方法单一会让学生感觉单调乏味提不起劲。而法律课程教学的根本目的就是培养学生运用法律知识分析问题解、决问题的能力,通过创设情景环境,真正实现了以学生为主题的教学模式,使学生在愉快的学习氛围中学习和巩固法律知识,锻炼运用法律的能力。

3. 改善学习方法

情景模拟教学法的互动功能充分调动了学生学习并运用法律知识解决问题的主观能动性,将被动听取变为主动研究,养成积极自主的学习习惯。

4. 学以致用,提高实际解决问题的能力

通过情景模拟法的教学模式,学生在模拟的案例场景中,运用所学的知识,提高掌握实际解决法律问题的能力,将理论知识转为实际操作,学以致用。

三、教学过程

1. 教育学生辨认自己行为的后果

课堂上找出两名同学来表演,情景如下:同学甲与同学乙相遇碰撞了一下,同学甲非常生气辱骂同学乙,同学乙不甘示弱,最后发展到两人互相推拉。此时,笔者会让表演的两位同学暂停表演,请其他同学来分析以这种情况发展下去将会是怎样的后果。同学丙回答会有两种情况:第一,两人此时被别人拉开不再推拉并相继离开,则纠纷解决,互不担责。第二,两人由推拉发展到扭打,过程中有受伤的,则需要对伤者承担赔偿责任。同学丁的回答有所补充,认为同学丙答案中的第二种情况不仅要对伤者进行赔偿,还需要以《中华人民共和国治安管理处罚法》予以处罚。综合同学们的答案,笔者会更全面地予以讲解,本情景如果继续发展下去,将会有三种不同的情况。第一,跟同学丙的第一种情况一致。第二,两人由推拉发展到扭打,过程中导致一方轻微伤的,则需要对伤者承担赔偿责任,两人还必须按《中华人民共和国治安管理处罚法》被予以处罚。第三,两人在扭打过程中造成一方轻伤以上伤的,则触犯《中华人民共和国刑法》,构成故意伤害犯罪。

2. 让学生掌握犯罪的三个基本特征及四个构成要件

让学生学会判断哪些行为是一般违法行为，哪些行为是犯罪行为，犯罪行为与一般违法行为的区别。

情景表演继续进行，同学甲与同学乙两人发展到扭打，同学甲把同学乙打倒在地后，用脚猛踢、猛踩同学乙的小腿，最终导致同学乙小腿骨折。此时，表演暂停，请其他同学来分析这种行为怎样处理。同学戊认为已构成犯罪，但说不出具体的理由，同学己同样认为已构成犯罪，但若双方达成赔偿协议并且一方明确不控告对方则不需承担刑事责任。

综合同学们的答案，笔者会进一步向同学们分析犯罪的特征及四个构成要件，让同学们学会从专业角度分析某种行为是否构成犯罪，构成何种犯罪。同时，笔者还会向同学们阐述并不是达成赔偿协议后就不需要承担刑事责任，也不是受伤一方决定不控告对方，对方就不承担刑事责任。在我国，此类案件由国家检察机关以国家的名义来提起公诉，在承担刑事责任的同时还要承担附带民事责任。

3. 教育学生如何远离犯罪、预防犯罪

笔者会借助此案以现场采访的形式了解同学甲和同学乙的心理想法。询问甲同学这一小事情最后发展到犯罪，有没有后悔？如果时光能够倒流，如何处理此事？询问乙同学如果再遇到类似事件，如何避免此事发生？笔者会分别听取他们的意见，并且向其他同学提相同的问题，了解其他同学的看法。

中职学生一般都年满 16 周岁，在法律上已具备完全刑事责任能力，但中职学生普遍心智不成熟，因此在某些问题上意识不到事态的严重性，不顾后果地引发激烈冲突或者做出过激行为，从而走上违法犯罪道路。

最后，笔者将会通过此案向学生讲述犯罪的危害，引导学生从加强自身修养方面来预防犯罪。

综上所述，情景模拟这种教学模式不仅有效地提高了学生学习的积极性和自主性，学习做到化被动为主动，还能使学生更好地理解知识、渗透知识，将所学知识运用到社会生活及工作中去，真正学有所用，达到中职教育改革的目标。

阶段论文 4

角色扮演法在中职思想政治课教学中的应用

一、角色扮演法概述

(一)角色扮演法内涵

角色扮演法是指教师根据课本教材,选取特定的教学内容,根据学生的学习特点,将所选取的内容融入设定的虚拟情境中,让学生在情景中扮演不同的角色。教师引导学生按照教学的内容进行表演,让学生身临其境可以增强他们的学习主动性,掌握要讲授的知识,提升学习的成就感,激发他们的学习动力。

(二)角色扮演法的特点

角色扮演法的特点主要体现在以下两个方面。

1. 教育性

通过教师设定的情景引导学生充分融入其中,从而在角色扮演时领悟学习的知识,避免了教学的枯燥性,获得了良好的教学效果。

2. 艺术性

角色扮演需要学生表演,学生在表演的过程中进行个性化的演绎,进而充分显示自己的表演天赋。

3. 开发性

角色扮演需要学生充分展现自我的能力,比如进行语言运用、现场表演等,也需要一些即兴创新,不仅会发散学生的思维,也会增强学生的综合素质。

二、中职思想政治课堂教学中运用角色扮演的作用

(一)培养学生的创新能力

创新对学生的成长以及民族的进步有着重要意义。培养学生尤其是中职

学生的创新能力,为学生以后的社会实践打好基础,离不开对学生的思想政治教育。角色扮演是对传统中职思想政治课堂模式的创新,有助于学生转变固化思维,遇问题时可以自我创设情境,设身处地地感受问题,从而探索出新的方式解决问题。将这一创新方式应用于课堂,极大地培养了学生的创新能力。

例如,在为学生讲授恪守职业道德这方面的内容时,学生单凭教师的教授很难理解别人的心理感受,从而在工作中难以坚守职业道德。所以,教师可以引入"角色扮演"模式,让一位学生扮演客户,另一位扮演售货员,设置因产品问题导致的二者之间的纠纷问题。教师通过引导把学生带入情景,如果"客户"和"售货员"都耐心沟通则问题可以很好地解决,如果一方以愤怒的形式进行处理,则问题难以解决。通过设定这一情景,学生会理解售货员这一职业的特殊性,在面对自己的"顾客"时应该采取耐心的态度,同时,在解决具体问题时学生也学会了自己的处理方式。因此,设定情景不仅可以加深对思想政治知识的了解,还可以发散学生的思维,从而培养他们的创新能力,进入职场后可以从容地应对各种问题。

又如在"职业生涯规划"教学中,教师可以在课堂上组织模拟招聘会现场,让学生感受求职情景。教师挑选几名学生扮演招聘人员,其他学生可以根据自身需求选择岗位。通过模拟演练的方式,学生会发现,对未来职业的定位和选择还比较迷茫。当然,也有部分学生清楚自己的选择。通过此种方式,教师可以了解学生的求职水平,培养学生的发散思维,使学生的创新能力得到提升。

(二)活跃课堂教学氛围

传统的思想政治课堂缺少教师与学生的互动,学生没有积极性,教师因为得不到学生的有效反馈讲课质量也较低。角色扮演则可以避免这一问题,教师可以让学生通过自我设定情景增强学习的积极性,避免了教学的枯燥感,为思想政治课堂带来了生动活泼的氛围。

例如,在"交往礼仪营造和谐人际关系"教学中,学生虽然了解了日常生活中人际关系处理的重要性,但多数学生仍存在这一方面的困扰,教师讲再多的理论知识,学生也很难消化和理解,且容易产生反感情绪。对此,教师可以采用角色扮演的方式进行授课,用生动活泼的形式使学生参与教学。比如,让两名同学演绎以下情景：中午食堂比较拥挤，一名学生意外踩到另一名学生的脚，这时学生如果立即道歉，被踩学生也会笑着原谅，而如果学生未及时道歉，被踩学生很可能会产生不良情绪，甚至紧追不放，进而引发两人之间的矛盾。教师可以让学生在不同场景中感受不同情绪，同时其他学生可以作为旁观者进行感受和评述，这样不仅可以让学生认识到礼貌待人的重要性，同时还可以让学生体会到人与人之间应相互尊重和体谅。让他们理解宽容、和谐的重要性，为培养他们的人际关系奠定良好的基础。

在角色扮演教学中，学生有效参与了课堂，增强了学生的体验感。在教学期间，学生利用小组合作、自主探索等方式解决问题，提升了学习积极性，同时也使课堂气氛更加活跃，让整个教学充满生机和活力。

（三）树立正确价值观，促使学生全面发展

中学期间树立的价值观对学生的人生发展有着重要影响，这也是设置思想政治课程的原因。传统的课堂模式难以深化学生对知识的理解，也不能达到培养他们人生观的目的，而教师利用角色扮演的新型教学方式则可以做到这一点。鉴于中职学生以就业为导向，所以树立正确的职业观非常重要，教师在进行角色扮演时应根据中职学生情况，通过模拟职场、社会等环境，让学生扮演不同的角色。在角色扮演中，可以将学生学习、生活与社会发展相结合，让学生认识和了解每个人为社会发展所做的努力。如在"恪守职业道德是从业之本"的教学中，这一节教学内容，是为了让学生树立正确人生观、世界观以及价值观，同时也让学生感受乐于奉献的良好职业道德。由于学生受到一些不良社会风气的影响，内心深处对不同职业的看法不同，并且逐渐形成尊卑贵贱的观念。对于此，教师可以通过角色扮演的方式进行教学，在课堂上让学生体验不同人物的生活和工作，如清洁工、售货员、服务员等，让学生感受不同行业工作人员的社会责任。在角色扮演中，可以让一名学生扮演售货员，另一名学生则扮演顾客，并对售货员进行投诉。对此创设两种情景，一是售货员在耐心了解顾客投诉情况之后，有效解决问题，反映出良好的职业素质和道德，同时充分体现服务精神；二是顾客投诉时，售货员不听从投诉意见，并且还击，造成无法解决问题，导致不良影响。通过此种方式可以让学生认识和了解到售货员这一职业的特殊性，同时也了解到售货员这一职业的特点，最终让学生理解不同职业虽然社会分工不同，但是每个职

业都是社会不可或缺的重要部分，每个人都应该根据自己学到的知识到相应的岗位上为国家和社会做贡献。通过角色扮演教学，帮助学生树立正确的人生观和价值观，让学生勇于奋斗，乐于进取，并让学生全面健康地发展，进而取得良好教学效果。

（四）提高学生实践水平

在中职教学活动中，角色扮演可以使学生的想象空间更加广阔。在实际角色扮演时，学生可以从自身角色出发，发现并解决问题。在这一过程中，学生的自主学习能力得到培养，分析、解决问题的能力得到提升，思维能力得到发展，实践水平得到提升。在"依法公正处理民事关系"教学中，为了让学生认识到未来求职中如何正确签订劳动合同，通过法律武器维护自身合法权益，教师可以设置求职情景，让学生分别扮演招聘者以及求职者。情景如下：扮演求职者的学生不了解劳动法相关知识，同时对劳动者权利认识不全面，进入某公司求职之后，听信扮演招聘者的学生的谎言，认为该公司会为自己提供优厚的福利待遇，因此提前缴纳定金、押金等，最终发现上当受骗。对于这一情景，学生可以从"求职被骗"这一"被骗"角度出发分析自己的认识，阐述被骗的原因，并对求职期间需要注意的问题进行讨论，并对避免被骗的方式进行总结，让学生掌握求职技巧以及相关信息。通过此次角色扮演，引发了学生的思考，让学生在实际情景中发现并解决问题，这一过程不仅与学生实际生活相关，同时也让学生能够充分运用所学知识，使学生的实践水平得到提升。

三、中职思想政治教学中应用角色扮演需要注意的问题

一方面，应注意选择适合的案例，并建立教学资料库。此种教学方式需要教师从生活中收集信息和案例作为教学资料，这样才能与学生的实际生活贴近，吸引学生的学习兴趣。对于此，教师应以思想政治教学需要为依据，通过查阅资料、网络等多种形式选择适合的教学案例，并合理地改编收集的案例，设置符合教学内容的情景，并组织学生进行角色扮演，最后再明确指出案例演示的意义。

另一方面，教师应注重角色分配，激发学生的学习兴趣。在角色分配上，

教师应以学生参与情况为依据安排角色，充分调动学生学习兴趣。对于性格内向的学生，教师应给予引导和鼓励，给予其一定表演自由，提高学生参与积极性，让学生在热烈的学习氛围中掌握思想政治知识。

阶段论文 5

游戏教学法在中职思想政治课教学中的应用

在教学中尽可能将枯燥的教学过程转变为学生乐于接受的、生动有趣的游戏形式，为学生创造丰富的情景，符合"乐学""寓教于乐"的原则。游戏教学法强调学生的主体性，要求学生共同参与，而不是教师唱独角戏，符合中职生的生理和心理特点，激发了中职生对哲学学习的兴趣。

笔者在讲授"人生是自觉能动的过程"时，设计了拍手游戏"可能不可能"。

设问1：10秒钟能否拍手50下？

（学生判断，举手，统计人数；行动，再次统计完成任务的同学人数）

设问2：60秒钟能否拍手280下？

（学生判断，举手，统计人数；行动，再次统计完成任务的同学人数）

设问3：你有没有放弃？

（统计人数，请学生说明原因）

新课程强调教师应由传统的知识传授者转向学生发展的促进者，要求教师要积极创设教学情境，最大限度地激发学生的学习情趣，使学生积极主动地投入到学习中去。本课通过拍手游戏，学生加深了对自觉能动性含义及其表现形式的理解，将枯燥的教学过程转变为学生乐于接受的、生动有趣的游戏形式，为学生创造和谐、有趣、丰富的学习情境，目的就是让学生自己体验、分析、思考，从而自己领悟哲学道理。学生在获得知识的同时，也体验到成功的喜悦。

在课堂教学中开展游戏活动，应遵循"面向全体学生，让每个学生成为游戏活动的主体，成为游戏活动中的参与者、组织者，让他们在教师的指导下积极地活动"这一原则。在以学生为中心的教学中，教师只是起到"总导演"的作用，安排、组织活动，分析学生需要，提供咨询。这要求教师精心地设计游戏,有效地调控游戏,恰当地评点游戏,科学把握游戏的实质内涵,激发学生的兴趣,以达到课堂教学的最佳效果。下文以"正确认识和学会处理矛盾"一课为例进行讲解游戏教学法的讲解。

一、团队破冰——活动引领,吸引兴趣

拓展游戏——心心相印。
比赛要求:略。
比赛场地:学校篮球场。
比赛评价:第一名四次抽牌机会,第二、三名三次抽牌机会,第四、五名两次抽牌机会,第六名一次抽牌机会。

二、小组讨论——活动分享,引出新知

(1)团队的力量是无穷的,团队里每个人的存在都是以对方为依存的,是你中有我、我中有你的关系。
(2)事物具有两面性:成功与失败、先与后、快与慢等。
(3)尊重规则才能事半功倍。
(4)要一分为二地看问题、一分为二地解决问题。
下列成语、俗语或名言各包含什么哲学道理?
(1)居安思危。
(2)有无相生,难易相成,长短相形,声音相和,前后相随。
(3)你中有我,我中有你。
(4)乐极生悲。
(5)公说公有理,婆说婆有理。
生活中处处有矛盾,但是不要把辩证矛盾与逻辑矛盾混为一谈。怕麻烦、怕问题、绕着问题走,都是否认、回避矛盾的表现,这样的心态和行为对我们会有很多意想不到的负面影响。

三、学习小结——总结归纳,把握重点

矛盾既对立又统一,要学会一分为二地看问题。矛盾又是具体和特殊的,

要学会具体问题具体分析。

时时有矛盾、事事有矛盾，要学会应对矛盾、解决矛盾。还有懂得要善于用不同的方法解决不同的矛盾。

四、作业布置 —— 活学活用，学会感恩

课外作业：给妈妈写一首"三行诗歌"（建议内容上体现今天学习的矛盾观点）。

五、教学评价

（1）笔者结合哲学中的知识，设计拓展游戏，让学生在游戏活动中初步建立起对知识的感受。

（2）小组讨论时，教师务必有较强的引导能力，能运用适当的语言引导学生往新课题上思维，并通过拓展活动渗透职业素养的教育。

（3）中职学生学习注意力不够集中，开展适合学生身心特点的小活动或者小游戏，1~2分钟为宜。以辅助性练习为主，让学生能够适度提高应试能力。初步解决学以致用的问题，把"学"回归到"做"中。

阶段论文 6

引导课文教学法在中职思想政治课教学中的应用

一、引导课文教学法的含义

引导课文教学法是通过书面文本的引导，使学生通过资讯、计划、决置、实施、检查、评估六个步骤，独立或合作完成任务的教学方法。

（一）引导课文教学法的特征

（1）学习者自主完成任务。

（2）完成任务需要的知识由学习者自己从提供的媒体中获得，教师通过

问题对学习者进行引导。

（3）学习者自己计划学习，可以从网络中获得支持。

（4）学习者通过练习来培养新能力，自主决定练习的范围、程度等。

（5）任务结束后，学习者先自我评价完成任务的情况，然后与老师交流，获取评价。

（二）引导课文教学法的材料主体

引导课文教学法的材料主体包括引导问题、提示描述、工作计划、检查单等。

教师运用引导课文教学法时，最好用问题来引导，一般包括：为什么做？哪些可以或不可以做？教师同时给出参考文献和任务要求。在使用该方法时，教师要掌握学生应该掌握的知识，一步步引导学生完成任务，学生自己制订工作计划并实施。

（三）引导课文教学法的组织形式

1. 独立学习形式

每个学生独立制订计划并实施。

2. 小组合作学习形式

根据学习项目的具体情况，将学生分成小组（4~6人为宜）完成任务，一般以学习能力为划分标准，以便相互交流、促进、提高。

教师的工作重点集中在开发引导课文、教学准备和总结评价。教学过程中学生是学习活动的主体，教师是被咨询者、引导者、指导者，是学习活动的发起者、设计者、组织者、监督者。

二、引导课文教学法的实施

在讲述"礼仪"这部分内容时，笔者尝试用引导课文教学法，分三个阶段六个步骤来实施。

（一）教学准备阶段

教学准备阶段是运用引导课文教学法最重要的阶段。引导课文开发设计的好坏会直接影响课堂教学的具体教学活动组织，教学质量及教学效果。教师开发设计引导文时要进行如下准备工作：学生要提高的能力；学生已具备的知识；补充什么知识；给学生能够提供什么条件；设计问题、引导问题要科学，避免大题目，能够引导学生去深入地发现问题、分析问题、解决问题，最终能够深入理解和熟练掌握知识和技能。要尽量图文并茂，吸引学生注意力。

（二）教学实施阶段

完成引导课文教学法一般需要六个步骤，多数情况下都是以小组为单位进行计划和实施。引导课文教学法可以训练学生的关键能力，即专业能力、方法能力和社会能力。

1. 资讯阶段

学生明确任务要求，并按照引导文中的引导问题，获取信息，阅读资料，网络搜索，观察、询问、访谈、参观等。

2. 计划阶段

学生制订工作计划，确定工作步骤，准备必要的学习资料，确定任务的时间顺序，进行团队工作中的具体分工。

3. 决策阶段

与老师进行专业讨论，确定最终计划。方法是和老师一起进行小组讨论。关键能力有组织能力、协商能力和团队能力。

4. 实施阶段

根据工作计划，学生分组完成工作任务。方法是教师指导。关键能力有转换能力、遵守纪律解决问题的能力。

5. 检查阶段

自我检查已完成的工作任务。方法是要根据验收标准进行验收。关键能力有自我监控、自我评价能力。

6. 评估阶段

就工作中所犯的错误和老师讨论，理解产生错误的原因。方法是老师和学生进行专业谈话。关键能力有评估能力、批评能力。

(三) 教学反思阶段

引导课文教学法是一种动态的教学方法,需要教师不断反思审视:是否确立了自我引导者的角色;是否科学地进行了问题的设计;是否已学会欣赏学生的工作过程和进步;是否教会学生自主学习的方法;是否培养了学生的关键能力。通过反思和审视,教师总结教学得失,捕捉教学灵感,珍视学生见解,进行教学设计再设计,这样就能精益求精,使教学方法更适合指导课堂教学。

引导课文教学法是行动导向教学方法的主要方法之一,引导课文教学法是借助一种专门的教学文件(即"引导课文")来引导学生独立学习和工作的教学方法。学生通过阅读引导文,可以明确学习目标,清楚地了解应该完成什么工作、学会什么知识、掌握什么技能。

在引导课文的引导下,学生必须积极主动地查阅资料,获取有意义的信息、解答引导问题、制订工作计划、实施工作计划、评估工作计划,避免了传统教学方法理论与实践脱节、难以激发学生学习兴趣的弊端。它是项目教学法的完善与发展。

在教学中采用引导课文教学法,目的是促进学生独立工作能力的发展。培养学生的独立工作能力是一切教学活动的基本出发点,这就要求教师一定要"放权",让学生在教学实施的各个阶段都是独立的、主动的,教师的行为局限在准备和收尾阶段,而不是教学过程之中。

阶段论文 7

以行动导向法为媒介创建中职思想政治课和谐课堂

一、中职思想政治课教学中应用行动导向法的重要性

中职生多是中学阶段的学困生,他们虽然希望学有所成,但在学习上常常表现出懒散、没有学习兴趣等行为特征。

中职思想政治课教学面临两大难题:一是学生学习能力差;二是学生学

习缺乏兴趣。行动导向教学法强调在中职思想政治课教学中采用激励式教学方式，激励式教学方式是一种新颖的教学模式，激励式教学为教师提供了新的教学思路，有助于学生在思想政治课中收获知识和乐趣。在思想政治课教学中应用行动导向法，可以培养学生的学习能力、分析能力、解决问题的能力，有助于学生形成良好的思维方式。新课改要求教师在教学中改变"讲和听"的教学模式，充分调动学生的学习积极性，改变学生的学习思维。行动导向法促进了学生和学生、学生和教师之间的交流，培养了学生的交流能力和合作能力。

二、行动导向法在中职思想政治课堂教学中的应用

大部分中职生心理不成熟，有强烈的表现欲望，渴望得到表扬，如何在中职思政课堂上开展情怀教育，如何将职业素养融入课堂中去，笔者尝试采用了"行动导向教学法"。在教学过程的各个环节，十分注重创设一种"身临其境"或"心临其境"的体验氛围，使学生在自己的体验中不知不觉地了解知识，使教学效果落到实处。

（一）在课堂教学中注重能力培养

职业教育的出发点是以学生为中心，能力不是教出来的，而是训练出来的。在教学活动中，培养学生职场所需的两种能力，即专业能力和非专业能力。专业能力包括专业理论和实践能力；非专业能力包括社会能力和方法能力。因此，职业教育不仅要培养学生的专业能力，更要注重培养学生的非专业能力。

1. 课堂教学的主角是学生

在政治理论课教学中，教师采用"以课堂为平台，让学生来唱戏"的活动演示教学法，鼓励学生参与表演、议论、写文稿。锻炼、提高学生的综合素质，重视课堂教学中学生的参与性，在课堂教学中，根据教学的内容让学生平时多观察各种社会角色，并开展多种角色扮演活动。教师要根据教材内容，在教学备课阶段设计出课堂活动的表现形式，吸引学生参与，多给学生表现的机会，在活动中让参与者和观看者都能细心去体会。在这一环节中，学生不但从角色扮演中获得某种经历和感悟，而且在特定的情景中去思考和

决策,去"解决"实际社会中遇到的各种特定问题。例如在"性格及其调适"的教学中,笔者为烹饪专业的学生专门做过一个小品《主厨的一天》,小品采用了角色模拟,由一位学生扮演某饭店的主厨,其他人分别扮演供货商、同事、领导、朋友。学生根据剧情自由发挥,从而表现出性格与性格的关系,观看的同学找出小品中不符合厨师这一职业性格的地方。值得注意的是,角色扮演虽然以学生为主体,但这并不等于老师什么也不用做,教师要进行适当的课堂引导,在角色扮演结束后指导学生进行讨论,充分发挥教师潜在的影响力和在课堂教学中的主导作用。

在中职思政课中使用角色扮演模式,符合教育部对职教文化课新课改提出的三结合原则:价值观教育与学科教学相结合、通识性教育与职教特色相结合、目标导向与问题导向相结合。

2. 以学生活动为中心

行动导向要求教师带领学生对一个现实问题进行探索,递进式地深入。在平时课堂教学中,一定要注重对问题的设计,加强设计的趣味性和结构性,过程不要过细,要给学生更多自我发挥的空间。这样既能激发学生学习本节课内容的兴趣和求知欲,又能引起学生的积极思维,让学生以饱满的热情投入学习状态,更好地掌握知识、增强能力,提高学习效率。

首先,教师创设问题不能脱离实际,尽可能地从本地区和身边的典型事例中选取案例,使之更具有亲和力与感染力。其次,创设问题必须严格围绕教学主题,紧扣教材内容。例如,在一次公开课讲授区域经济分析对职业生涯规划的影响时,教师根据班级学生全部来源于定西市通渭县常河镇,特意设计了"我的家乡我的家——区域经济分析常河山楂小镇"。针对学生强烈的留城发展意向和县城非功能疏解的矛盾,通过对家乡区域经济的分析,帮助学生产生政治认同,以实际行动支持国家抉择,努力建设家乡,提升自己的主人翁意识,为脱贫攻坚贡献力量。这样,学生正确的职业观就在教学情境中水到渠成地形成了。

(二)行动导向教学法在活动课中的应用

1. 主题教育为思政学科活动课提供了保证

主题教育是师生情感交流的最好方式,同时也为特色思政课教学提供保证。通过让学生参与丰富多彩的主题教育活动，引导学生了解社会，了解自我，增强学生的职业意识，提高他们的职业素质和职业能力的自觉性。从而使学生做好适应社会、融入社会的准备，提高求职择业过程的抗挫折能力和变换职业的适应能力，把"心理健康与职业生涯""职业道德与法治"课程的教学目的真正落到实处。

在主题教育活动中，尽可能根据教学内容给学生提供观察和思考的机会，让学生们去参与和表现自己，从而真正做到在活动中"以身体之，以心验之"，引导学生在亲身体验的基础上，内化认知。2020年初，新冠病毒肆虐，涌现出一个个最美逆行者，震撼了我们每个人的心。笔者在第一时间将疫情的情况和思政课网络教学的内容相结合，依据职教思政课教学内容，推出网络教学四个模块的主题教育活动：疫情防护、最美"逆行者"（职业道德篇）、众志成城（道德篇）、人类命运共同体（国际篇）。提倡教师用已讲授的知识和网络教学平台上已有的资源进行四个模块的课程开发，要求课程设计要与疫情结合，注重学生自主探究学习，提倡课程形式的多样性。学生们对四个模块主题教育的反映强烈，当有学生在网络留言中述说有家人也是逆行者的一员时，很多同学都纷纷留言，表达对他的支持与鼓励；同时，同学们都为我们祖国的强大而自豪。接着教师趁热打铁又开了一个"成长、成人、成才"的线上主题教育活动，这一活动取得了事半功倍的德育效果。

2. 联合学校社团活动，丰富思政学科活动课形式

笔者所在学校的兴欣社团创办了一个"诚信小店"，为学生提供牛奶、矿泉水、饼干等。小店采用无人销售方式，商品明码标价，没有售卖人员在场，学生需要什么东西，通过扫微信、支付宝二维码或者将现金放进指定收钱箱里的方式，就完成了供需的转换。

讲授"诚实守信"内容时，与"诚信小店"的社团活动联合，起到了意想不到的效果。本着课程思政的理念，教师拿出"诚信小店"一个月来的跟踪调查数据，引导学生分小组进行讨论。让学生自己对店铺的销售情况进行分析，就信誉度展开大讨论，培养学生诚实守信的观念，提升学生的职业素养。之后，召开主题班会从各个维度进行诚信教育，学生知情意行的统一性不断提升。"诚信小店"的资金回收率从最开始的80%~90%，

逐渐接近 100%。

这些丰富多彩的活动课，把教学内容形象化，让学生在真实的活动中去体验。学生原来认为"诚实守信"只是一个概念，后来通过活动发现，信誉度是通过一点一滴的行动积累起来的，从而有效地激发了学生内心的情感体验，正确的职业观就在教学情境中自然而然地注入学生的心里了，有极好的教学效果。

（三）社会实践活动为思政课教学创新提供了广阔天地

中职"心理健康与职业生涯""职业道德与法治"课程的教学任务从根本上讲就是帮助学生树立科学的世界观、人生观和价值观，加强职业道德修养，为社会主义现代化建设服务。要做到这一点，除了让学生接受理论学习外，社会实践活动也不可缺少。因此，教师应努力延伸课堂教学，重视将社会实践活动纳入"心理健康与职业生涯""职业道德与法治"课程体系，鼓励学生走出封闭的书本、走出校门，进入社会进行调查访问，通过开展各种形式的现场调查、参观访问、社会服务等来收集信息，让学生到社会中亲身体验，在社会实践活动中掌握知识，内化情感，指导自己的行动。

在社会实践活动实施的过程中，根据学生自身的特点，由浅入深地开展活动。首先，依据教学内容设计出一个主题，以作业的形式布置给学生，让他们对身边的人和事进行观察和访问，去感受各个行业不同的职业道德规范和职业标准。其次，在真正的社会调查前，鼓励学生联系相关企业，教师可以启发和协助他们。由于学生的社会关系比较简单，可以启发学生多多联系自己的父母、亲戚或者邻居的单位，每人做出详尽的社会调查方案，并在所有的方案中挑选出最可行的方案予以实施。再次，在社会调查中，学生带着自己的问题去企业进行社会实践，例如："企业对员工在职业道德上有哪些要求？""在企业中具备哪些素质的员工才受欢迎？""如果企业员工职业道德水准低，对企业和他人有什么影响？"在真实的职业场景中去感受、去思考，这样不仅增强了学生对企业的认识，还培养了他们的社会能力。最后，在访问调查后，学生们将访问时做的记录整理成书面材料，然后在课堂上进行交流。虽然有些学生表现不如人意，但大多数学生最终都能认真完成任务，有的学生还将自己的调查过程进行了摄像并刻录成光盘，任务完成得很出色。社会实践活动在不知不觉中激发了学生的职业道德情感，强化了他们的职业意识，增强了职业能力。

（四）丰硕的成果展示是"行动导向教学方法"在思政课中的创新

在思想政治课程教学中，成果展示是教学设计的归宿。因此在注重实践体验的同时，要鼓励学生将他们的所见、所闻、所感形成一定的成果展示出来，以便强化他们的情景体验，达到更好的教学效果。例如，组织学生参加教育部组织的全国职业生涯规划大赛、全国职业生涯摄影比赛、职业生涯论文竞赛等多种形式的活动；带领学生配合学校招生工作，进行各专业技能展示；参与定西市乃至全国的专业技能大赛；举办学校范围的"放飞我的梦想"职业规划设计比赛；参加"迎接新时代的挑战，做新职业人"论文比赛、"匠心筑梦出彩人生"演讲比赛、"我爱我的专业"等宣传板报展示活动。教师把获得的成果和奖杯专门摆放在学校的橱窗里进行展示，组织学生观摩和学习，让获奖者自己讲解每一份成绩取得的艰辛历程和意义。学校和社会的认可使学生受到鼓励，在激励中增强了自信心。可以说，每次成果展示都成为学生成长过程中的一次心灵体验，学生会更加了解社会、了解职业、了解自己，增强了他们的职业道德和创业精神。

三、在思政课中应用行动导向教学法时应注意的问题

1. 采用爱心教学

教师应当主动和学生谈心，了解学生的心理状态，并积极帮助学生走出困境，让学生感受到教师的关心和重视，帮助学生树立自信心。此外，教师在课堂上要保持微笑，带给学生温暖的感觉，满足学生的情感需要。

2. 给予学生适当的压力

在中职思想政治课堂教学中，教师要刻意营造一定的竞争氛围，让学生感受到一定压力，从而发挥其真正的潜能。此外还可以把就业困难的现状引到课堂探讨中，紧迫感可以帮助学生树立坚定的学习信念，提高学习的动力。

3. 注重教师引导

行动导向法的关键是让学生发现其需求，并不断地追求心理满足，从而提高学习的动力。教师应当深入了解学生的思维方式，帮助学生寻找学习的动力，树立自信心，让学生充分认识到自己的缺点和优点。此外，教师可以通过课堂探讨，激发学生的潜力，帮助其增强自信心。

4. 树立学习榜样

树立学习榜样可以激发学生的学习潜力。榜样是学习的参照物，具有很强的影响力和感染力。因此在教学中，要有针对性地选择品学兼优的学生作为学习榜样，并适当地表扬其优点，激发学生模仿和赶超的心理，让学生寻找出和榜样之间的差距，并指导学生如何去学习榜样。

5. 构建动态化的评价方式

在构建和谐课堂的同时，要构建有效的评价方式，实现评价方式全面化。此外，要注重学生知识与技能方面的评价，设置互动式评价方式，并提高评价方式的灵活性，真正发挥行动导向法的优势。

行动导向教学法中的评价模式和任务驱动法，更适合职教专业课的课堂教学。如何应用于中职思政课等公共基础课堂教学上，还需要更多的教学实践支撑，以在教学方法上有所创新。

中职思想政治课一堂课只有 45 分钟的教学活动时间，难以满足行动导向教学法对于大量活动的需求，运用不当常常会导致教学内容减少，与教学大纲的时间要求冲突。需要教师激发自己的教育智慧，寻求一个更为平衡的解决策略。

在适宜的课程中合理使用行动导向教学法，不可生搬硬套。否则，会降低学生配合课堂教学的积极性和主动性，事倍功半。

四、总　结

在中职思想政治课堂教学中应用行动导向法是一种教学的创新，更加符合当前中职生的心理需求。行动导向法可以有效提高学生参与学习的兴趣，学生在潜移默化中提高了学习成绩，并实现了课堂教学制度的改革。在笔者看来，中职思政课的非专业素养教育就是情怀教育，如何将先进的教学方法和教学理念植入思政课堂,用丰富的教学活动引导学生,用鲜活的案例教授学生,用饱满的情怀打动学生,从而实现更为优质的思政课课堂教学,还需要长期而艰辛的努力,更加需要教师的教育智慧和创新能力。因此,中职思想政治课教师应当积极探索行动导向法,构建和谐的课堂氛围,从而全面构建科学合理的思想政治课堂。

第二节　基于行动导向教学法语文课典型阶段论文

阶段论文 1

项目教学法在中职语文课《灯》教学中的应用

散文《灯》是中国现代文学中一篇优秀的作品。本单元的学习重点是了解散文的一般特点，掌握欣赏阅读散文的基本方法。欣赏散文，要注意理清作者的思路，进而把握作者的感情发展脉络。通过对散文"形"——文章素材的理解，深刻领会散文的"神"——文章的主旨、思想所蕴含的意义。

本案例采用项目教学法，项目主题是散文阅读、鉴赏，重点是在整体把握散文思想内容和艺术形式的基础上，品味散文的语言，赏析散文的表现手法。

一、教学对象分析

本节课的授课对象为五年制播音主持和影视表演专业的学生。表演艺术类专业的学生对文化课的学习不是很感兴趣，对于课文内容，他们更多的是偏向感性上的认识，理性上的思考则较为欠缺。针对这一情况，可以结合学生的实际特征，在课堂上分角色朗读课文，给学生一个展示自己专业技能的平台，以此来调动他们的积极性。然后老师进行点评和指引，由浅入深，帮助学生逐层深入地理解文章的主题。

二、教学目标分析

根据学生的实际、散文的特点、学生能力和思维训练的要求，确定表6-2-1

所示的学习目标。

表 6-2-1　学习目标

目标	内容
知识与能力目标	在整体感知课文内容的基础上，找出文本的线索，文中所写的具体的灯及作者的感情变化。了解散文"形散而神不散"的特点
	依据：新课标要求学生学会把握阅读材料的内容，理清思路，理解作者的思想观点和感情，体会语言表达效果，初步鉴赏文学作品，感受形象，品味语言，体会其艺术表现力
过程与方法目标	培养学生"自主、合作、探究"的学习方式
	依据：新课标要求学生进一步发展思维，掌握语文学习的基本方法"得法于课内，得益于课外"，养成自学语文的习惯，重视培养合作、探究、解决问题的能力
情感与态度目标	感受巴金的人格魅力
	依据：新课标要求学生自己去体验、去领悟，能理解、鉴赏文学作品，感受高尚的情操和趣味，丰富自己的精神世界

三、教学设计意图

结合职校一年级学生知识基础和学习能力都相对薄弱的现状，本课采用项目教学法。新课标要求在中学阶段实施中学美育，重视在阅读文学作品的过程中，培养学生发现和建构作品意义的能力，关注学生情感发展，让学生受到美的熏陶，培养自觉的审美意识和高尚的审美情趣，从而实现美育目标和德育目标。

四、教学过程及分析

项目教学法简单来说由三个步骤组成：建立项目主题、确定解决项目所需的相关知识或子问题、通过解决子问题来学习具体的项目。

1. 设立项目主题

根据将要学习的内容列出主题清单，在此过程中要尽量给学生广阔的思考空间。教师和学生可以从本篇课文选取一个兴趣点入手，发挥想象，以词或词组的方式列举自己所想到的。这个方法看似天马行空，实际上反映了每个人潜意识关注的东西。以巴金的《灯》为例：教师可以从课文中的故事哈里希岛的长夜孤灯作为切入口，让学生列举由"灯"想到的清单，将该清单与教师所列清单进行对比，尽量找出师生之间的"交集"，这是教师想教，学生想学的东西，是开展有效教学的关键。

2. 提出子问题，锁定主题

如果已在清单中归纳出共性的东西，那么就可以进入第二步：提出子问题，锁定研究主题。具体的做法是让学生就清单共性的东西提出问题，要保证至少讨论几分钟以上，以打开思路，获得启发性的概念。在上述例子中，师生针对"灯"所列清单都包含光明、火热、美好向上的意蕴。那么，接下来是让学生就这个主题提出问题，可以是自己的疑问，也可以是承接别人的问题引发的思考：

（1）没有灯的年代是怎样的？

（2）灯是如何带给人们光明的？

（3）灯给予人类的只是美好吗？

（4）什么是灯，太阳算不算？

（5）灯为什么会产生热能？

……

针对这些问题，不断修改、聚焦，形成一个更能详细描述概念的统摄性主题——灯，带给人类的究竟是什么？

3. 把问题转化成具体的研究行动

首先可以建立项目网络图，对该项目可能涉及的角度与领域做一个初步的估计。通过建立网络图，让学生对主题的广度有所了解，对可能涉及的领域、学科心中有数,以便初步拟定一些解决问题的思路、方案。其次可以多渠道广泛探讨,学生可以根据项目网络图的提示,结合自身的特长,以个人或小组为单位,从不同角度、以不同方式对项目进行探究。有的学生可能对某个领域特别感兴趣,做较深的研究;有的学生很可能从一个领域转入另一个领域。鉴于学生的自主学习能力普遍不够强,教师的指引相当重要。例如:常用研究方法的介绍;实际操作的协助;追踪跟进,给予必要的点拨等。

4. 呈现成果并对照课文

由于学生的性格、能力、兴趣存在个体差异,因而最后得出的结论及呈现成果的方式也有很大的差别。在"灯,给人类带来的究竟是什么?"的主题学习中,呈现的结果包括:PPT演示、用文章表述、以模型和图表呈现、文件夹展示、讲故事等。学生通过自己的研究,形成了超越课本的观点,比如说:人类照明发展史同时是人类文明进步的历史;在传统的文学意象中,灯除了与节日、喜事相连,有时反而用于衬托悲凉孤寂的气氛;不同的环境、不同的心理状态下,灯光会产生不同的影响……最后的环节是结合自己的研究对照课文进行学习,理顺它们之间的逻辑关系。学生把自己的研究成果相互交流后再对照课文,基本上很容易理解课文中"灯"的寓意和作者的思路。

阶段论文 2

引导课文教学法在中职语文课"谈《水浒》的人物和结构"教学中的应用

在教学"谈《水浒》的人物和结构"时,采用引导课文教学法。引导课文教学法和项目教学法都是基于行动导向的教学方法,引导课文教学法是借助一种专门的教学文件,即"引导文"来引导学生独立学习和工作的教学方法。学生通过阅读引导文,可以明确学习目标,清楚地了解应该完成什么工作、学会什么知识、掌握什么技能。

在引导文的引导下,学生必须积极主动地查阅资料,获取有意义的信息、解答引导问题、制订工作计划、实施工作计划、评估工作计划,避免了传统教学方法理论与实践脱节、难以激发学生学习兴趣的弊端。它是项目教学法的完善与发展。

在教学中采用引导课文教学法,目的是促进学生独立工作能力的发展。培养学生的独立工作能力是一切教学活动的基本出发点,这就要求教师一定要"放权",让学生在教学实施的各个阶段都是独立的、主动的,教师的行为局限在准备和收尾阶段,而不是教学过程之中。

教学实施过程如下。

第一步:让学生明白,学习这篇课文我们要完成什么任务。第一,学习作者针对《水浒》分析和评析文学作品的方法。第二,弄清本文整体和局部的独特层次结构。第三,学习叙、析、评三者有机结合的评述方法。

第二步:设计引导问题。第一,使用工具书弄清楚文中词语的含义。第二,通过阅读判断本文的体裁是什么?关于这种体裁你有什么了解?你所了解的有关《水浒》的知识有哪些?第三,收集与本文有关的水浒故事,了解文中涉及的人物的情况。第四,作者如何看待《水浒》的人物和结构?为了充分证明自己的观点,作者运用了哪些论据?第五,《水浒传》这部书优点很多,为什么作者只谈它的人物描写和结构这两个问题呢?

根据学生的实际情况,笔者精心编制了引导文,并将引导文作为工作页发给学生,让学生有目的地学习(工作页见表 6-2-2)。在引导文中,针对项目的实施确定了五个任务,每个任务设置了相应的引导问题,学生在回答问题的过程中循序渐进地完成项目。在回答问题的过程中,体会拿到一个项目后,如何思考问题、确定解决问题的方法进而去解决问题、完成项目。

表 6-2-2　工作页

模块名称	拓展模块
学习情境	谈《水浒》的人物和结构
任务描述	学习作者针对《水浒》的分析和评析文学作品的方法；弄清本文整体和局部的独特层次结构；学习叙、析、评三者有机结合的评述方法。
咨询阶段	56名学生分成6个小组，确定小组负责人，并填写下列内容： 小组名称： 小组负责人： 小组成员： 1. 使用工具书弄清楚文中词语的含义。 2. 通过阅读判断：本文的体裁是什么？关于这种体裁你有什么了解？你所了解的有关《水浒》的知识有哪些？
计划决策阶段	1. 讨论课堂： （1）搜集与本文有关的水浒故事，了解文中涉及的人物的情况。 （2）作者对水浒的人物和结构如何看待？为了充分证明自己的观点，作者运用了哪些论据？ （3）《水浒传》这部书优点很多，为什么作者只谈它的人物描写和结构这两个问题呢？ 2. 以"讨论—角色模拟—讨论发言"的教学思路来完成任务。 3. 以小组为单位进行讨论，分工准备，写出详细的小组任务计划，填下列表格。 | 阶段	任务	责任人
---	---	---
准备工作分工	课堂角色模拟分工	学生
实施过程分工	讨论发言	……
	角色扮演	……
	讨论发言	……
后续工作分工	课后体会	……	 4. 以小组为单位汇报实施计划的内容，确定讲解内容，由教师组织点评。 5. 优化实施计划，确定最终实施计划。

续表

实施阶段	1. 角色扮演。 2. 听了发言后，找出学生回答合理和不合理的原因，找出解决问题的方法和途径。 3. 教师总结。
检查评估阶段	1. 教师提供此次活动的评分标准 从查工具书、积极参与、语言表达、角色表演、仪表仪态五个方面进行，评分标准如下： （1）查工具书，认真（10分）。 （2）积极参与（20分）。 （3）语言表达：普通话表达、声音清晰、语速适中、内容条理清楚、用词准确恰当（20分）。 （4）角色扮演：角色定位清晰、演示内容准确恰当（30分）。 （5）仪表仪态：穿着得体整洁；举止自然大方（20分）。 2. 考评评估 | 组 名	自评（10%）	小组互评（30%）	教师评价（60%）	合 计
---	---	---	---	---
1				
2					

第三步：将学生分组。每组学生根据本篇课文的要求制定出可行的学习任务，查询资料，共同讨论，得出结论。学生完成项目时，不仅要给学生发引导文，还要适当提供参考资料，培养学生查阅资料的能力。

第四步：学生实施学习过程。根据引导文设计的问题，学生网上收集资料，查阅有关文献，小组合作完成引导问题。

第五步：检查任务是否已经按要求完成。组织学生课堂回答问题，各组选出代表发言，教师对各组的发言不做评论。同学之间相互激励，引起连锁反应，从而获得大量的信息，经过组合和改进，达到创造性地解决问题的目的。

有了引导文之后，学生基本可以独立完成项目，教师在教学过程中不可心急，要"能等"：等学生自己去回答引导问题；等学生自己去操作；在完成项目的过程中出现了问题，等学生自己动脑去解决问题……当然，如果学生实在有困难，教师可适当启发、引导。对于个别学生，教师可适当地帮助解决一小部分问题。总之，为了培养学生的独立工作能力，教师的干预要适度。

第六步：教师评价，指出下一步的学习中需要改进什么。鼓励学生用怀疑、探索的精神来看茅盾先生关于人物和结构的观点，是否也有站不住脚的地方，通过这些点评，引导学生敢于怀疑，敢于探索。

教学中要建立良好的评价体系，教师对学生的评价要客观、具体，针对本项目，笔者设计了教师用的教学检测评价表（见表6-2-3）。

表6-2-3　教学检测评价量表

项目	A级	B级	C级	个人评价	同学评价	教师评价
认真	上课认真听讲，作业认真，参与讨论态度认真	上课能认真听讲，作业依时完成，有参与讨论	上课无心听讲，经常欠交作业，极少参与讨论			
积极	积极举手发言，积极参与讨论与交流，大量阅读课外读物	能举手发言，有参与讨论与交流，有阅读课外读物	很少举手，极少参与讨论与交流，没有阅读课外读物			
自信	大胆提出和别人不同的问题，大胆尝试并表达自己的想法	有提出自己的不同看法，并做出尝试	不敢提出和别人不同的问题，不敢尝试和表达自己的想法			
善于与人合作	善于与人合作，虚心听取别人的意见	能与人合作，能接受别人的意见	缺乏与人合作的精神，难以听进别人的意见			
思维的条理性	能有条理地表达自己意见，解决问题的过程清楚，做事有计划	能表达自己的意见，有解决问题的能力，但条理性较差	不能准确表达自己的意思，做事缺乏计划性、条理性，不能独立解决问题			

续表

项目	A级	B级	C级	个人评价	同学评价	教师评价
思维的创造性	具有创造性思维，能用不同的方法解决问题，独立思考	能用老师提供的方法解决问题，有一定的思考能力和创造性	思考能力差，缺乏创造性，不能独立解决问题			

我这样评价自己：

伙伴眼里的我：

老师的话：

注：1. 本评价表针对学生课堂表现情况做评价。
    2. 本评价分为定性评价部分和定量评价部分。
    3. 定量评价部分总分为100分，最后取值为教师评、同学评和自评分数按比例取均值。
    4. 定性评价部分分为"我这样评价自己""伙伴眼里的我"和"老师的话"，都是针对被评者做概括性描述和建议，以帮助被评学生改进与提高。

第七步：评析。本案例采用引导文教学法，学生在学习过程中借助教师编制的引导文，主动地获取信息、制订计划、做出决定、实施计划直至过程控制和自我评价。通过教学，笔者还发现：由于引导问题围绕着项目的实施循序渐进，能力较强的学生在实施的过程中能够更好地发挥主动性和能动性，收获更多的知识；能力稍差的学生也能在回答引导问题的基础上逐渐完成项目；学生能感受解决问题的思路，学习考虑问题的方法。同时，由于笔者事先根据学生的情况分了组，学生之间的交流更有利于知识的参透和掌握，还能锻炼学生的人际交往能力、语言表达能力，培养学生的团队合作精神。通过教学实践，笔者认为，在公共基础课和专业课教学的入门阶段，不妨多多采用引导文教学法，让学生在完成任务的过程中体会如何去思考问题、解决问题,逐渐培养学生独立思考、独立工作的能力。

阶段论文 3

角色扮演法在中职语文课《子路、曾皙、冉有、公西华侍坐》教学中的应用

在多年的教学实践过程中,笔者发现角色扮演法不失为一种符合新课标教学要求的教学法。角色扮演法最大的优点是可以帮助学生在完成工作任务的同时,感悟职业角色内涵、体验职业岗位的情感,从而建立一定的职业认同感。在角色扮演教学中,学生作为参与者(演员)或观察者,投身到一个真实的问题情境之中,教师在此承担"导演"的任务。

一、整体构想

根据教学大纲要求,本课文讲授两学时。笔者带领学生解决文字障碍,请同学分角色朗读,让学生对文中的人物角色有初步的了解,然后师生一起参照注释翻译全文,并让学生在自己的随堂笔记中将这篇文言文翻译成白话文,这便形成了剧本的雏形。课文是《论语》中篇幅较长的一章,具有一定情节,叙事生动传神,为后世散文提供了借鉴。本文记叙了孔子和他的四个弟子畅谈理想志趣的情景,反映了儒家以礼乐治国的政治主张。在这次对话形式的教育活动中,孔子循循善诱,表现出他不仅是一个杰出的思想家,而且也是一位杰出的教育家。全文叙述文字简练,对话语言简短,却生动地刻画出各个人物的动作神态,表现出他们的思想性格。课文中各个人物形象鲜明,性格突出。于是,笔者决定让学生通过角色扮演的形式更好地理解文章。

第一,请同学们揣摩文中人物的性格,宣布以情景剧的形式演绎课文。

第二,根据班级内同学的性格选出五个学生分别扮演孔子、子路、曾皙、冉有和公西华。

第三,请五个"演员"体会角色,熟记台词和动作,准备上台表演。

第四,安排观众扮演"观察员",在台下记录表演情况和体会。

第五,进行角色扮演。

第六，表演结束，请学生代表谈谈观看体会和表演效果。

第七，请"演员"谈表演感受。

第八，对此次表演总结，再次请全体同学给五个人物画像，分析人物性格和思想，明确答案。

上述八个流程中，重点是第六、第七、第八步，因为表演课本剧的目的不在于演，而在于通过表演让全体学生加深对课文的理解。所以"观察员""演员"和教师的点评最重要，这种讨论实则是对文本的分析。

二、学生基本情况介绍

笔者任教的 19 财会 2 班共 56 人，女生 49 人，男生 7 人。同学们平时活泼好动，善于交流，书法、绘画、音乐各方面人才较多，但课堂上表现一般，在他们班上这堂课也是想挖掘出他们的潜力，培养他们的语言表达能力。

三、角色表演准备阶段

1. 分组

分组看似简单实则很难，要把能画的、能写的、能说的、能唱的、能排的能演的平均分配，然后再进行调整。

2. 分工

每组自由选择导演、演员等，由学生自己决定自己组到底是表演现代版还是文言版。要求全员参与，每组上交一份话剧表演脚本，每人写出一份书面材料，将自己扮演的角色进行分析。目的是引导学生积极地研讨文章内容，分析文中的人物特征，从而让他们更好地把握人物形象。

3. 排练

排练是整个环节当中最难的，成功与否关键看学生的配合程度。课堂时间是有限的，所以学生只能利用课余时间或晚自修。他们从僵硬到自然，从笑场到进入角色，从拿剧本到脱稿，一点一滴地进步。

4. 道具制作

展示所需的道具都是学生亲自动手做或准备的，学生在服装造型上下了很大的功夫,他们将纸团做成古人的发髻,将丝巾做成头饰,语言、动作都尽量去模仿古人。

四、角色定位

角色扮演法有两大要点,一是角色定位,即面对问题,应认清是属于什么角色类型。二是迅速进入角色,深入领悟自己的角色内涵。在职业领域内,每个人处在不同位置,都有自己的岗位职责,要把岗位职责和工作内涵有机地融为一体。比如,教师就要明确自己为人师表、教书育人的职责,做好自己的本职工作。在实施角色扮演教学活动时,教师需要研究教学内容和教学对象的实际情况,认真设计、精心指导,指导学生进行深入细致的研究,把握好角色。鼓励学生分工合作,精心地准备角色,确保角色扮演教学法的实施效果。

五、注意事项

教师在引导学生进行角色扮演时,要根据教学实际情况灵活处理。为保证表演效果,需要做到以下几点。

第一,注意明确角色扮演的目标,每次演出时间不宜过长,必要时做相关的示范。

第二,在表演过程中,引导学生的情绪变化,调整角色中的人际关系,鼓励学生发挥主观能动性。在交流角色扮演体会时,教师要仔细聆听,接受不同意见,努力营造轻松、自由的气氛,让扮演者具有安全感,不宜强迫不愿意参加的学生扮演角色。

第三,如果学生能力较强,整个扮演活动可以让学生全权负责,教师只担任顾问的角色。教师全力支持和真诚关怀可以让学生更愉快、自愿地参加演出。有必要的话,教师需要在学生的扮演中进行相关的示范。

第四,在讨论、反思和总结阶段,要注意从多个角度进行分析探讨。下文列举一些场景片段。

生1:这篇课文通过现代白话表演出来,真的很形象生动,我觉得他们表演得很到位。

生2：孔子是不是有点太严肃了，缺乏循循善诱的一面，演得太生硬，他可能有点紧张，始终板着脸，一丝笑容没有，没有做到"夫子哂之"。

生3：我认为曾晳的扮演者表演最到位，他有一些动作，弹琴合瑟而座，而且很淡定稳重。

生4：我觉得子路演得太温柔，他没有把率真、直率演出来，反而是冉有比较莽撞，这两个人应该互换一下。

冉有扮演者：我觉得我只是在背台词，没有注意表演的成分。

孔子扮演者：我觉得孔圣人作为师长高高在上，面对学生应该表现出威严，把启发诱导的一面忽视了。

师：我觉得大家表演得还是比较到位，尤其是在课文的基础上增加了一些自己的动作，对人物有一些自己的理解。我们来给这五个人物画像，他们到底分别都是什么性格的人？

生5：我认为孔子循循善诱、可敬可亲。

生6：子路鲁莽直率，但自信，有抱负，具有政治、军事方面的才能。

生7：冉有是一个有理想，态度谦逊谨慎的人。

生8：公西华谦恭礼让，善于辞令。

生9：曾晳是一个机敏恬淡、洒脱高雅、卓尔不群的人。

师：大家对这五个人物的性格定位非常正确，通过本文的学习，我们要学会运用简短的对话、动作神态表现人物思想性格的写作方法。

六、考核评价

翻译课文、揣摩人物思想性格是本课的教学重难点。考虑到中职生对本文的接受有一定的难度，笔者打破了朗读、翻译、研读这一教学方式，采用角色扮演法讲授课文，让学生身临其境地感受文本中孔子和四个弟子交谈的场景。让学生站在角色的立场体会人物，更加贴近作品、贴近人物，使难懂的文言文变得生动活泼，直白易懂。

本堂课气氛欢快而活跃，学生在轻松的"游戏"过程中完成了课文的学习，而且印象特别深刻，不易忘记。之后笔者进行检查时发现，绝大多数学生都能够熟练地背诵和翻译全文。为了使学生更有成就感，每组表演完后，学生和老师都做简短的评价，最后还由学生自己评出了名次。

在本次活动中，班内涌现出了一大批富有表演才能的学生，平时不大喜欢发言的学生也都积极地参与进来。他们的认真让笔者很受启发，只要老师肯动脑筋，多做创新性的活动设计，一定能激发学生学习语文的兴趣。

阶段论文 4

头脑风暴法在中职语文课《一次成功的实验》教学中的应用

在中职语文课堂教学中，头脑风暴法比较适用于每一篇课文的"导入"环节。如在学习《我的母亲》的时候，笔者设计了这样一个非常简单的问题："请同学们想想古今中外有哪些歌颂母亲的诗词、歌曲或文章"。学生回答的积极性很高，有的背诵孟郊的《游子吟》、余光中的《乡愁》，有的唱周杰伦的《听妈妈的话》、毛阿敏的《烛光里的妈妈》。在学习《我的空中楼阁》时，笔者问同学们："如果有可能，你会将自己的家建造在哪里？"学生的回答更热烈，有的说在海边，有的说在森林里，有的说在大草原上，也有的说在自己的心里……

下文主要介绍头脑风暴法在《一次成功的实验》教学中的运用。

一、背景介绍

《一次成功的实验》是一篇略读课文，讲的是一位教育家在一所小学让三个学生做"逃生"游戏的故事。这个故事赞扬了学生遇到危险先为别人着想的高尚品质。

二、教学片段

师：读了这篇课文以后，你觉得小女孩具有哪些值得我们学习的品质？（鼓励学生展开想象多说）

生1：我觉得小女孩很善良。（板书：善良）

生2：小女孩心灵美。（板书：心灵美）

生 3：小女孩很谦让。（板书：谦让）

生 4：小女孩很聪明。（板书：聪明）

生 5：小女孩助人为乐。（板书：助人为乐）

生 6：小女孩不顾自己的安全帮助别人。

生 7（抢着回答）：小女孩的这种品质叫舍己为人。（板书：舍己为人）

……

师：同学们想到了这么多，那到底小女孩的哪种品质在课文中体现得最充分呢？请大家默读课文，仔细想想。

学生读完课文后，纷纷发言：

生 1：老师，小女孩谦让的品质在课文中体现得最多，因为小女孩在遇到危险的时候，不抢着出井，而是让别人先走。

生 2：老师，小女孩遇到危险时，先想到怎样帮助别人，然后才想到自己，所以舍己为人最合适。

……

最后在全班同学的共同讨论下，总结出小女孩具有谦让、舍己为人的优秀品质。

三、教学效果自评

整个课堂上，学生积极性高，几乎人人都有可说的话。学生发表看法时，教师只鼓励不批评。学生的注意力始终落在问题上，他们的思维保持兴奋的状态，想出了不少值得肯定的答案，说明他们读懂了课文，体会到小女孩舍己为人的高尚品质。

四、收获与反思

实践证明，在语文教学中合理运用头脑风暴法教学符合新课程标准的要求，体现了新课程的基本理念。

1. 符合新课程标准总目标的要求

标准明确指出："在发展语言能力的同时，发展思维能力，激发学生想象力和创造潜力。"头脑风暴法可以诱发新奇的思想或解题方法，适用于创造性思维活动。这种方法符合新课程语文课标中"激发培养学生想象力和创造潜力"的要求。在教学中，学生进行了语言训练，学习热情饱满，充分发挥了想象力、创造力。

2. 体现了新课程人文性的课程性质

教师成了课堂的组织者，学生成了课堂真正的主人。课堂上人人平等，教师尊重学生的看法，把他们想出的问题答案都写在黑板上。教师重视"学生在学习过程中的独特体验"，也使学生在获得心理满足感的同时，激发他们的学习热情，促使他们不断展开想象。学生在这样的课堂中，体会到了成功的喜悦，感受到了老师的尊重，他们畅所欲言，充分展开想象，探究问题的答案，真正成为课堂的主人。

3. 符合新课程"积极倡导自主、合作、探究的学习方式"的基本理念

学生在宽松、和谐的课堂氛围中学习，思维不受任何限制，主动发表自己的意见。有些同学还从别人那里得到的启示：如解答第一个问题时，生 7 的答案就是受到生 6 的提示，这充分说明学生在这样的课堂中能够自主学习。另外，在教师提出第二个问题时，学生像个小学者一样，纷纷发表自己的看法，他们没有维护自己提出的答案，而是根据课文的需要，共同探讨答案是否正确，在全班同学的共同努力下，找到了最确切的答案。这也充分体现了合作、探究的学习方式。

在语文课堂中运用头脑风暴法解决问题，符合新课程标准的要求，能够激发学生的学习热情，促使他们在和谐、平等的环境中，不断发展、不断进步。

阶段论文 5

任务驱动法在中职语文课《通知》教学中的应用

教学方法的运用没有定法，贵在得法。任务驱动法在中职语文教学中的运用亦如此，没有固定的模式，只要是省时的、高效的，就是适当的、可取的。笔者以应用文写作《通知》一课为例，谈谈任务驱动法在语文教学中的运用。

对于学生而言，通知是一种很有实用价值的应用文文种。本课时的教学设计，结合学生生活实际，针对学生日常需求，将"明确通知的写作要素，能写出常用的通知"作为任务驱动法要落实的主要任务，通过情境导入、了解通知、学写通知、会写通知、扩展运用等几个步骤，层层深入，讲练结合，让枯燥的习作课变得生动灵活。互动交融的过程中，自然而然地达成了教学目标。

一、教学设计思路

1. 了解通知

为了布置任务时学生能够愉快接受，课前图文并茂地展示十种生活场景，请学生从中选出哪些情况适合运用通知这种公文文种，并将所有适用通知的场景进行归纳，用自己的话说说通知有哪些特点、如何分类等。在充分创设情境之后，延续情境，抛出本节课的主要任务：你能帮语文老师以通知的形式，在班级群里发布一下信息吗？学生们根据已知情境，借助多媒体提供的两则通知例文，开展合作探究。首先对比讨论这两则通知与刚才自己写的通知有什么不同，然后相互补充交流。教师引导学生找出通知的格式，以及一则通知应该具备的基本要素。

2. 会写通知

学生们在掌握通知的基本要素后，借助任务驱动法，进入下一阶段的学习。

（1）学以致用，将通知的写作方法应用于自己的写作当中，修改自己的通知。

（2）小组合作：根据评价一则合格通知的标准，进行组内修改。

（3）全班交流：根据评价一则合格通知的标准，各组选出一篇优秀的文稿进行全班交流，相互评价、补充，修改的过程中，进一步完善通知的文稿。

3. 写作小结

学生完成一则通知的应用文写作后，为了提升其写作技能，为学生设计了下列问题：

（1）全班共同评议的文稿中，你认为哪一则通知最满意？

（2）满意在哪里？

（3）一则优秀的通知，还应该具备哪些要素？学生们在反思归纳的过程中，明确了一则优秀的通知应具备的要素，于是再次学以致用，进一步修改自己的通知文稿。

4. 扩展运用

为了帮助学生形成技能、巩固技能，在课堂教学的最后阶段笔者设计了下列任务。

（1）专项运用。学生根据案例描述的情况，自己练习写通知，之后根据评价通知的标准，小组内互评互改。

（2）综合训练。出示案例及问题，需要学生在综合运用已有知识的基础上，很好地解决问题。

二、任务驱动法的运用重点

1. 关注学生，切合实际

一种教学方法想要达到预期效果，必须以学生为本，关注学生。本节课充分结合学生的生活实际、年龄实际、学习水平实际等来组织教学。

（1）案例选择贴近生活。无论是整节课的大案例为语文老师写个调换上课地点的通知，还是其中包含的一个个小案例，都很贴近学生实际生活与未来工作，从而使写作课的目的性、针对性更强。

（2）环节设计关注学生。在教学环节设计上，更关注学生的已有水平。对于写通知，很多学生并非零起点，笔者便让学生自己尝试着先写，之后再引导学生共同探究例文，对比讨论中明确一则合格的通知应具备的要素。这样，既夯实了要点，又提高了效率。

2. 注重实践，任务引领

教学伊始，为学生创设了帮语文老师发通知的情境，让学生在具体情境中，体会通知在日常生活中的必要性，明确了本节课的任务。掌握新知识的过程中，始终带着这一任务，通过案例分析、总结归纳、迁移运用等，逐渐学会写通知。学生在不断的收获与提升中，体验成功的 快乐。

整节课的学习过程，就是一个探索与实践的过程，一方面分析与归纳通知的写作方法、技巧，一方面不断地尝试、迁移、运用，最终形成技能。

3. 合作学习，注重生成

在教学组织上，师生合作、生生合作、小组合作。不断探求新知，体现学习的乐趣。在教学流程的设计上，注重层层递进，关注课堂的生成。课前导入时，提出问题，激发学生的兴趣。学习新知识的过程中，层层深入地引领学生掌握技能。最后巩固练习，帮学生在头脑中构建知识网络体系，感受未知，明确今后努力的方向。让学生带着问题走进课堂，再带着问题走出课堂，让学习与探索具有延续性，进而实现了教学的层层深入与不断生成。

总之，在教学实践过程中，在任务驱动法的统领下，课堂气氛活跃，学生主动参与，教学环环相扣，实现有效生成。在师生合作、生生合作的过程中，自然而然地达成了教学目标。

阶段论文 6

行动导向教学法在语文课程中的应用与探索

语文是中职文秘专业的基础课程，按照中职文秘专业课程大纲的要求，学生完成该课程的学习之后，应该掌握秘书职业最基本的工作技能，适应秘书岗位的职能需求。在实际教学中如果采用传统教学模式，重视理论讲解，忽视学生实习实践，往往造成学生不能掌握职业核心技能的后果。学生踏上工作岗位之后，不能直接与企业进行"无缝对接"，需要企业进行"回炉"再培训才能上岗，浪费大量的教育资源和社会资源。本文旨在探索如何在"语文"教学中积极实践行动导向教学理念，优化中职文秘专业课程教学，提高学生自主学习能力。

一、行动导向教学法概述

行动导向教学法倡导以学生为中心，整个教学过程是一个包括获取信息、制订工作计划、做出决定、实施工作计划、控制工作质量、评定工作成绩等环节的"完整的行动活动模式"。在教学方法方面，是各种教学法的综合应用，主要包括：头脑风暴法、项目教学法、案例教学法、角色扮演法、文本引导法、卡片展示法、思维导图法、项目与迁移教学法等。教学组织形式方面强调学生的自我管理式学习,教师的角色从讲授者转变为引导者,主要教学任务是为学生提供咨询、帮助,并与其一起对学习过程和结果进行评估。

二、行动导向教学法在中职"语文"课程中的应用

(一)教学设计方面注重提炼典型工作任务

在"语文"课程的教学中,笔者设定了一间固定的虚拟公司及其各个部门的岗位、人物角色。这种设定贯穿了整个学习过程,学生扮演的始终是该企业行政部门的秘书角色。学生学习的过程,就是教师通过提炼秘书真实工作中的典型工作任务来形成工作项目,学生以秘书的角色身份来完成这些典型工作任务的过程。在此过程中,学生需要通过各种方式主动去寻找、挖掘、学习完成工作任务所需要的知识和技能。教师则采用行动导向的各种教学方法,引导、启发学生进行自主学习。这种角色设定,让学生有身临其境之感,大大激发了学生的学习兴趣和积极性。

根据以上思路,笔者将课本的主要知识点划分为三大模块:办文、办会、办事。每个模块都提炼了若干项典型工作任务,形成工作项目。总共有十个项目,分别是项目一:拟写规范格式的公文;项目二:收发文件;项目三:筹备会议并拟写方案;项目四:主持会议并整理会议文件;项目五:排查办公环境安全隐患;项目六:安排工作日程;项目七:接待访客;项目八:采购并管理办公用品;项目九:管理印章及介绍信;项目十:规划职业生涯。

(二)教学过程中注意引领学生自主学习

下文以接待访客项目的具体教学过程为例,说明行动导向教学法在中职语文课程中的应用。

1. 教学目标

通过本项目的学习,学生能够掌握:接待工作的内容、种类和要求,区分接待对象,确认接待规格;按照行动规范做好接待的准备工作;从容应付已预约和未预约的客人。同时,培养学生待人接物的良好行为规范;培养学生勤于思考、观察细致、做事认真的良好作风;培养学生良好的职业道德。

2. 教学步骤及教学方法

（1）教学准备阶段：主要采用项目教学法。

教学准备包括教学环境的准备、学生知识的准备以及教师技能的准备。按照教学要求将全班分成若干个教学准备水平相当的小组，分组摆放桌椅，每组 5~7 人，选出一名组长。分组时保持各组实力的平衡，有利于公平竞争。小组长应发挥组织引导的作用，带领整个小组完成项目任务。同时，在教室划分出一块区域，布置成前台接待和办公室接待的场景，以便学生在模拟场景中进行成果展示。教师应准备好投影设备，制作相应的 PPT 课件。学生在课前进行接待工作理论知识的预习，做好项目的理论支持准备。教师对项目任务的完成步骤应事先梳理一遍，做到心中有数。

（2）明确任务阶段：主要采用头脑风暴法、思维导图法、项目教学法。

教师布置项目任务，发放任务书、学习材料，进行任务解说。要求每个小组先阅读课本内容，将接待工作的主要内容和程序用思维导图形式表示出来。然后每组抽签选取一个具体的接待工作情景，将接待的过程写成情景脚本并进行分角色表演。在本阶段，学生要能够自主归纳接待工作的主要知识点，并用思维导图的形式表现出来；通过阅读任务书和学习材料，能够理解项目任务的具体要求。学生对任务要求有疑问时可以向教师提出，也可以跟组员进行讨论。

（3）制定计划阶段：主要采用头脑风暴法、项目教学法、角色扮演法。

学生通过讨论，制定如何完成本次学习任务的计划，进行组员分工和情景角色的分配。阅读、搜索、分析教程和工作页的相关内容，找到拟写接待情景脚本的有用资料，完成情景脚本的写作，即情景对话、动作情节的基本设置。整个计划过程，是学生主动学习的过程。学生有不明确的地方，可以向教师提问。教师主要进行巡视和疑问的解答，以引导者的身份辅助学生完成任务。本阶段主要培养学生收集、分析、整合信息的能力，统筹规划的能力以及写作能力。

（4）实施计划阶段：主要采用项目教学法、角色扮演法。

学生利用教室内布置好的模拟办公室设施设备，根据本组的情景脚本，进行场景的细节化布置，比如各类指示牌、台签、文件夹、办公桌摆设等的布置。然后进行实际接待情景的表演，要求在表演前，先向全班进行背景情况说明。表演中要有角色分工，有清晰明确的台词，有合乎接待礼仪标准的动作、手势、表情。表演完毕之后，将办公室布置收归原位以便下一组布置之用。学生是在任务目标的驱动下，通过主动完成任务来习得主要技能，而不是通过完成任务来检验已经学习过的内容。教师主要提醒学生进行场景的布置，并且组织各小组轮流进行情景的演示。通过本阶段的学习，学生应能够规范接待的行为举止，并对秘书的职业化形象有进一步的认识。

（5）检查评估阶段：主要采用项目教学法。

对小组学习成果进行检查，主要检查接待工作要点和接待礼仪的掌握程度。具体方式是每个学生在组内进行个人自评和互评，每个小组之间也互相进行评价打分，最后由教师对每个小组的学习成果进行检查评分。学生对自己的工作完成情况进行自主评定，师生共同讨论完成项目过程中出现的问题以及解决问题的方法。

3. 教学反思

接待访客是秘书专业的典型工作任务之一，是语文课程中秘书核心技能——办事技能中的重点学习内容。教师综合采用多种教学方法，为学生提供独立学习的时间和空间，引领学生进行自主学习，真正体现了以学生为中心的教学理念。学生表现出了强烈的学习愿望，将认知学习过程和职业行动结合在一起，取得了非常好的效果。

三、实施行动导向教学法应注意的问题

（一）教师要积极转变心态，提高自身综合素质

行动导向教学法中，教师的角色从讲授者转变为引导者、组织者，表面上看，教师在课堂教学中的任务减少了，但实际上对教师的要求却大大提高了。教师需要对课程进行开发，精心准备教学设计，在课堂上还要有更强的掌控能力，能够引导学生进行自主学习。这就要求教师要转变心态，勇于打破传统教学模式的僵局，积极更新教学理念，通过进修培训等各种方式提升业务水平，不断提高自身综合素质。

（二）面对不同层次的学生要注意因材施教，综合应用多种教学方法

要求学生立刻从传统的教学模式转变过来，适应直接指向职业能力训练

的行动导向教学模式是不现实的。教师在进行行动导向教学设计时，要紧密结合学生的知识水平和实际能力，尽量使提炼出来的工作任务能够适应并略高于学生的知识水平，这样学生才能既不产生畏难情绪，又能体会到学习的成就感。教学中要注意多种教学方法综合应用，让课堂教学更加灵活，产生更好的效果。

（三）重视对学习过程的检查与评估

行动导向教学是以目标为导向的教学理念，教师在教学过程中应重视对学生学习过程和成果的检查与评估。评价应该由自评、外部评价组成，从学习态度、学习过程、团队合作、表达能力、学习成果等多方面来进行综合评价。每一个学生针对自身的成长和进步进行纵向评价，而不是与同学进行横向比较，允许学生自己制定评价标准并检查学习成果。

（四）重视行动导向教学理念教材的建设

现有的教材是大都按照传统的方式，以知识点内在的逻辑关系进行章节编排。教师可以采取两种方式来处理这个问题，一是打破传统的教材体系，从中提炼出文秘专业学生必须具备的职业能力，形成真实典型的工作任务。二是重视具备行动导向理念教材的更新和建设工作，编写适应行动导向教学的校本教材等。

四、结　语

学生评教系统对教学评价的数据显示，学生对教学目标、教学方法、教学手段等各项的好评率，从采用行动导向教学法之前的70%上升到了95%。在学生教学评价座谈会上，学生普遍认为行动导向教学法比传统教学模式更能激发学习欲望。另外，图书馆图书借阅记录显示，在采用行动导向教学法之后，学生借阅文秘专业相关书籍的借阅率大大提高，这说明学生的学习自主性在提高。实践证明，行动导向教学对提高学生自主学习能力，培养学生综合职业能力起到了非常重要的作用。

第三节 基于行动导向教学法公共基础语文课、思想政治课阶段调研报告

调研报告 1

中等职业学校公共基础课教学评价现状调研报告

中等职业（以下简称"中职"）教育作为教育体系的一个重要组成部分，担负着为经济社会发展培养初中级高素质技能型人才的重任。随着我国中职教育教学改革的不断深入，目前绝大多数中等职业学校已形成由公共基础课、专业理论课和实训实习课三大教学板块构成的课程体系。公共基础课以培养学生基本科学文化素养、服务学生专业学习和终身发展为目标，在整个课程体系中起着至关重要的作用。行之有效、客观科学的教学评价是规范教学管理、改进教学方法、促进教学质量不断提高的重要途径，对推进中等职业学校教学改革有着不可或缺的现实意义。目前，相关的研究还相对滞后，有关中职学校公共基础课教学评价现状的第一手统计数据缺乏，理论上尚未完全建立起一套既能够兼顾中职教育特点和公共基础课学科特点，又能够有效指导实践的教学评价体系。因此，针对中职学校公共基础课教学评价现状展开调研，收集客观信息、分析存在的问题、思考解决方案并形成改革建议就显得格外必要。

一、调研设计

1. 调研目的

针对中职公共基础课教学评价现状展开的调研目的在于摸清中职学校公共基础课开展教学评价活动的客观现状，掌握第一手资料和可靠统计数据，分析存在的问题，为中职学校制定科学有效的教学评价决策提供数据依据。

2. 调研原则

整个调研过程遵循客观性、科学性和全面性的原则，以客观事实为基础，严格按照规范化、标准化的程序全面地收集信息，实事求是地分析中职学校公共基础课开展教学评价活动客观现状，从而提出改革思路和建议。

3. 调研范围

调研的学科范围主要集中于我国中等职业学校通常开设的公共基础课语文、思想政治两门课。

调研立足于定西市通渭县，为了具有普遍性，走访了定西市工贸中等专业学校、定西理工中等专业学校、定西市体育运动校、通渭县职业中等专业学校等4所中职学校，共收回问卷570份。

4. 调研对象

对中职公共基础课教学评价现状展开的调研是以第三者的身份客观地审视中职学校公共基础课的教学评价活动，以求摸清现状、发现问题并促进改革。

中职公共基础课的教学评价工作包含众多步骤，各工作步骤环环相扣，其中任何一项工作做不好，都会影响整个评价工作的质量。调研要做到全面、合理、有序，必须以调研指向的对象中职公共基础课的教学评价活动过程为参照，深入各个环节展开调研。

5. 调研方式和步骤

调研的主要方式包括：问卷调研、走访与座谈、文档调研。

调研分以下几个步骤进行：调研方案设计→信息采集→信息归纳分析→提出改革建议→形成调研报告。

二、中职公共基础课教学评价现状与问题分析

1. 对教学评价准备阶段的调研

凡事预则立，不预则废。教学评价的准备阶段是保证评价工作取得成效的前提和基础。准备阶段主要就为什么要评价、谁来评价和评价什么等问题做充分准备。这一阶段的调研主要涉及人员准备和方案准备。

（1）组织人员准备。

评价人员是教学评价活动组织、策划和开展的主体，对评价质量具有决定性作用。绝大多数学校都成立了专门的教学评价机构。评价机构主要是教务主管部门，评价人员主要由学生、专家（包括评价专家和学科专家）、教学管理人员、同行教师构成。通过问卷调查和访谈的方式，着重对各中职学校评价人员的理论素质、心理状况、组织管理这三个方面的现状进行了分析，发现主要存在以下两个方面的问题：

第一，就评价人员心理方面而言，绝大多数学校未重视主评和被评人员的心理调控。课题组对被评教师的问卷调查发现，98%的被评教师受到过不良心理因素的干扰。

第二，就评价人员组织管理方面而言，绝大多数中职学校未制定必要的评价规章制度，加强对评价环节的监督，确保评价程序规范化，适时排除影响评价客观性的各种心理障碍。

（2）方案准备。

评价方案设计是准备阶段中最具实质性和关键性的工作。评价方案是整个评价过程的计划和蓝图，对后续评价实施工作有着至关重要的影响。它是根据一定的评价目的，根据教育活动和评价活动的一般规律，对评价的内容、范围、方法、手段和程序等方面加以规范的基本文件。一般而言，一份完整的评价方案内容包括：评价目的、评价对象、评价标准、组织实施、评价方法、实施期限、评价报告完成的时间、评价报告接受的单位、部门或个人、评价预算。评价方案设计过程中最核心的工作是评价标准的制定和评价方法的确定。评价标准针对的是评价什么、为什么评价的问题，评价方法针对的是如何评价的问题。课题组发现，绝大多数中职学校在教学评价之前并未充分做好评价方案准备工作，存在的问题体现在以下几个方面：

第一，评价方案的制订过程较为草率简单。80%的中职学校评价方案是经过评价人员会议口头讨论传达的，没有形成详尽的书面文件，为评价实施过程提供操作细则。

第二，评价方案的核心环节——评价标准的制定缺乏科学性和可操作性。部分中职学校设计的评价标准过于笼统且缺乏相应的权重。由于教学活动的复杂性，笼而统之的评价标准无法为具体的评价活动提供参照和准绳。要使评价标准具体化、可测化和可操作化，就要建立全面科学的指标体系和评价量表,并赋予不同指标权重以区分其主次。

第三,对评价方法的调研发现,绝大多数学校的评价方法仅限于实施教学评价的过程方面,多数采取自评法和他评法、主观评议法和综合评议法,并未建立起科学全面的评价方法系统。要对评价活动各个方面提供方法论支持,评价方法至少包括三个方法系统:① 设计教学评价的方法子系统,主要包括方案设计方法、量表与问卷设计方法、权重确定方法等。② 实施教学评价的方法子系统,包括评价组织方法、评价管理方法、信息收集方法、信息处理方法、结果使用方法等。③ 确定评价内容、对象和方式的方法。

2. 对教学评价实施阶段的调研

(1)评价信息收集。

评价信息的收集是评价过程中一项基础性的工作。全面的信息是做出科学的评价结论必不可少的条件。教学活动是一项复杂劳动,涉及多种因素。在有限的时间内,即使对教育活动做全面的评价,也没有必要毫无遗漏、不分主次地收集教学活动所有方面和全部因素的信息。评价信息的收集一定要在评价标准的规范下有计划地进行,才是有序、有用的。在这个环节中,被调研的许多中职学校因评价方案准备过程中忽视评价标准制定环节,导致缺乏相关评价信息。评价方式是影响信息收集可靠性的一个重要因素。中职公共基础课教学评价方式根据评价功能的不同可以分为形成性评价、诊断性评价、终结性评价,根据评价主体的不同可以分为自我评价和他人评价。课题组发现,绝大多数学校多采用他人评价和终结性评价,而鲜有采用自我评法、形成性评价和诊断性评价。在评价过程中应注重评价方式的多样性,这样才能发挥各种评价方式的优势,进行综合评价。

(2)评价信息整理与分析。

评价信息整理与分析是对信息收集阶段获得的零乱分散的原始数据进行整理和分析,以便在此基础上做出解释和评价。这个阶段的工作分四个步骤:

第一步,归类。将收集的信息资料归类,初步进行分类。

第二步,审核。将归类的评价信息逐一核实,进行去伪存真、去粗取精的鉴别和筛选,对缺少的信息,要及时补充。

第三步,建档。将审核后的评价信息,根据评价指标体系,分门别类地制成一定的表格或卡片,进行编号建档,为评价做好准备。

第四步，分析信息。运用定性和定量的方法处理评价信息，将评价对象在各项评价指标中呈现出来的特征运用数学或其他方法处理成为评价结果。

在调研的过程中，笔者发现绝大多数学校都借助计算机提高了评价工作效率。例如，学生评教就是通过网上问卷调查完成的，统计数据易于归纳也较为准确。然而必要的审核仍然是必不可少的。例如，通过对各学校评价信息原始资料的查阅，课题组就发现下列问题：某中职学校面向学生展开问卷调查考查某公共基础课教师的课堂教学情况，统计数据表明 32.8%的学生认为该教师"授课照本宣科，缺乏实际经验"，而 43.4%的学生认为该教师"理论联系实际，教学效果良好"。这两项数据十分接近，但学生的评价却大相径庭。对于类似这些不合情理的现象，评价人员必须对评价信息逐一核实，进行去伪存真的鉴别。

3. 对教学评价结果阶段的调研

（1）做出评价结论，分析诊断问题。做出评价结论、分析诊断问题阶段主要是对被评教师做出准确客观的评价结论、形成评价意见，并根据评价结果，站在他们的立场上分析存在的问题，找到问题的症结所在，帮助他们在今后的职业生涯当中发展得更好。课题组发现，绝大多数中职学校在这个阶段的工作重点更多的是指出问题、提出意见，并未重视站在被评教师的角度，帮助他们思考问题产生的原因和改进方法。这样易使被评教师认为评价目的仅仅是管理考核而不是善意地帮助他们改善教学，从而产生反感抵触的情绪，不利于营造良好的评价氛围。

（2）评估评价质量。

评估评价质量是在反馈评价结果之前，对评价活动中可能存在的不甚得当之处和偏差失误等因素进行鉴定和监控。

这个阶段是评价的审计和复核阶段，其目的是使评价活动与评价的目的更加吻合，保障评价结果不受评价活动误差的干扰。调研发现：绝大多数学校并未进行评估评价质量的工作。这必然对评价结果的客观性造成影响。

（3）形成综合判断，撰写评价报告。

针对被评对象做出评价结论、分析诊断问题，针对教学评价活动本身进行质量评估以后，有必要结合两方面的意见再次对教学评价结果进行复核，对评价过程进行反思、总结经验教训，最后，慎重地将评价结果呈现在评价报告上。由于大多数中职学校没有进行评估评价质量的工作，呈现在评价报告中的往往是缺乏对评价工作进行反省复核的评价结果，难以对评价活动中可能存在的不甚得当之处和偏差失误等因素进行监控，以保障评价结果的客观性。

（4）反馈评价结果。

反馈评价结果是指把评价结果反馈给被评教师和上级有关领导部门，帮助教师完善课堂教学实践，同时也为领导和领导部门提供决策依据。反馈的方式有多种，如个别交谈、汇报会、座谈会、书面报告等。课题组调查发现绝大多数中职学校采取书面报告的反馈方式，反馈过程中主要有以下值得注意的问题：

第一，反馈方式应多样化，不应仅限于书面报告，个别交谈、汇报会、座谈会等反馈方式有助于评价人员和被评价人员沟通，消除误解，增进理解。

第二，反馈需特别注意方式方法，以鼓励代替僵硬的批评指正，营造善意、和睦、互助的气氛。

第三，反馈评价结果阶段要注意解答被评教师的疑问，广泛地收集意见，对有益的意见要进行思考和总结。

（5）评价工作总结。

评价工作是一个需要不断总结经验、提高认识、发现规律、创新方法、肯定成绩、改正不足、不断发展的过程。适时对评价的可靠性、有效性、可行性及实用性进行总结分析是十分必要的。大多数中职学校都注重了评价工作的总结，以发展评价的理论与方法，寻求更加有效的评价模式，提高评价的质量与效益。

（6）建立评价档案。

教学评价活动的最后要将教学评价过程中的各项文件、计划、方案、数据和总结，立卷建档，妥善保管，以备查阅和研究。调研发现绝大多数中职学校都建立了评价档案以备查阅。

三、中职公共基础课教学评价改革的建议

通过调查分析，课题组认为中职公共基础课教学评价应从以下几个方面进行改革：

第一，就评价理念而言，要重视以学论教，强调教师成长。中职公共基础课教学评价的最终目的是通过以评促教改善学生的学习状况。因此，无论是课堂教学还是教学评价，都要体现以学生为主体、以学生发展为本，强调以学生的"学"评价教师的"教"。另外，中职公共基础课教学评价还要关注教师的成长，其重点不能仅局限于鉴定教师的课堂教学结果，而是要帮助教师发现和反思课堂教学问题，满足他们的个人发展需求。

第二，就评价过程而言，要把握评价信度。教学评价要体现客观性就必须真实可信，否则会流于形式，甚至对被评人员造成不良影响。在评价过程中必须制定必要的评价规章制度，加强对评价环节的监督；把握评价人员心理动态，适时排除各种心理障碍；科学合理设计评价指标量表，选用评价方法和工具。

第三，就评价方式而言，要实现形成性评价、诊断性评价、终结性评价多种评价方式相结合，自我评价和他人评价相结合。中职公共基础课教学评价根据评价功能的不同可以分为形成性评价、诊断性评价、终结性评价。根据评价主体的不同可以分为自我评价和他人评价。在评价过程中要注重评价方式的多样性，发挥各种评价方式的优势，进行综合评价。

调研报告 2

定西市中等职业学校教学评价现状调查与对策研究调研报告

随着职业教育的改革和发展，职业教育面临着从规模扩张向内涵发展转变的艰巨任务。在这样的背景下，如何建构科学有效的职业教育教学评价体系来引导和促进课堂教学质量的全面提升，成为通渭县职教工作者日益关注的重要课题。

为了进一步摸清定西市中等职业学校开展课堂教学评价的现状，提炼并总结成功的实践经验，理清存在的主要问题，从而进一步完善全市中等职业学校教学评价实践模式，2020年上半年，基于行动导向下的中职思想政治课学习评价的探讨课题组组织力量，通过问卷和访谈的形式对全市中职学校教学评价情况进行了调研。此次调研，以本市4所重点职业学校为主，以每校随机抽取的20名教师为调研对象。整个调研共发放问卷240

份，收回有效问卷200份，经过对问卷及访谈结果的分析，形成如下调研报告。

一、定西市中等职业学校教学评价的基本情况和主要特点

1. 从态度层面看，教学评价日益受到学校的重视

从问卷和访谈的情况看，绝大多数中职学校对教学评价都非常重视，特别是针对课堂教学的评价活动，受到了学校越来越多的关注。

在访谈中，所有被访谈者均反映，课堂教学评价不但已经实现常态化、制度化，而且其科学化水平也正不断提升。主要表现在三点上：一是70%的人认为目前采用的课堂教学评价表较为合理；二是学校内部的课堂评价方案50%以上注明了评价信息的采集方式；三是72%的问卷反映，学校对课堂教学评价比较重视，在开展评价活动前对评价者进行了专题培训。

2. 从评价方法上看，注重定性评价和定量评价相结合

90%的问卷反映，学校开展的教学评价活动采用了定性描述和定量分析相结合的方法，在操作层面上，具体表现为使用"等级+分数+综合评语"的形式对某节课的教学情况做出评价。

3. 从评价效果看，教学评价活动呈现良性发展态势

教学评价活动呈现良性发展态势主要表现在三个方面：

一是从受欢迎程度看，32.8%的人对评价活动"非常欢迎"，67.2%的人对评价工作"比较欢迎"。

二是从评价的信度看，10.2%的人认为评价结果"针对性较强"，63%的人认为评价结果"有一定的针对性"。

三是从评价活动对质量提升的贡献率看，27.2%的人认为"促进作用很大"，48.5%的人认为"促进作用较大"。

综合访谈和问卷的结果可以看出，进入"十三五"以来，全市中等职业学校已经把教学质量的全面提升放到了前所未有的重要位置，尤其是加强了课堂教学质量的评价与监控，就教学评价活动而言呈现出如下几个特点。

（1）教学评价从随意性逐步走向计划性。

目前，各校的评价工作已经克服了过去随意、粗放的问题，教学评价活

动的计划性、系统性日益增强，许多学校把教学评价放在促进教师发展、提升课堂质量、走内含发展道路的高度来认识，因此，在教学评价的组织系统、计划安排、人员配备、经费投入上有了很大发展。

（2）日渐认识到教学评价的价值。

当前，许多学校已经不再把教学评价仅仅看作是对课堂教学效果优劣的判断，而是充分认识到，课堂教学评价至少有三个方面的重要作用，一是课堂教学评价是构建完善的教学质量过程监控体系的关键环节；二是教学评价活动是促进教师专业发展，打造高品质师资队伍的基础管理手段；三是教学评价活动是加强教学思想建设、优化教学管理的重要支撑。

（3）形成性评价日益受到学校的重视。

长期以来，以外部导向为特征的终结性评价一直占据主导地位，多数学校往往依赖少数专家对数量不多的课堂的考查，便形成对教学质量或对教师教学水平的结论性评判或水平性评估。这种终结性评价虽然于教育教学工作的自我完善和自我调控有着不可替代的作用，但由于忽视了对教学过程的细致分析，因而它对于教师教学的过程性诊断、指导、引领作用不强。随着新课程改革的深入，过程性、发展性评价的思想正逐步渗透到学校的评价方案和实践之中。

二、定西市中等职业学校教学评价存在的主要问题及其原因探析

1. 教学评价的价值取向存在一定的偏向

通过问卷和访谈发现，目前，定西市中职教育的教学评价在价值取向上主要存在两个偏向：一是教学评价主要聚焦了课堂教学的得与失，而忽视了教学评价对促进人的发展的作用；二是把评价的重点主要放在课堂教学水平高低结论的获得上，注重了评价的甄别功能、选拔功能，而对其导向功能、诊断功能重视不够。

2. 教学评价指标体系的科学性、合理性有待提升

目前，多数学校的评价体系是依据布卢姆的目标评价理论而形成的指标评价体系，这些指标体系在科学性上存在以下不足：一是为了指标的全面性，指标体系中许多指标内含相互交差；二是指标的权重赋予依据不充分，显得

随意，如问卷中有 78.6%的人认为应加大学生学习状况指标的权重；三是指标设计的合理性难以确定，往往凭经验判断。正是由于指标体系设计存在的各方面问题，一定程度上影响了评价的信度和效度。

3. 教学评价模式套用普通教育，职业教育的特点体现不充分

目前，不少学校的课堂教学评价在评价理念、思路和模式上仍然套用普通教育，集中表现在两个方面：一是文化基础课的课堂教学评价模式，除了在指标体系中增加部分职业教育的要求之外，整个评价模式与普通教育并无本质不同；二是专业课（理论课、实践课）的评价模式尚未真正建构起符合职业教育专业课教学的评价模式。

4. 评价过程与方法的科学性、专业性有待进一步加强

从课堂教学评价的过程与方法上看，主要存在四个方面的不足：一是一次考试（一张证书）定结论的现象仍然存在。通过访谈发现，有些学校主要以统考成绩作为衡量教学质量优劣的唯一标准，少数专业仅把考证考级情况作为标准衡量专业课教学水平；二是对评价结果的反馈不够及时，使用也较随意，降低了评价的功效。不少教师反映课堂教学评价的反馈不够审慎、严肃，显得随意粗放；三是有些教学评价活动未能在常态环境中进行，特别是对公开课和示范课的评价有些失真；四是评价前的准备工作不够充分，对评价者缺乏系统、认真、及时的培训，有 32.6%的问卷反映评价前未对评价者进行有效培训。

5. 教学评价对课堂教学的引领、诊断、促进作用有待提高

从近几年开展的课前教学评价活动看，教学评价对课堂教学质量的引领作用、促进作用发挥不够理想，绝大多数问卷反映教学评价对质量提升"有一定促进"，仍然有 12.5%的人认为"促进作用很小"。

形成上述问题的原因主要有以下几点：一是由于教学评价的理论多样，课堂教学因素复杂，课堂教学指标设计难度较大，造成了教学评价体系建构的艰巨性和复杂性；二是中职课堂教学评价的实践经验积累不足，缺乏现成的、成熟的可资借鉴的实践模式，导致实际评价活动带有一定的探索性和不确定性；三是由于学校评价人员的非专业性，致使评价工作的科学性受到影响；四是由于现在许多中职校是由普通中学改造而来，年久日深，普教模式仍然影响着职业教育的评价方式；五是受到理论水平、实践经验以及工作态

度、作风的限制和影响,在把握课堂教学的事实判断和价值判断上不够精准。这些原因归结起来,主要涉及三个方面的问题:一是对职业教育课堂教学规律的认识问题;二是对教育教学评价规律的科学运用问题;三是先进的教育理论、教育教学评价理论的本土化、校本化的改造问题。

三、推进定西市中职学校教学评价工作的实践对策

1. 以发展性评价的理论引领和指导课堂教学评价活动

发展性评价是 20 世纪 80 年代发展起来的一种教育评价的最新理念,它主张以"被评者"为中心,以促进发展为目的,强调被评者的主体地位,充分尊重教师对教学活动的个性化理解与表达。

用发展性评价引领教学评价活动,关键要做到以下几个方面:

一是树立"以学生发展为导向,以师生共同成长发展为目的"的教学评价理念,以被评者素质全面发展为目标,使评价过程成为评价者和评价对象共同商定发展目标的过程。

二是注重"过程取向"与"主体取向"的结合,也就是既要充分尊重被评者的主体地位,强调评价双方的平等交往,又要充分彰显评价过程本身的价值,把师生在教学过程中的全部情况纳入评价范围。

三是实现评价主体的多元化,在原有他评为主的评价方式的基础上,积极开展教师自评、学生评教活动,做到他评、自评、互评的有机结合。

2. 进一步完善并强化教学评价的组织管理系统

正确处理外部评价和内部评价、终结性评价与过程性评价、一元评价与多元评价的关系,加强对支持评价活动的管理机构和规章制度的建设。

一是建立市级、校级、部(系、组)级三级课堂教学评价系统,明确各自的教学评价的内容、重点、运作模式,以使教学评价工作正规化。

二是进一步完善课堂教学评价制度,规范各类课堂教学评价活动的宗旨、性质、组织实施方式、结果使用等一系列问题,促进教学评价工作的制度化建设。

三是建立专兼结合的教学评价专家队伍,有效开展对评价人员的教学评价理论培训,提高评价人员的专业化水平。

3. 加强理论研究和实践反思，不断提升教学评价活动的科学性和有效性

一是以研究项目为引领，以学校教科室为依托，深入开展课堂教学评价的理性探索和实践反思活动，边研究、边实践、边总结，逐步概括出科学、简洁、实用的课堂教学评价实践方案。

二是加强对教学评价各类资料和数据的分析，拟定完整科学的课堂教学评价指标体系，并在实践中不断验证、修改、完善。

三是建立系统的课堂教学评价机制，确保评价过程客观、公正、有效地运行。

调研报告 3

通渭县职业中等专业学校实施行动导向教学法的调研报告

本文在对通渭县职业中等专业学校进行采样调研的基础上，从教学管理的角度出发，反思推行行动导向教学法三年来出现的各种问题，希望通过反思及改进，最大限度地发挥行动导向教学法的积极效用，达到培养学生综合职业能力的目标。

一、行动导向教学法的本质及内涵

行动导向又称实践导向、活动导向、行为引导型，行动导向教学法是一种先进的职业教学理念。它是一种教学方法，也是一种教学模式，其目标是培养学生的学习兴趣、主动学习能力，从而达到培养学生关键能力的目的。目前，工作过程系统化的课程体系更需要采用行动导向教学法，来达到培养学生专业能力、方法能力、社会能力的综合目标。

二、行动导向教学法的积极作用

行动导向教学法是对传统教学理念的颠覆。通过在笔者学校近三年的全面推行，全校所有教师在所有课程中均不同程度地采用了这一方法。教师的

教学理念有较大的转变，授课能力、授课水平有明显提高，授课技巧、授课方法更加多样化；学生学习意愿、学习兴趣有了一定程度的提升，专业能力、解决问题的能力、团队合作能力有了较大提高，跨团队合作意识有所增强。行动导向教学法的推行，客观上促进了一体化实训环境的改善和教学资源的开发，对工作过程系统化课程体系的实施和培养学生综合职业能力目标的实现，起到了极大的促进和保障作用。

三、行动导向教学法实施过程中出现的问题及改进措施

在推进行动导向教学法的过程中，笔者学校从教学管理、教学服务、一体化实训环境、教学资源开发、教师培训、教学材料保障等各方面进行了积极配合，但仍存在以下几个方面的问题。

1. 形似而神不似

对行动导向教学法内涵、实质的理解和把握有待提高。推行行动导向教学法的过程中出现了下列两种现象。现象一：通常课堂很活跃，气氛很热烈，但却偏离了教学目标，学生不满意，抱怨什么都没学到。现象二：教师发放大量学习材料，让学生埋头苦读，教师在教室内走动，接受学生提问，学生抱怨正常上课成为练习课等。这两种现象的本质是教师对行动导向教学法的内涵和实质没有真正了解，没有理解以学生为主体、以能力为本位的意义。

2. 教师师德、世界观和个人价值理念还需不断提升

在行动导向教学法的课堂上，学生是课堂的主体，教师是指导者、参与者、咨询者。事实上，一百个学生有一百种思想，学生在广泛收集信息、制订计划、展示、评价等环节中，对信息的甄别，对社会种种现象背后问题的理解，与教师的责任心、世界观、个人价值理念密切相关。教师可以成就一个人，也可以毁掉一个人。

3. 教师专业技能和专业水平需要提高

行动导向教学法对教师提出了较高的要求，要求教师掌握大专业或大学科领域中的专业技能、专业知识。若教师本身专业技能、专业知识有限，那么，在教学的各个环节中，将很难正确地指引学生，特别是无法对学生作品或观点进行正确的点评和指导。

4. 教师课堂教学组织能力急需提高

实施行动导向教学法要求教师有较强的教学组织能力、驾驭能力以及快速的反应能力、应变能力。那么，教师怎么才能增强教学组织能力呢？其中最重要的一点是要做好充分的课前准备，包括设计任务、分好小组及准备各项教学材料等；其次是了解学生的性格、心理，并善加运用，做到有效掌控。

5. 教师教学方案设计能力有待提高

教学方案是课程的设计和策划稿，理应包含教学思想、教学方法、教学内容等。目前教师的教学设计能力主要存在以下几方面不足：教学任务选取较为随意，考虑不够周全，甚至无法匹配职业岗位的要求；一个任务中多种教学方法的综合运用能力较为欠缺；教学方案设计较为简单，缺少必要的设计环节；评分标准形式多过实质；时间分配考虑得不够周密等。出现上述问题的根本原因是教师缺少企业的实践经验和教学设计方法的指导。教师可根据自身的情况有针对性地开展实践和学习，学校也应多安排教师去企业学习和开展教学设计指导等教研活动，以逐步提高教师的教学方案设计能力。

6. 教师听课、评课技巧和水平有待提高

听课、评课的目的是吸众家之长，弃自家之短，成自家之长。笔者学校通过开展优秀教师示范课，对全校教师起到一定的示范、带领作用，推行一年来，效果明显。但部分教师听课、评课的技巧和水平有待提高，还需学会去发现别人的优点和缺点，从而反省和完善教学。

7. 学生对综合职业能力培养的认识有待提高

培养学生的综合职业能力是回归教学本质的要求。但在实施行为引导教学法的过程中，笔者经常发现学生不愿配合任务或者应付了事，主动学习的热情不够，学习兴趣不浓。事实上，学生在传统教学模式中学习了十多年，对新型课堂需要有一个理解、接受和认可的过程，加上部分学生学习基础较差、精力分散、学习效率低，因此，大部分学生对自我隐性能力和显性能力的认识不够。教师是培养学生综合职业能力的宣传者和实施者，只有学生理解并接受，培养的目标才可能实现。

8. 教学配套资源有待改善

行动导向教学法对学校软、硬件环境，对一体化学习工作站的规划和建

设，对实训项目和教材等教学资源的开发提出了新的要求。

行动导向教学法的推进是一项具有很强系统性、综合性的工作，只有把国外先进的职业教育理念和学校开展职业教育的实际情况结合起来，不断创新，才能探索出现行教育体制下适合各个学校综合职业能力人才培养的最优教学模式。

调研报告 4

如何借鉴行动导向法构建中职思想政治课和谐教学模式调研报告

本文通过对定西市几所职业中等专业学校进行采样调研发现，许多思想政治教师都在沿用"灌输法""一言堂"等传统授课理念与模式，进而导致学生普遍存在厌学现象，难以获得理想授课效果。对此，希望教师通过加强授课理念、先进教学方法的探索与尝试，提高中职思想政治教育效果。行动导向法不是一种具体的教学方法，而是由一系列教学方法及技术组成，其主要内容包括：案例教学法、恰当引入法、角色扮演法、项目教学法、头脑风暴法、卡片展示法、文本引导法等。下文将就前三种方法在思想政治课堂如何有效使用进行探究，形成以下阶段报告。

一、案例教学法

案例教学主要是指带领学生通过分析、探究一系列案例，全面激发学生想象力与创新力的方法，其重点并不是学生是否能给出准确答案，而是探究最终答案的整个过程。对此，教师可以结合授课内容与目标，积极挖掘教材、社会生活中一些比较有代表性的事例与人物，以此来不断加深学生对相应概念、原理的透彻理解。

注重教材案例的运用，比如"读读想想""链接"等栏目都可以用来启发学生的创新思维，促进学生思考讨论。

重视实际生活案例的挖掘与利用，所选案例必须具备显著的针对性、时代性与趣味性。比如，在讲解"消费权益保护法"时，就可以引用部分产品含有苏丹红的案例来进行深入探究,并提出"你知道苏丹红吗,它的危害有哪些?"等问题来引导学生进行讨论,这样在锻炼学生分析、解决问题能力的同时,学生也能够对消费者权益保护法的相关知识点有更透彻的理解与掌握,且能够真正应用于解决实际问题中。

二、恰当引入法

中职生在进入中职学校之前,大多都是初中阶段的学困生,普遍存在文化基础较差、上课注意力不集中等问题。怎样快速集中学生注意力,不断提高其学习效率一直都是广大教师关注、探究的重要课题。

良好的课程导入能取得事半功倍的教学效果。为了能让学生快速进入良好的学习状态,全面激发其学习兴趣,真正达到动之以情、晓之以理的教学效果,教师应重视、加强各种名人名言、漫画与故事的引用,将其中的人生哲理充分融入思想政治教学中。比如,在"哲学与人生"教学中,针对"事物是普遍联系的"这一知识点,教师就可以引用"请到这里来用餐吧,否则你我都要挨饿"这一笑话来导入课程,以此激发学生的学习兴趣。又如,在实施职业生涯规划教学时,针对"个人学习状况和行为习惯分析与改善"这一知识点,教师就可以引用亚里士多德的"播种一种行为、收获一种习惯,播种一种习惯、收获一种品质,播种一种品质、收获一种命运"进行课程导入,以此引导学生认识到良好行为习惯的养成对人生发展的重要意义。

三、角色扮演法

角色扮演主要是模拟对实际生活、学习中的一些场景,指导学生结合教学主题、自身实际情况来进行表演。学生在表演的过程中理解所学内容,真正实现预期教学目标。

要想进行高质量的课堂表演,往往需要良好的策划与设计。因此,在思想政治课课堂进行角色扮演时,教师可以从以下几个层面入手:

(1)基于哲理故事、漫画进行课堂表演的组织,以对学生产生一定的启迪作用。

(2)在课堂表演中恰当引用时政热点,引导学生对社会生活做出全面、细致的观察,丰富表演内容。

（3）积极引用学生的一些日常生活片段，以此来为课堂表演提供丰富的素材，真正构建出生动的思想政治课堂。比如，在职业生涯规划教学中，针对"面试技巧"这一部分，教师就可以结合学生今后的专业发展方向，设计相应的面试场景，由学生扮演求职者、考官。让学生将求职者从进门、落座一直到面试结束整个过程中怎样与考官交流、需注重的礼仪全面呈现出来。在面试结束后，针对学生的各项表现给予客观点评。通过这样的模式实施思想政治教学，不仅能活跃课堂教学氛围，增强教学指导的针对性，学生的参与积极性也能得到提高，使其在掌握知识的同时，提高实践探究能力，获得事半功倍的教育效果。

综上所述，促进学生身心健康发展是思想政治教育的主要目的，而对思想政治课来讲，很多内容都是无法从课堂中获得的。灵活运用行动导向法，不仅能够充分尊重、突显学生的主体地位，还能进一步丰富学生的学习体验与经验，真正促进其全面学习、成长。

调研报告 5

定西市中等职业学校语文教学现状分析与对策研究

一、调研对象

2020 年 8 月，课题项目组对定西市工贸中等专业学校、定西市体育运动学校、定西理工中等专业学校、通渭县职业中等专业学校的教学管理部门的负责人、语文教师、部分中职毕业生代表及就业企业展开了调研。

二、调研方法

1. 实地调研法

项目组在定西市四所中等职业学校实地调研，请各校教务部门协助填写"定西市中职学校语文教师基本情况统计表"，掌握各校语文教师基本情况，并随机在其中两所中职学校现场听课、评课。

2. 访谈法

课题组与四所中等职学校教学管理部门的管理人员、语文教师座谈，与顶岗实习或是正式工作的部分中职毕业生座谈。

3. 问卷调查法

针对本地区四所中职学校的语文教师、在读生、毕业生发放了两种调查问卷：发放语文教师调查问卷 30 份，回收 25 份，有效问卷 25 份；发放在读生调查问卷 388 份，回收 368 份，有效问卷 350 份。

4. 统计法

课题组对回收的问卷进行整理，对统计数据进行分析。

三、实地调研情况及问卷调查数据分析

（一）各中职学校语文课程开设情况

1. 各校语文课程教学内容

课题组调研的四所中职学校里，三所中职学校的语文课均统一使用高教版中等职业教育课程改革国家规划新教材。此套教材的内容由"基础模块（分下、下两册）""职业模块（分服务类、理工类两本）"和"拓展模块"三个部分构成。"基础模块"是各专业学生必修的基础性内容，"职业模块"是学生学习相关专业需要的限定选修内容，"拓展模块"是满足学生个性发展和继续学习需要的任意选修内容。项目组在调研中了解到，四所学校的语文教学内容全部以"基础模块"为主，其中有一所学校根据专业特点增加了选修内容"职业模块"；有一所学校则是针对本校生普通话不标准，特别是旅游专业学生今后工作岗位需求，增加了"普通话"教学内容，并使用普通话课程专用的教材；有一所学校则增加了"应用文写作"，并使用其他出版社的应用文写作教材。从各所学校使用的教材来看，除了一所学校会根据本地学生特点及某些专业需求而对语文课程教学内容做一些补充和调整外，其他三所学校的语文课程教学内容仍仅限于适合全国中等职业学校各类专业学生必修的基础性内容。语文教师普遍认为，这些教学内容对于全国中职生来说虽然有一定的适用性，但对于定西地区语文基础明显薄弱的中职生而言，存在一定的难

度，加之其与学生所学的专业课程联系甚少，学生不感兴趣，因此教学效果势必打折扣。

2. 各校语文课程教学时数

本地区四所中等职业学校中，语文课程开设两年的学校有两所，开设一年半的有一所，一所学校开设一年。以每学期20周计，语文课程的教学总时数为200课时的有一所学校，180课时的有一所学校，160课时的有一所学校，一所学校的语文课程教学总时数则为80课时。从以上数据可以看出，该地区大部分中职学校的语文课程教学时数与中职语文教学大纲建议的"基础模块160~180学时，职业模块32~36学时"仍存在较大差距。各校语文教师普遍反映语文课程教学时数不足，难以完成教学大纲要求的教学内容，难以保证学生达到大纲所提的基本要求，因此整体教学效果不佳。

（二）中职学校语文教师队伍建设情况

本地区四所中职学校在岗的语文教师共有39人。其中，中青年教师占59%，本科以上学历的占89%，毕业于中文类专业的占87%，中、高级职称的占64%。其一，座谈中，多数学校反映存在语文教师数量不足的问题，有的学校存在由其他专业的教师来教授语文课程的现象，难以保证教学效果；其二，多数语文教师皆是学校内的"双肩挑"人员，兼任行政管理、班主任工作与教学工作，工作量大，疏于教研，在教学内容、教学方法上改革力度不够；其三，市、县中职学校多由普通中学转型，不少语文教师在教学内容、教学模式、教学方法上，仍保留普通中学的特点，对职业教育的课程特点、中职生的特殊性认识不够，因此在教学方法上创新不够、突破不足、改革不深，一定程度上影响了本地区语文教学的质量。加上地处西北偏僻地区，本地区中职学校语文教师与省内外发达地区中职语文教师的交流机会较少。

（三）中职学校语文课堂教学情况

针对本地区中职学校语文教师的调查问卷统计数据显示，仅有12%的语文教师认为语文课堂气氛较轻松、活跃。76%的语文教师则认为语文课堂气氛很难调动起来。88%的语文教师认为必须改革传统的讲授法，需要行之有效的新的教学方法。84%的语文教师认为目前使用的教材跟不上专业、行业的要求。80%的语文教师所教的班级中城市学生比例低于农村学生,68%的语文教师认为农村学生比城市学生的语文基础差。92%的语文教师认为本地区学生的语文基础明显薄弱。84%的语文教师认为本地区中职生的写作能力普遍较低。56%的语文教师认为本地区中职生怕生,羞于表达,不敢开口说话和回答问题。58%的语文教师认为本地区的中职生语文基础一届不如一届。关于学生学不好语文、不爱上语文课的原因,64%的语文教师认为是学生基础差,理解接受能力赶不上学业要求;68%的语文教师认为学生没有目标,对学习的方向感到迷茫;52%的语文教师认为学生对各门学科均无兴趣。总而言之,本地区中职语文教师认为,语文课堂教学气氛难以调动起来,与教材内容、教学模式、教学方法、生源质量等因素皆有关。

(四)中职生语文学习态度

由本地区中职学校在校生填写的350份有效调查问卷显示:68%的中职生表示对专业课更感兴趣,48%的中职生认为语文课内容与自己所学的专业课程联系不够多,65%的中职生希望中职学校的语文课也应该像专业课那样,让学生有机会动手、动口进行实操实训,而不是单纯在教室里听教师讲课。

(五)中职毕业生就业后对语文课程的认识

针对已在企业工作的中职毕业生所做的问卷调查显示:71%的中职毕业生认为语文很重要;71%的中职毕业生认为语文课对他们毕业后的生活和工作很有用;71%的中职毕业生感到在工作中写总结、报告等应用文很吃力;69%的中职毕业生感到在工作中与别人沟通很吃力;60%的中职毕业生认为在应聘时,面临的最大问题是胆小害羞,不敢主动与别人交流;55%的中职毕业生认为自己的口语表达能力与企业对员工的要求有差距;71%的中职毕业生认为自己的普通话水平一般。关于语文课程教学内容,71%以上的毕业生认为中职学校的语文课教学内容应该包括普通话训练、钢笔字和毛笔字练习、常用应用文写作训练、现代企业文化、职场故事、朗诵和演讲能力训练;69%的中职毕业生认为企业很看重中职毕业生的语言表达能力;74%的中职毕业生认为中职学校应该培养学生的团队合作精神;71%的中职毕业生认为中职学校应该培养学生的语言表达能力。笔者在与毕业生座谈时了解到,中职生毕业后对语文课程的重要性有了新的认识，也体会到语文能力差对生活和工作的影响。

（六）企业对中职毕业生语文能力的满意度

课题组在企业调研期间了解到，本地区中职学校毕业生的口语表达能力、书面表达能力一般，多数人胆小害羞，不敢主动与他人交流，缺乏自信，语言表达能力与企业对员工的要求有一定的差距。企业方面的工作人员表示，除了专业技能外，中职学校应该重视语文课，加强培养学生的沟通能力、应变能力、团队合作能力等，并建议在语文课堂上着重培养学生的普通话水平和语言沟通能力，培养学生的业余爱好。建议在课堂教学中设计一些团队协作的活动项目，鼓励学生大胆参与，培养团队协作精神和互助精神。建议利用一些综合实践活动组织学生参加一些社会实践，或是模拟工作场景，让学生在真实的情境中学习。

四、中职语文教学存在的突出问题

1. 学校不够重视

不少学校有"重专业课、轻文化课"的现象，如语文课程教学时数未能达到教学大纲建议的课时数，导致学生语文课程的学习时间、学习内容明显不足。有的学校语文课程为专业课程"让路"的做法误导了学生，让学生以为来中职学校主要是学习专业课程，语文课程与专业无关。

2. 语文教师数量不足

个别学校因为语文教师不足，由其他专业的教师来兼任语文课，不少学校存在一个语文教师负责三四个班级的语文课的现象。教师授课的班级过多，工作量大，难于保证语文教学质量。

3. 教学观念落后，教学方法不当

本地区中职学校多由普通中学转型，学校对职业教育的规律掌握不够，课程设置和课程标准没有突出职教特色。部分语文教师习惯了普通中学以知识积累和应试为目标的传统教学方法，"重知识轻能力，重传统轻探究，重结论轻过程，重课本轻课外"，语文课堂成了"一言堂"，难以激发学生的学习兴趣。

4. 教学内容偏难，针对性不强

定西市中职学校使用全国中职学校的通用教材，教学内容对本地区中职生有一定难度，与本地区中职生实际文化水平不适应，与专业结合也不够紧密，缺少地方特色和专业特色。教材难以吸引学生，学生的参与度不高。

5. 生源质量

中职学校门槛不断降低，生源质量逐年下降。定西市中职学校的学生绝大多数来自当地的农村，受地理位置、经济条件、基础教育水平、家庭教育等因素影响，学生语文基础薄弱，对语文学习缺乏信心，厌学现象严重。

五、对策与建议

1. 学校要重视语文教学，促进学生发展

当今社会对职业技术人才的要求越来越高，中职学校培养的学生不但要有扎实的专业知识技能，还应具备相应的基础文化知识和较高的职业素养。语文教学具有"传播优秀传统文化、加强德育、促进职业生涯发展、提高职业素质"等功能，同时，语文学习可以为专业学习、终身学习打下良好的基础，促进学生全面发展。

2. 充实教师队伍，提高师资力量

中职学校招生规模不断扩大，各校应提前做好语文教师需求计划，及时招聘语文教师，充实语文教师队伍，建立长效的语文教师培训机制，如外出学习培训、校内学习、与兄弟学校加强交流等。同时，与省内外发达地区的中职学校建立合作关系，带领本校的语文教师到这些学校学习、观摩，改变教学观念，改进教学方法，提升教学能力。

3. 调整教学内容，提高学生的学习参与度

中等职业学校语文教学大纲明确指出："教材要有开放性和弹性，要考虑不同地区、不同专业的需要，在合理安排基本课程内容的基础上，给地方、学校和教师留有开发的余地，也为学生留有选择的空间，以满足不同

学生学习和发展的需要。"因此，教师在教学过程中，可以根据学生实际和就业需要，认真处理教材内容，例如选取一些与生活、专业、工作相关的内容，对不同专业的学生，语文教学内容应当有所不同，如旅游专业的学生可以加强口语交际训练；财会专业的学生可以突出财经应用文写作内容的教学，如"单据""审计报告"等。总之，"数量少一点，内容集中一点，教授难度低一点，讲解知识简易一点"，让学生能够听得懂、学得进。此外，也可以鼓励语文教师编写适用于本地区中职生的具有地方特色的校本教材，作为补充教材。

4. 改变教学方法，激发学生的学习兴趣

针对本地区语文教师的问卷调查显示，52%的语文教师了解或运用过行动导向教学法或是基于行动导向的教学方法。对于课堂上曾采取哪种方式吸引学生注意力这个问题，52%的语文教师表示采用情境设置，80%的语文教师采用多媒体，64%的语文教师采用故事引导，60%的语文教师采用小组竞争，48%的语文教师采用角色扮演。改变传统教学方法，让学生参与进来，课堂才能活起来。

5. 改变评价方式，让学生重拾信心

要建立新的语文考核方式，改变以往"以一次考试、一张试卷定成绩，以知识再现为主"的一刀切式、终结性的评价方式，突出过程评价、形成性评价，注重对学生情感态度与价值观发展的评价。客观反映学生平时取得的进步，帮助他们逐步树立学习信心，获得成就感。语文教师在对学生的语文成绩进行总评时，应提高平时成绩的比重，通过注重过程性评价让学生重拾学习语文的信心。

调研报告 6

探讨行动导向教学法在中职语文教学中的应用
——一线教师课堂实践经验调研报告

在中职公共基础课教学中，语文课对于提高学生素质和能力具有举足轻重的作用。激发学生的学习兴趣和潜能，引导他们积极、主动地学习是中职语文教学的重要命题，也是中职语文教师的职责。

一、中职语文教学特点分析

（一）教育目标决定了语文教学是能力教育

中职教育的目标是使学生具有较高的素质和较强的能力，其中能力包括完成本岗工作必须具备的专业能力、沟通能力、协调能力、团队协作能力等。语文教学承载着提升学生语言能力的重任，语文课中坚持运用行动导向教学法，有助于学生能力的锤炼。

（二）学生心理决定了语文教学是开放教育

中职学生绝大多数处于 16~18 岁的年龄段，正值青春期，绝大多数有逆反心理。同时，他们的独立意识逐渐形成，有强烈的被尊重、被理解的心理诉求。以学生为本，激发学生的探究欲，使其主动学习是语文教学的必需条件。

（三）学情状况决定了语文教学是引导教育

教育的基础在于了解，如果教师不了解学生状况而进行想当然的教学，就如同蒙起眼睛走路。笔者对通渭县职业中等专业学校的学生进行了问卷调查（调查问卷见表6-3-1）。本次调查共发出问卷 200 份，回收问卷 190 份，回收率为 95%，有效问卷 190 份。通过对问卷结果进行分析，笔者认为学生语文学习有四个突出特点。

1. 语文成绩普遍处于中等水平

12.1%的同学认为自己入学时语文成绩优秀，62.6%的同学认为自己语文成绩一般，有 6.3%的同学认为自己的语文成绩比较差或非常差。

2. 对课外阅读的兴趣普遍不高

38%的同学表示非常喜欢阅读文学作品，62%的同学选择了"一般""不喜欢"或"非常不喜欢"的选项。

3. 语言表达能力特别是口语表达能力偏低

74.3%的同学对自己的朗读能力比较自信，77.8%的同学对自己的阅读理解能力比较自信。但是，当问及能否准确地表达自己的想法时，42.1%的同学选择"基本能"，32.1%的同学选择"不确定"或"不能"。

4. 对传统语文教学方法普遍反感，希望尝试更主动的学习方法

有45.8%的同学表示非常反感或反感老师整堂讲读课文，只有10%的学生认为课堂的主体不是学生。61%的学生非常愿意或愿意参与完成各项学习任务，59.5%的同学因完成任务而体验到学习的乐趣和成就感。

具备一定的基础、兴趣相对不高、能力有待提升这样的学情状况，决定了行动导向教学法较为适合。

表6-3-1　学生语文学习状况调查问卷

同学们好，为了与同学们一起更好地完成语文教学任务，需要了解大家的语文基础、能力和认知，调查问卷中的答案中没有对错之分，请同学们根据自己的真实情况做出选择。谢谢。

1. 你入学时的语文成绩如何？（　　）
   A．优秀　B．较好　C．一般　D．较差　E．非常差
2. 你认为语文课对中职学生重要吗？（　　）
   A．非常重要　B．重要　C．一般　D．不重要　E．非常不重要
3. 你平时喜欢读文学作品吗？（　　）
   A．非常喜欢　B．喜欢　C．一般　D．不喜欢　E．非常不喜欢
4. 你能流利地朗读文章吗？（　　）
   A．能　B．基本能　C．不确定　D．基本不能　E．不能
5. 你能准确地理解文章含义吗？（　　）
   A．能　B．基本能　C．不确定　D．基本不能　E．不能
6. 你能准确地表达你的想法吗？（　　）
   A．能　B．基本能　C．不确定　D．基本不能　E．不能
7. 如果老师整堂讲读课文你反感吗？（　　）
   A．非常反感　B．反感　C．无所谓　D．不反感　E．非常不反感
8. 你认为学生应该成为语文课堂的主体吗？（　　）
   A．非常应该　B．应该　C．不确定　D．不应该　E．非常不应该
9. 你愿意参与完成语文课上的各项学习任务吗？（　　）
   A．非常愿意　B．愿意　C．不确定　D．不愿意　E．非常不愿意
10. 参与完成任务能够让你体会到学习的乐趣和成就感吗？（　　）
    A．一定能　B．能　C．不确定　D．不能　E．一定不能
感谢同学们的配合，祝大家学业进步！

二、行动导向教学法应用探讨

（一）语文教学常用的行动导向教学方法

行动导向教学法是多种教学方法的统称。笔者在课堂上经常使用且体会较深的方法有：关键词卡片展示法、头脑风暴法和任务驱动法。

1. 精准提炼的关键词卡片展示法

关键词卡片展示法是行动导向教学法中重要的教学方法之一。关键词卡片展示法就是学生在阅读课文的过程中，用荧光笔标记关键词并制成卡片，然后把卡片粘贴在黑板上，由大家对卡片上展示的关键词进行解说、讨论的教学方法。关键词卡片法适用于小说、散文、说明文、记叙文等内容的学习。

笔者认为发现事物的关键点，分析、提炼、归纳以及概括的能力是学生必须具备的重要能力。在语文教学中实践关键词卡片展示法，不仅能够使学生更好地理解和掌握教材内容，还能对他们未来的职业生涯起到积极的促进作用。可以说，语文课上提炼关键词的过程正是学生职业能力养成的过程。

基于这一理念，笔者在很多课文的教学中都引入了关键词卡片展示法。如在学习《汉字的起源》时，笔者首先做了表 6-3-2 所示的表格。

表 6-3-2

字　体	出现朝代	字体特征	载　体

然后，同学们在课文中分别找出相应的关键词，一起把表格补充完整。在这一过程中，同学们仿佛经历了一遍历史，对汉字的起源有了真实、深切的感受。

在学习《一碗清汤荞麦面》时，笔者请同学们围绕小说的三要素，提炼出人物、情节、环境描写的关键词。在课堂上，学生们找出了很多，统统粘贴到黑板上，然后大家一起讨论，把错误的、含糊的、重复的关键词去掉。在这一过程中，同学们对于这篇小说的理解也越来越清晰、越来越深入。

2. 放飞思想的头脑风暴法

头脑风暴法是一种较为开放的教学方法，学生就某一话题自由发表意见，展开讨论。宽松自由的讨论氛围，能最大限度地激活学生的思维，有效锻炼学生的思维能力和语言表达能力，并能在最短的时间内获得最多的思想、见解和观点。头脑风暴法适用于诗歌意象分析、文章主题升华、迁移练习、课前导入、素材积累等。

头脑风暴法是笔者在教学中使用频率较高的一种方法。即便是短短三分钟的课前导入，都可以采用头脑风暴法，让同学们的思绪天马行空一番，从而顺畅地进入下一教学环节。

比如，在学习马致远的《天净沙·秋思》时，为了引导同学们更好地理解作者落寞、悲凉的情绪，在课前导入环节，笔者请同学们说说自己在什么天气或者看到什么景物会觉得心情压抑。同学们有的说下雨的时候，有的说刮台风的时候，有的说看到花谢的时候，有的说看到小狗找不到主人孤孤单单的时候……同学们讨论之后，笔者在PPT上展示出"枯藤""老树""昏鸦"等图片，然后问大家看到这些图片感觉如何。是赏心悦目还是有一丝悲凉？同学们的答案是后者。笔者顺势引导，《天净沙·秋思》中的"枯藤""老树""昏鸦"和同学们所说的阴雨、落花、孤零零的小动物等是一样的，它们不是表面意义的景和物，而是诗人心境的映射。通过这样的导入方法，更好地帮助同学们理解了作者"断肠人在天涯"之叹。

当然，除了课前导入，对于需要同学们深入理解的内容，笔者也会采用头脑风暴法，随着讨论的展开与深入，帮助同学们更深入地理解课文内容，同时拓展思维的深度和广度。

比如，在学习《麦琪的礼物》时，笔者就设计了一个关于"爱的表达"的头脑风暴。《麦琪的礼物》讲述的是一对十分相爱又十分贫穷的小夫妻，为了能在圣诞夜送给对方一件最珍贵的礼物，丈夫卖掉了祖传金表给妻子买了一套精美的发梳；妻子卖掉了一头秀发给丈夫买了一条昂贵的白金表链。这毫无用处却情义无价的礼物，诠释的是一份最深沉、最动人的爱。为了帮助同学们更好地达成"学会正确表达爱意"的教学目标，笔者设计了"爱的表达"这一讨论主题,请学生们说出自己在日常生活中是怎样感受到他人对自己的爱,以及自己如何表达对他人的爱。同学们争相发言,课堂气氛极其活跃。在激烈的头脑风暴后,笔者引导同学们对爱的表达进行归类,同学们很自然地归纳出:感人的话语、暖人的表情、鼓励的动作和体贴的行为是日常生活中最主要的爱的表达。

3. 体验成功的任务驱动法

任务驱动教学法以解决问题、完成任务的多维互动为理念,将传统的再现式教学转变为学生的探究式学习,每一位学生都积极参与到任务中来,并根据自己对当前问题的理解,运用共有的知识和自己特有的经验提出方案、解决问题。

在语文教学实践中,笔者对任务驱动法教学进行了两方面的尝试。

(1)将任务驱动法作为整堂课中的一个教学环节。

比如,在给烹饪专业的学生讲授《麦琪的礼物》一课时,笔者结合学生的职业实际,设置了仿写的任务。笔者从《麦琪的礼物》中挑出了一些饱含爱意的经典对话,请同学们做句子仿写。请同学们假设自己是一名厨师,仿写一句话来表达对工作或者对顾客的"爱"。笔者摘录其中的两组仿写如下:

【课文原句】我的头发也许数得清,但我对你的情爱谁也数不清。

【学生仿写】我做的菜也许数得清,但我对顾客的爱谁也数不清。

【课文原句】不送你一件礼物,我过不了圣诞节。

【学生仿写】不尽心尽力地做菜,我过不了自己这一关。

笔者认为,这样的小任务就是学生知识与能力、认知与修养的最佳结合点,通过这种润物无声、潜移默化的引导,学生的知识在增加、素质在提高、职业操守在养成。

(2)将完成某项任务贯穿一堂课的始终。

中职语文教学承载着锻炼学生能力的责任,口语交际能力就是学生应该具备的一项重要能力。语文课口语交际训练是一项实操训练,最适合采用任务驱动法教学。

比如,在讲授口语交际的"自我介绍"时,笔者如下文所示设计教学。

首先,通过电视剧《三国演义》"桃园三结义"的视频导入,使同学们对自我介绍在人际交往中的作用有一个形象直观的了解。笔者告诉同学们:刘、关、张桃园三结义的故事家喻户晓。我们刚刚看到的是他们初次相见时的一段对话。他们都说了什么呢？大家一起来归纳一下：姓名、住在哪里、性格、志向，比如张飞就说了他一生就爱结交英雄豪杰，这就是自我介绍。

接下来，笔者介绍了自我介绍的常用方法——姓名释义法。笔者对学生说：我们的名字，它或者是一份深沉的情感，或者是一个美丽的故事，或者是父母对我们殷切的希望，绝大多数人的名字都别有一番深意在其中。那么，我们的任务就是了解自己姓名的含义，同学们可以问父母，也可以查字典，在了解自己姓名含义的基础上，根据姓名释义法的六要素，每位同学都上台做一个完整的自我介绍。以下是酒店专业1班王禄祥同学的自我介绍：

尊敬的老师、亲爱的同学们：（称谓）

大家上午好！（问候）我叫王禄祥，（姓名）焦裕禄的"禄"，吉祥的"祥"。说实话，我这个名字有点土，但却充满温暖。按照字典的解释，"禄"代表福气，"祥"代表吉祥。（姓名解释）希望在座的老师和同学们都能幸福相伴、吉祥相伴、快乐一生。同时，更希望王禄祥能成为大家的好朋友。（情感表达）

谢谢大家！（致谢）

（二）行动导向教学法在语文教学中应用的体会

笔者认为，行动导向教学法作为一种全新的教学理念和教学范式，在应用中需要大胆尝试，更需要认真思考。笔者对行动导向教学法有如下三点比较深切的体会。

1. 内容重于形式

笔者认为，行动导向教学法在中职语文教学中的应用不应只做表面文章，应该结合学生的特点，围绕教学目的，以充分调动学生的积极性，充分激发学生的学习潜能为第一要务。在教学实践中，内容永远重于形式。

2. 综合优于单一

语文课堂上的行动导向法教学，往往不是单独使用某一种教学方法，而是综合运用多种教学方法，表6-3-3是笔者讲授《麦琪的礼物》时的课程设计，在这堂课中，笔者根据不同的教学环节、教学需要综合运用了行动导向教学法中的关键词卡片法、头脑风暴法、任务驱动法等多种教学方法，取得了非常好的教学效果。

表 6-3-3 《麦琪的礼物》教学设计

学习领域	语文	学习任务	第三单元 美丽人生 第三课 麦琪的礼物 （第二课时）	授课时间 授课用时	2020 年 12 月 25 日 40 分钟	授课班级	20 级烹饪4 班	课型	阅读活动
教学目标			1. 学生在感知全文的基础上，复述故事，掌握小说相关知识 2. 头脑风暴，学生集体梳理日常生活中"爱"的表达和"爱"的传递 3. 微课总结，学生深入理解人与人之间"爱"的表达和"爱"的传递 4. 品读课文，对小说中"爱"的表达进行挖掘，进一步加深对小说的感悟和对"爱"的理解 5. 完成任务，学生养成表达"爱"的意识，具备表达"爱"的能力						
教学重点难点及其处理方法	教学重点		1. 小说情节的复述练习 2. 感知人与人之间"爱"的表达						
	教学难点		1. 品味小说人物"爱"的表达 2. 学生实践"爱"的表达						

	时间分配	教学环节	教学内容	教学方法	使用教具	师生活动	设计意图
教学过程设计	2 分钟	课堂导入	秀秀自己的礼物	讲述法	PPT、黑板、粉笔	师：讲述	导入
	8 分钟	重温经典	复述小说故事梗概	归纳提炼	PPT	师：提问引导 生：观看视频 思考回答 师：板书	兴趣着手 引起共鸣 归纳提炼
	5 分钟	新课学习	激荡思维——"爱的表达"的分组讨论、卡片展示	分组讨论 头脑风暴 卡片展示	卡纸	师：提问 巡堂指导 生：分组讨论 卡片展示 结合归纳	行动导向 联系生活 突破重点
	5 分钟		启迪心灵——"爱的表达"的微课总结	总结归纳	微课视频展示	师：总结板书	形象、直观、强化、突破难点
教学过程设计	10 分钟		品读课文——文中人物的"爱的表达"	任务驱动 整体阅读	黑板、粉笔	师：提问 生：整体阅读 朗读赏析 师：点评指导	品读、理解 突破难点
	5 分钟		职业承诺——我的职业爱之语	任务驱动	课本、彩笔、笔、本子	师：展示原句 仿写展示 师：点评指导	能力迁移训练、职业素养启发突破难点
	2 分钟	作业实践	运用所学的知识，对父母表达爱意，能在微博、QQ、微信上分享	任务驱动	PPT	师：安排任务 生：接受完成	学以致用
	3 分钟	巩固总结	总结升华——诠释爱的真谛	总结实践	PPT	师：总结 生：倾听	总结升华 鼓励实践

3. 效果胜于一切

行动导向教学法的主体是学生,落脚点是课程效果。为保证课程效果,笔者在以下三方面给予了格外的关注。

(1)选取最恰当的方法。笔者注重根据教材内容、教学目的和学生实际选择最恰当的教学方法,以确保课程效果。

(2)引导学生积极参与。笔者一般以 5~6 人为一组,把学生分成若干个语文学习小组,明确责任、明确任务,让每个同学都有事做,并适时对学生进行鼓励,逐渐激发他们参与的热情和积极性。

(3)注重授课效果评估。在每节课的最后,笔者都会精心设计课程效果问答或问卷调查表(详见表6-3-4),组织学生认真填写。课堂效果评估表不仅可以反映学生的学习状况,还可以为笔者教学的改进和提高提供依据。

表6-3-4 麦琪的礼物课堂效果评估表

项目	回答问题 A	回答问题 B	回答问题 C	总分(100分)
1.对于小说的掌握	A.复述不完整	B.能够复述	C.能够清晰准确复述	
2.对于日常交往中人们"爱"的表达的理解	A.模糊理解	B.基本理解	C.完全理解	
3.对于小说中人物"爱"的表达的理解	A.模糊理解	B.基本理解	C.完全理解	
4.对于自身专业"爱"的表达的理解	A.模糊理解	B.基本理解	C.完全理解	
5.未来在工作中表达"爱"、传递"爱"	A.不太确定能够做到	B.可以做到	C.定能够做到	

综上所述,行动导向教学法是中职教师可花大力气学习、研究和实践的教学理念和范式。一线教师必须在探索中认真思考,在实践中精益求精,在应用中彰显特色,使语文教学更好地为学生的成长成才助力。

第四节 研究成果总结

一、成果总结

本书的成果表现为以下五个方面。

（一）提高了学生的学习兴趣

笔者分别在实验前和实验后向实验班职二（6）班学生发放了调查问卷，利用问卷调查反映学习者的学习兴趣，调查结果见表6-4-1。

表6-4-1 学生学习公共基础课兴趣情况调查结果

内容			调查结果（百分比）					
			A		B		C	
			前测	后测	前测	后测	前测	后测
职业道德与法律	1	你喜欢上思想政治课吗？	37.5%	62.5%	50.0%	31.3%	12.5%	6.3%
	2	你认为你有能力学好职业道德与法治课吗？	43.8%	75.0%	46.9%	21.9%	9.4%	3.1%
	3	一般上新课前你都预习吗？	15.6%	46.9%	21.9%	37.5%	62.5%	15.6%
	4	你经常复习、小结吗？	18.8%	50.0%	18.8%	25.0%	62.5%	25.0%
	5	职业道德与法治知识对以后的发展有用吗？	34，4%	71.9%	40，6%	21.9%	25%	6.3%
	6	你对教师布置的学习任务能按时完成吗？	28.1%	68.8%	34.4%	25.0%	37.5%	6.0%

续表

内容		调查结果（百分比）					
		A		B		C	
		前测	后测	前测	后测	前测	后测
职业道德与法律	7 你是怎样完成学习任务的？	15.6%	59.4%	63.3%	31.3%	28.1%	9.4%
	8 碰到解决不了的问题你怎么办？	12.5%	56.3%	34.4%	34.4%	34.4%	9.4%
	9 你上课积极参与学习活动吗？	21.9%	59.3%	43.8%	34.4%	34.4%	6.3%
	10 你上思想政治课认真吗？	21.9%	62.5%	59.4%	34.4%	18.8%	3.1%
语文	11 你喜欢上语文课吗？	34.4%	62.5%	50.0%	28.1%	15.6%	9.4%
	12 你认为你有能力学好语文课吗？	43.8%	78.1%	43.8%	12.5%	12.5%	9.4%
	13 一般上新课前你都预习吗？	12.5%	46.9%	21.9%	34.4%	65.6%	18.8%
	14 你经常复习、小结吗？	18.8%	50.0%	15.6%	28.1%	65.6%	21.9%
	15 语文知识对以后的发展有用吗？	37.5%	71.9%	37.5%	25.0%	25.0%	3.1%
	16 你对教师布置的学习任务能按时完成吗？	25.0%	68.8%	31.3%	25.0%	25.0%	3.1%
	17 你是怎样完成学习任务的？	15.6%	62.5%	53.1%	31.3%	31.3%	6.3%
	18 碰到解决不了的问题你怎么办？	15.6%	56.3%	50.0%	34.4%	34.4%	9.4%
	19 你上课积极参与学习活动吗？	25.0%	59.4%	40.6%	37.5%	34.4%	3.1%
	20 你上语文课认真吗？	21.9%	65.6%	56.3%	31.3%	21.9%	3.1%

通过数据分析发现，A选项数据变化明显，以A选项为例，详情如图6-4-1所示。

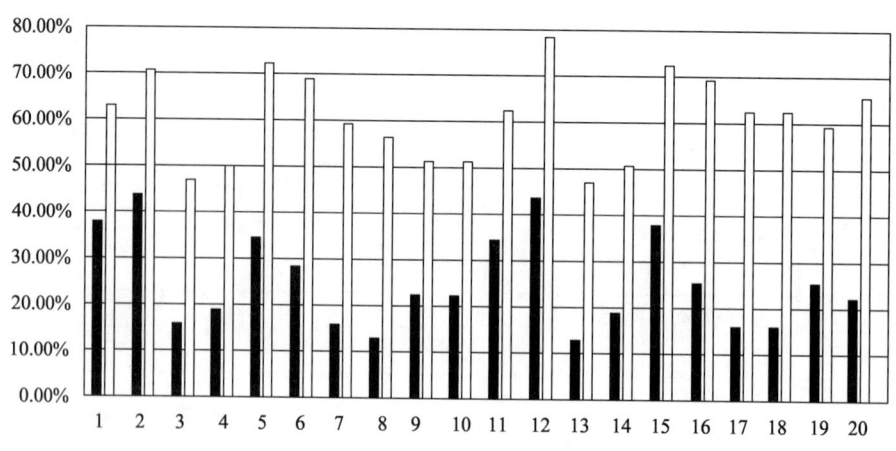

图 6-4-1　学生学习公共基础课兴趣情况调查

通过上图可知，实验前，实验班分别有 37.5%的学生喜欢上职业道德与法治课、34.4%的学生喜欢上语文课，实验后都提高到了 62.5%，说明上思想政治公共基础课的学生人数提高了。实验前，有 43.8%的学生认为自己有能力学好这两门公共基础课，实验后，数据分别提高到了 75.0%和 78.1%，说明学生有信心学好公共基础课。实验前，碰到解决不了的问题，两门课程分别有 12.5%和 15.6%的学生选择自己看书钻研，实验后，两科数据都提高到了 56.3%。实验前，职业道德与法治抄袭作业的人数从 28.1%降至 9.4%，语文从 31.3%降至 6.3%，说明学生独立解决问题的能力在提高。上课积极参与学习活动的学生人数从实验前的 21.9%和 25.0%均提高到 59.4%，上课认真的学生从实验前的 21.9%分别增至 62.5%和 65.6%。以上数据令人鼓舞，说明许多学生喜欢现在的上课模式，认为学习很有意思。

（二）学生的整体成绩提高

在实验中期和后期，笔者采用学校统一的职二年级期中和期末公共基础课检测试卷对学生进行测试，表 6-4-2 是实验班与对照班的成绩对照表。由表可看出，在实验前，实验班和对照班的成绩无明显差异。实验班采用了基于行动导向的教学模式后，在实验中期和实验后，实验班和对照班的学习成绩存在显著差异。

表 6-4-2　实验班与对照班成绩对照表

内容\项目	实验班				对照班			
	平均分	标准差	优秀率	合格率	平均分	标准差	优秀率	合格率
实验前	64.20	14.2	18.75%	68.75%	65.60	13.8	15.63%	71.88%
试验中	69.36	12.8	21.88%	81.25%	66.25	13.9	12.5%	75.00%
试验后	76.28	11.5	28.13%	93.75%	70.30	14.1	15.63%	81.25%

调查结果如图 6-4-2 所示。

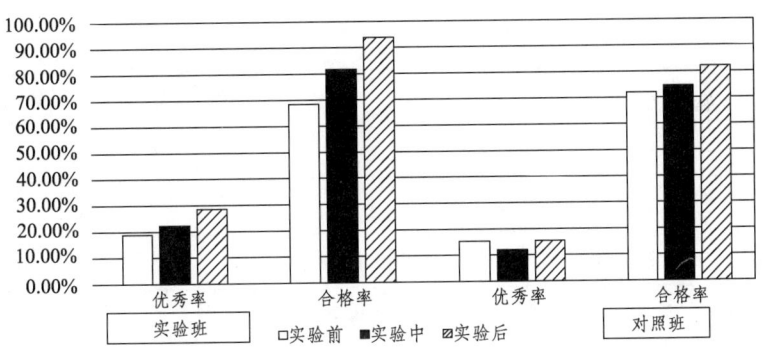

图 6-4-2　实验班与对照班成绩对比统计图

从表 6-4-2 和图 6-4-2 可以看到，实验前实验班和对照班学生平均成绩为 64.2 和 65.6，学生基本水平相当。实验后实验班的平均成绩为 76.28，对照班的平均成绩为 70.30。虽然两个班都不同程度地提高了成绩，但实验班提高的幅度更大。从优秀率来看，实验班从实验前的 18.75%增至实验后的 28.13%，提高将近 10%；而对照班仍维持原来的 15.63%，说明在 85 分以上的学生人数仍维持原来的水平。从合格率来看，实验班从实验前的 68.75%增至实验后的 93.75%，这意味着实验后实验班仅有 2 人成绩不合格，增幅高达 25%；对照班的合格率从实验前的 71.88%增至实验后的 81.25%，增幅不到 10%。

总之，在课堂上采用基于行动导向的教学方法，有利于充分发挥学生的能动性和主动性，有利于大幅度提高学生的成绩。

（三）两个班学生社会能力、方法能力问卷调查结果对比

笔者充分利用学校的各种教学资源为学生创设学习情境和实训条件，培养学生的观察能力、操作能力；借助课件和各种仿真软件，辅助学生学习、探究，培养学生自主发现、探索学习的能力，激发学生的创造思维，促进学生技能水平的提高；创造机会让学生运用语言、文字表述观点，形成个性化的知识结构，培养学生的表达交流能力、团体协作精神和职业素养。实验班的学生对行动导向的公共基础课教学产生了浓厚的兴趣。在实验后期，对实验班和对照班的学生进行了社会能力和方法能力的问卷调查，结果如表6-4-3所示。

表 6-4-3　实验班与对照班学生社会能力和方法能力对比

序号	问题	结果（肯定回答的比例）	
		实验班	对照班
1	你愿意主动与同学交流吗？	87.5%	84.4%
2	当老师提出问题时，你经常会积极地思考吗？	81.3%	37.5%
3	当你遇到困难时，你愿意向同学请教，与同学共同解决问题吗？	78.1%	46.9%
4	在课堂活动中，你能积极发表自己的意见吗？	81,3%	31.3%
5	在课堂活动中，你能和同学愉快地相处和交流吗？	87.5%	62.5%
6	在课堂活动中，别人的想法对你有启发吗？	75.0%	28.1%
7	在课堂活动及技能比赛过程中，你总是能积极地思考解决问题的方法，遇到困难也不放弃吗？	59.4%	25.0%
8	通过学习，你认为自己是否有从业的心理准备和技能准备？	84.4%	53.1%
9	面对老师设置的新任务，你是否有尝试解决问题的勇气和完成任务的决心？	75.0%	31.3%
10	你认为行动导向教学法对你的学习、技能水平的提高以及今后的发展有帮助吗？	93.8%	34.4%

调查结果如图 6-4-3 所示。

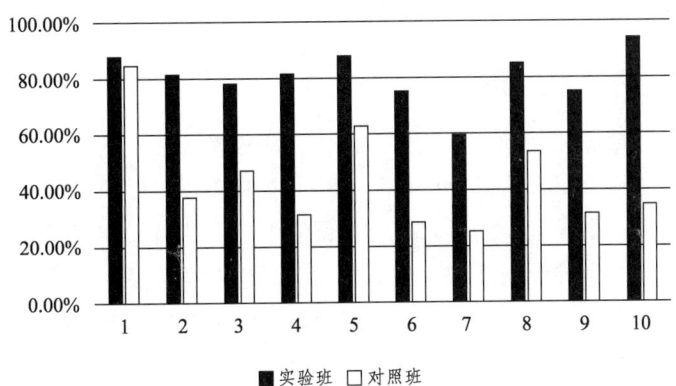

图 6-4-3　实验班和对照班学生社会能力和方法能力对比

从图 6-4-3 可以看到，实验班和对照班 80%以上的学生都愿意与他人相处或交流，差别不大。但实验班学生在进行行动导向教学之后，社会能力方面明显比对照班高，当遇到困难时，实验班 78.1%的学生愿意请教同学，并和同学共同解决问题，对照班则只有 46.9%的学生愿意这样做。在实验班，81.3%的学生在教师提出问题后能积极地思考，并在课堂活动中积极地发表意见，同时 75.0%的学生认为，课堂上别人的想法对自己有启发。而在对照班，只有 37.5%的学生积极地思考老师提出的问题，而只有 31.3%的学生愿意发表意见，28.1%的学生认为别人的想法对自己有启发。笔者认为在基于行动导向教学法的课堂上，实验班有较多合作交流的体验，在老师的指导下，学生积极性较高，团队精神较强，渐渐掌握了合作学习的方法，体验到了团结协作对他们的帮助，感受到了团队的力量、集体的智慧。对照班的学生缺乏这些方面的体验。可见，在基于行动导向教学法的课堂上，自主合作学习对于学生合作能力的培养有积极的促进作用，学生通过参与学习活动提高了知识水平，增强了信心。笔者还注意到，实验班 59.4%的学生认为自己"在课堂活动及技能比赛过程中，总是能积极地思考解决问题的方法，遇到困难也不放弃"，而对照班只有 25%的学生有这样的信心和勇气；实验班有 75.0%的学生在面对老师设置的新任务中，有尝试解决问题的勇气和决心，对照班只有 31.3%。笔者认为，学生在基于行动导向教学方法的课堂上，通过不断完成老师设置的任务，逐渐找到了学习的方法，考虑问题、解决问题的方法，从而增强了他们的自信心,使得他们在面对新的问题、新的任务时能够不怕困难,有尝试解决困难的勇气、信心和能力。

(四)培养了学生的创造能力

在基于行动导向教学方法的课堂上,在完成教师设定的任务时,学生可以不受方法的约束,自己开动脑筋找方法。教师必要时做简单的引导、启发或示范,适当地指导学生的学习过程,课堂上更多的时间和思维空间都留给了学生,培养学生的创新意识、创造能力。学生在学习过程中体会到创新的乐趣,这样既可以拓宽学生的思维,又能培养学生的创新能力,有效促进学生素质的全面发展。

(五)学生的综合能力得到了极大的提高

在课题研究实施过程中,学生是最大的受益者,他们视野开阔了,知识丰富了,技能水平提高了,对自己所学专业有了更实际的体验和认识,同时他们的综合能力也得到了极大提高。多媒体、教师自制的课件等在教学活动中的应用,使教学内容形象化,充分调动了学生的学习积极性,激发了学生主动学习的热情,大大提高了学习效率。

二、结 论

本书主要研究基于行动导向的教学方法在思想政治、语文等公共基础课的应用,将行动导向教学法运用到中职文化基础课中,本质是教师教学观的转变。教师必须明确学生主体地位和教师主导作用的关系,才能在教学实践中不断渗透"以学生为本"的理念,强调非专业能力和职业素养的培养。如何将先进的教学方法和教学理念植入到中职公共基础课课堂,用丰富的教学活动引导学生,用鲜活的案例教授学生,用饱满的情怀打动学生,从而实现更为优质的高效课堂教学,还需要老师长期而艰辛的努力,需要教师的教育智慧和创新能力。

通过以上论述和实践证明,在公共基础课的教学过程中应用基于行动导向的教学方法是有效的,同时也与目前职业教育提倡的课程改革思路和素质教育思想一致。在公共基础课教学中,充分合理地利用实训资源,精心设计教学过程，合理运用现代教育技术，可以提高学生的学习兴趣，提高学生自主学习和解决问题的能力，培养学生的创造力和职业素养。

基于行动导向的教学方法在公共基础课的教学实践中具有众多优势，但如前所述，针对不同课题，究竟选择基于行动导向的系列教学方法中哪一种更好，还需要一线教师进行不断的探索和实践。只有不断地积累经验，才能更好地指导学生学习。这也就对教师提出了更高的要求：第一，教师要在深入研究教材的基础上，开发出适合学生情况的项目；第二，针对每个项目编制优质的活动方案；第三，教师必须在教学设计阶段将整个教学过程通盘考虑。

虽然在教学中全部采用行动导向教学方法还存在一定的困难，但作为职业学校公共基础课教师，只要在教学中不断探索、总结，加强教师间的交流，也能积累大量的教学实例，开发出适合本校学生的项目。同时，近几年来国家大力发展职业教育，随着教学改革的不断推进，教材的改革进展得也很快，许多采用项目教学法的教材相继出版，这也为一线教师的教学提供了更多的参考。相信在每位从事职业教育的人士的共同努力下，我国职业教育一定能探索出适合我国国情的教育发展模式，我国的职业学校也一定能够培养出更多高质量的技能型人才！

参考文献

[1] 王明达. 加快建立现代职业教育体系是全面建设小康社会的迫切需要[N]. 中国教育报, 2004-2-14.

[2] 姜大源. 当代德国职业教育主流教学思想研究[M]. 北京: 清华大学出版社, 2006.

[3] 赵志群. 职业学习理论的最新发展[J]. 职教论坛, 2003（4）.

[4] 徐朔. 论关键能力和行动导向教学[J]. 职业技术教育, 2006（28）.

[5] 石英姿. 多元智力与转变学生评价机制的启示[J]. 辽宁师范大学学报（社会科学版）, 2002（7）.

[6] 李方. 现代教育研究方法[M]. 广州: 广东高等教育出版社, 2004.

[7] 壮国桢. 试论中职行动导向教学体系的构建[J]. 职教通讯, 2009（1）.

[8] 郭海君. 中职基础课发展性课堂教学评价体系构建的设想[J]. 广西教育, 2008（6）.

[9] 张润彬. 中职课堂教学评价研究小职业技术[J]. 职业技术, 2008.

[10] 李颂明, 谢倩. 关于高校建立发展性教师教学评价的思考[J]. 高等教育研究学报, 2005（9）.

[11] 詹姆斯·波帕姆. 教师课堂教学评价指南[M]. 5版. 王本陆, 赵婧, 译. 重庆: 重庆大学出版社, 2010.

[12] 陈建华. 顺应时代要求 深化课程改革——略谈中等职业学校思想政治课程标准研制成果[J]. 中国职业技术教育, 2020（14）: 9-13.